脳科学者と
マーケターが教える
「買い物」の心理

「欲しい！」はこうしてつくられる

著者
マット・ジョンソン
プリンス・ギューマン

訳者
花塚恵

白揚社

いつも私を支え、ひらめきを授けてくれるマーリンとサンティアゴ。
そしてつねに執筆活動を応援してくれる両親に捧ぐ。

——マット

無償の愛情、支え、前向きな気持ちを与えてくれる、
母ルビー・ギューマンに感謝を込めて。

——プリンス

「欲しい！」はこうしてつくられる　脳科学者とマーケターが教える「買い物」の心理　目次

・本文中の〔　〕は訳者、［　］は著者による註となります。
・本文中の曲名は《　》で表記しました。
・本文中の書名は、未翻訳のものは初出に原題とその逐語訳を併記しました。

目に見えないものを見る力

二〇一〇年に行われた一連の実験を通じて、科学の世界が打ちのめされた。実験に参加したT・Nという名の男性が、箱やタンス、椅子などが散乱している廊下を、それらに一切触れることなく二〇メートルほど歩ききったのだ。[1] そんなのは簡単だと思うだろう。だがそれが、法律上は盲人とされる人が成し遂げたことだとしたら？　T・Nは、脳科学者が呼ぶところの「盲視」という実に珍しい現象を有する人だった。

盲視の人は、物理的には何も見えないにもかかわらず視覚情報を処理できる。コンピューターの前に座らせて画面上にいくつかの点を点滅させても（これは実際に実験で行われた）、彼らは画面も点も見えないと言う。だが本当に目の前にあると辛抱強く言い聞かせ、点滅するタイミングを推測してみないかと冗談めかしてすすめると、その「推測」は驚くほど正確だ。

なぜそんなことができるのか？

実は、脳内で行われる視覚情報の処理は複雑で、複数の領域で複数の手順がとられる。盲目の原因のほとんどは、目の損傷や機能障害（要は、視覚情報が最初から脳に入らない状態になること）によるものだが、T・Nのように脳のどこかに損傷を負って盲目になる人もいる。その場合、目を通じて入ってきた情報は、脳の損傷していない領域では滞りなく処理されるので、刺激（例：障害物のある場所を歩き回ること）を意識的に処理しなくても、反応をとることが可能になる。

要するに、本人は受け取ったと気づかなくても、脳は情報を受け取っているのだ。

このようなことが起こるのは、盲目の人だけに限らない。どんな人の脳も、本人が意識しないところでつねにさまざまな情報を受け取っている。盲視は、脳が視覚的な認知を生み出す過程を垣間見せてくれる興味深い現象だが、実はこの現象には、私たち消費者と消費の世界の関係も映し出されている。

障害物が点在する通路を盲視の人が歩くと、障害物が目の前に現れるたびに、なぜかわからないが左右どちらかに避けないといけない気持ちに突如として駆られる。その反応は本能的で、意識の外で生じる。私たち消費者も、こうした反応を通じて消費の世界を動き回っているのだ。

消費者としての買うかどうかの決断は、実にさまざまなものに影響を受ける。そこら中で目にする広告、ウェブサイトに設置されている「購入する」ボタンの位置、パッケージのデザインなど、その多くは意識の外側から影響を及ぼす。特定のブランドの歯磨き剤を買いたいと思ったときに、そう思う理由を説明できるとは限らない。理由はわからないが、それを買いたいということだけはなぜかわかる。

本書ではそうした疑問を解き明かし、消費の世界の裏側やその世界をデザインするコードを明らかにする。目に飛び込んでくるブランドのロゴ、ニュースフィードをスクロールしていて表示される広告、テレビから浴びせられるCM、毎日使っているアプリといったものは、消費の世界のいちばん外側の目に見える部分でしかない。一皮剝けば、脳の特異な構造を利用するために入念につくられた何かがあり、それが消費者に知られることも同意を得ることもなく影響を及ぼす。

Ｔ・Ｎに見受けられる盲視は神経心理学的な状態の一種だが、本書では違うタイプの盲視をみなさんに授けたい。それは、消費の世界で目に見えないものが見えるようになる力だ。本書を通じて、看板広告に何が描かれているかだけでなく、そのイメージが脳にどのように影響を及ぼすかを理解し、さらには、なぜその看板が結局はあなたにその商品を買いたいと思わせうるのかを見破れるようになってもらいたい。

思いどおりに消費の世界を飛び回れるようになるには

本書では、神経科学にもとづいて消費の世界を見ていく。飛行機の操縦の仕方を学ぶようなものだと思ってほしい。飛行機はあなたの脳で、特定のルールや制約のなかで機能する複雑なマシーンだ。機体を取り巻く風は消費の世界で、そこではブランドやマーケティングが絶えず脳のメカニズムに働きかけて、消費者の思いや欲求を思いのままに引き寄せようとしている。

そして飛行機に乗る人物はあなただ。いや、あなたの顕在意識と呼ぶほうが正しい。ここで一つ問題がある。あなたはパイロットか、それとも乗客なのか？

どちらになるかは、機体と風に関する知識をどれだけ備えているかによる。パイロットはそうした知識を持ち合わせているから、行きたい場所へ安全にたどり着くことができる。それとは対照的に、乗客は機体や風のこと（脳と消費の世界のかかわり方）が何もわからないので、飛行機が向かう場所へ勝手に連れていかれてしまう。

自分の飛行機を自分で操縦できるようになる、それが本書の目的だ。機体と風に関すること、つまりは脳の働きとマーケティングが脳に及ぼす影響について理解して、変化の激しい今日の消費の世界の風をうまく操れるようになってもらいたい。

知識の溝を埋める

それに、自らの消費者としてのふるまいを理解することは大切だ。ただ単に有益だというだけではなく、いますぐに学ぶことが絶対に必要だと筆者は考える。なぜ急ぐ必要があるのか？

いまや、**ブランドはあなた以上にあなた自身のことに詳しい**からだ！

脳と消費の世界の関係性を知りたいと思っているのはあなただけではない。クリックやスワイプをするほど、スマート機器に心拍が記録されるほど、ブランドはあなたに現金を使わせる方法によりいっそう詳しくなる。消費者とブランドの知識の差は、日増しに広がっているのだ。

この本は、そうした状況を踏まえて誕生した。消費者であるあなたに、そして心理学とマーケティングのあいだに存在する愕然とするほど大きな知識のギャップを埋めたいと思っているすべての人に、ぜひとも本書を読んでもらいたい。

これから12の章にわたって、脳と消費の世界の密接な関係を解き明かしていく。具体的には、記憶と体験、快と不快、感情と論理、知覚と現実、注意、意思決定、依存、新鮮味、好ましさ、共感、コミュニケーション、ストーリー、サブリミナル効果を神経科学的な観点から考察し、マーケティングにどう関係するかを見ていく。

脳の働きを知り、ブランドが脳をどう攻略するかを学んでいくわけだが、いざ学んでみると、意外にも自分自身のことが以前よりもはっきりと見えるようになる。消費者としてのふるまいに映し出される自分の心理がよくわかるようになるのだ。

パイロットになるには、風と飛行機の両方に詳しくなる必要がある。つまり、消費の世界で新しいタイプの盲視の力を手にしたいなら、マーケティングと脳の両方に詳しくならねばならないということだ。だから本書は執筆者が二人いる。神経科学者のマット・ジョンソンと、マーケターのプリンス・ギューマン。この二人の経験を組み合わせることで、目に見えない消費の科学の世界を垣間見るという貴重な機会を提供したい。

それでは映画『マトリックス』のネオよろしく、ウサギの穴の底がどこまで深いかをともに見ていくとしよう。

目に見えないものが見える世界へようこそ。

本文中にこのロゴがついているものは、オンラインで補足資料（ロゴマーク、動画、記事広告などの映像や画像）を用意している。以下のアドレスを参照いただきたい。
https://www.popneuro.com/blindsight-material

第1章　あなたが食べているのはメニュー

舌を騙すマーケティングのトリック

あなたは料理コンテストの審査員だ。目の前には、美味しそうなパテとなった肉料理が五皿並ぶ。いずれも丁寧に盛りつけられ、外国産のクラッカーが添えられている。見た目には同じように美しい料理を、あなたは順に味見をしていく。そこへ司会者からこう告げられる。「それでは、五皿のうちのどれがドッグフードか当ててください」

実は、これは料理コンテストではない。二〇〇九年に行われた実験で参加者が体験したことであり、[1] その研究タイトルはあからさまにも「人はパテとドッグフードの区別をつけられるか？」だった。四皿は人間の食べ物で、なかには高級食材でできたパテもある。そして残る一皿が、缶詰のドッグフードをフードプロセッサーにかけ、パテとまったく同じ見た目に成形したものだ。肉の色味はパテごとに若干異なるものの、それ以外はまったく同じ見た目だ。では、実験の結果はどうだったか？　ドッグフードを当てられた人は一人もいなかった。

母親から缶詰のドッグフードを手渡されて、「食べてみて。格安で鴨肉のパテとほとんど同じ味を楽しめるから」と言われれば、ギョッとして母親の顔をまじまじと見るだろう。だが、ドッグフードをパテとまったく同じ見た目に変身させると、舌は区別できない。しかも実験の参加者たちは、ドッグフードの皿を当てようとしたのに当てられなかったという点も強調しておきたい。何の疑いも持たないレストランの客が相手なら、いったいどこまで騙されることやら！

疑り深い人なら、「相手が素人だからドッグフードをパテに思わせることができたのであって、本物の食通は騙せないはずだ」と、もっともな反論を投げかけたくなるのではないか。その挑戦も承ろう。ドッグフードとパテの食べ比べではないが、ワインを使ってよく似た実験が行われたことがある。

味わっただけでそれが何かわかって当然だという人がいるとするなら、それはソムリエだ。ワインの専門家である彼らは、ワインについての文献を読み、飲食やテイスティングを行う日々を何年にもわたって過ごす。いわゆる正式なワイン教育を受けて、正式に認証された専門家となるのだ。ソムリエの味覚は驚異的だ。ひと口含んだだけで、ワインの銘柄はもちろん、使われているブドウの品種や産地、醸造年まで言い当ててしまう。

しかし、ボルドー大学のフレデリック・ブロシェが、痛快で巧妙な実験[2]を行い、ソムリエの卓越した味覚ですら当てにならないことを証明した。ブロシェはソムリエに赤と白のグラスワインを渡し、飲んでそれぞれの感想を語ってほしいと告げた。実はソムリエには伝えていないが、その赤ワインは、白ワインとまったく同じワインに食紅を加えて色を赤くしたものだった。ところが、二種類のワインはまったく違う味として知覚され、さらにこの「赤ワイン」については、本物の赤ワインと同じ原料が使われているかのような感想が語られた。彼らは白ワインについては「はちみつ」や「柑橘《かんきつ》」のような味わいだと言い、「赤ワイン」については「ラズベリー」や「マホガニー」に喩えた。舌に届いた情報はまったく同じでありながら、こうも異なるのだ。ドッグフードを食べて当てられなかった人は、あまり落ち込まなくていい。プロの舌だって騙されるのだ。

これにて高級レストラン代の新たな節約方法はおわかりいただけたと思うが（冗談だ！）、この発見には、人が基本的にどのようにして自分を取り巻く世界を体験するかが表れている。つまり、人は舌に触れるよりはるかに多くのものを味わっているのだ。

私たちは、食べたものを直接感じはしない。舌に届く食べ物の客観的な感覚と、脳が最終的に経験することのあいだには大きな隔たりがある。偉大な哲学者の故アラン・ワッツの言葉にあるように、「われわれが食べているのはメニューであって食べ物ではない」のだ。別の言い方をするなら、人はつねに一歩離れたところ、つまりは現実世界そのものではなく、自身の内側で語られる世界を体験しているということだ。

神経科学では、その隔たりは知覚の可謬性《かびゅうせい》〔将来的に誤りが発見され、修正される可能性があること〕を実証する屈辱的な証拠とされている。人は、世界をありのままに体験していない。いや、体験することはおそらく不可能だろう。一方、マーケティングになると、その隔たりのとらえ方はまったく変わり、それは機会となる。消費者が体験する世界の深遠部にひねりを加え、影響を及ぼし、その世界を根本的に変える機会となりうるのだ。消費者を説得するにあたって、自分の思いどおりに現実そのものを変えてしまえる能力ほど、マーケターが求めているものはないだろう。

もっとも基本的なレベルのマーケティングは、消費者が体験する一つの感覚に対し、別の感覚を通じてひねりを加える。たとえばレストランなら、提供する食事だけでなく、音楽や店内の装飾といったさまざまなことに配慮するという具合だ。もっと深いレベルになると、消費しているものへの感じ方まで変えてしまう。ドッグフードをパテだと信じて食べると、それを美味しいと感じるのがいい例だ。さらに極端なレベルになると、知覚を変えてしまうほどの思いを消費者に深く植えつけ、それを脳に文字どおり刻み込む。

こうしたことを行える機会が存在するのは、自分の外に客観的に実在するものと、自分の内に生じる主観的な認識の隔たりを、脳が奇妙なやり方で埋めようとするせいだ。企業は長年にわたり、その隔たりに巧妙に入り込むことに注力してきた。要は、消費者の現実体験を根本的に変える努力をしてきたということだ。この客観的に実在する世界と、その世界に対する主観的な認識の隔たりが、マーケターにとっての主戦場となる。その隔たりについて理解を深め、隔たりの埋め方を知るために、まずは脳が日常生活での体験をどのように形づくっているかを掘り下げていこう。

メンタルモデルという名の推理ゲーム

脳が現実を直接的に体験することはない。その代わり、現実のモデルとなるものを構築する。そのモデルを、神経科学の世界では「メンタルモデル」と呼ぶ。脳は絶えずモデルをつくり続けている。何かをひと口食べても、私たちが体験するのは食べ物そのものではない。それを食べたときの体験はこうあるべきだという脳の推測を体験している。舌が受ける刺激はモデルの構築に一役買うが、ほかにも貢献するものはたくさんある。脳は、現実をできるだけ正確に複製しようと努めるが、ドッグフードやワインの実験からわかるように、脳が構築するモデルは完璧とは程遠い。

メンタルモデルは驚くほど影響を受けやすく、しかも影響を受ける可能性のある要素の数は膨大だ。また、不可能ではないにせよ、「修正」も難しい。現実と比較して間違いを知ることは絶対にできないからだ。なにしろ、私たちにはメンタルモデルしか体験できない。ということは、ブランドや企業が私たち消費者のメンタルモデルに影響を与えれば、それは私たちの現実の体験に直接影響を及ぼしたことになる。

たとえばレストランは、メンタルモデルは暗示の影響を非常に受けやすいという事実に頼るところが大きい。レストランに入って席に座ると、意識しなくてもさまざまな情報が入ってくる。店の雰囲気、店内を流れる音楽、食器、立地にいたるすべてだ。基本的に、そのどれもが脳が生み出すメンタルモデルに影響を及ぼす。同じ料理でも、廃墟と化した倉庫で食べるのと、豪華絢爛《ごうかけんらん》なパーティー会場で食べるのとでは、その味わいはまったく違う。

メンタルモデルは絶えず構築され続けるので、それが行われていることや、どのように機能しているかを意識することはない。とはいえ、メンタルモデルがどのようにしてつくられるか、とりわけ味覚のメンタルモデルの生まれ方を理解することは重要だ。それこそが、消費の世界でメンタルモデルにどのような調整が加えられ、変化させられるのかを理解するカギとなる。

まず、メンタルモデルが構築される際、脳はすべての感覚を平等には扱わないという点を知っておいてもらいたい。強い感覚を優先する。味覚は、ほかの感覚に比べて非常に弱い（それゆえ、非常に影響を受けやすい）。そしてダントツでいちばん強いのが視覚だ。なぜそんなことがわかるのか？　視覚は大脳皮質の大部分を支配し、視覚情報の処理と解釈だけに脳の約三分の一が使われているのだ。また、ほかの感覚が同時に作用しても、視覚が優先される。

これについては、二番目に強い聴覚と直接比べればよくわかる。脳はえこひいきする交通警察のようなもので、視覚データと聴覚データが同時に交差点に近づいてくれば、毎回必ず視覚を優先させるのだ！

こうした優先順位をつけるにあたって、現実にはどのようなことが起きるのか具体的に見ていこう。あなたはいま、「バ」という言葉を繰り返す男性の映像を観ている。映像からは、「バ、バ、バ、バ」とはっきり聞こえる。次に、同じ男性が「ファ」と繰り返す映像を観る。今度もやはり、映像から「ファ、ファ、ファ、ファ」とはっきり聞こえる。では、その映像から最初の音声が聞こえてきたとしたらどうだろう。つまり、目には「ファ」の口の形をした男性の映像が映り、耳には「バ」という音声が入ってくるのだ。その場合、「バ」と「ファ」のどちらに「聞こえる」のか？　聴覚と視覚、どちらの情報がその映像のメンタルモデルで優先されるのか？　そういう場合はつねに、視覚情報が優先される。客観的には「バ」という音だとしても、メンタルモデルは視覚にかかわる情報を取り込み、結局は「ファ」に聞こえてしまうのだ。

この現象は何十回と再現されていて、マガーク効果と呼ばれている。[3、4] 6

そうであれば、感覚のなかでもっとも弱く、もっとも発達が遅れている味覚のモデルを構築する際に、視覚が強烈な影響を及ぼしても何ら不思議ではない。近年の研究でも、[5、6] 先に紹介したワインの実験と同じ結果が再現された。ただし、近年の実験には大きな違いが一つあった。食品用の着色剤ではなく、AR（拡張現実）を使って白ワインの色を赤に変えたのだ。見た目が変わるのはデジタル上だけのことで、ARレンズを装着した人にしか変わって見えないが、それでも結果は同じだった。ワインそのものは一切変わっていないにもかかわらず、「赤ワイン」はやはり、ベリーやダークスパイスのような「赤い食べ物が持つ味わい」で表現された。仮想世界で食べ物の色が変わることで、現実世界における食べ物に対する認識が変わるのだから、まさにテレビドラマ「ブラック・ミラー」の奇妙なSFの世界が現実になったようだ。

また、食べ物の色によっては食欲が失せることもある。兵庫大学で、スープの味に色が及ぼす影響について調べる実験が行われた。[7] 複数のグループを対象に、材料、器、温度などはまったく同じで、色だけがそれぞれ異なるスープを提供するというものだ。味のない着色料で色を変え、実験参加者の反応を確かめた。

するとはっきりとしたパターンが浮かび上がった。青の着色料を使ったときに参加者の食欲がなくなり、美味しさへの評価が下がったほか、ほかの色に比べてスープを飲んでいて落ち着かない気持ちになったのだ。おまけに、青いスープは不安をもっとも強く感じさせ、満足度がいちばん低かった。要するに、スープの色が青いというだけで、参加者たちは不快になったのだ。

先に紹介した実験の参加者たちは、知っているものを食べて騙された。パテも赤ワインも参加者にとっては馴染みのある食べ物で、どんな味がするのかよくわかっていた。青いスープについては同じことは言えないが、青い食べ物に対する認識はやはり影響を及ぼした。というのは、青いスープのメンタルモデルが構築される際に、食べ物が青いことの「意味」についての考えが、情報として取り込まれたからだ。

進化の過程で植えつけられたにせよ、それまでの人生経験で得たにせよ、脳は暗黙のうちに青色の食べ物は安全ではない可能性があると判断する。安全な食べ物が自然に青色になることはなく、もしそうなっているとしたら、たいていは悪い兆しだからだ（例：肉が腐っている）。

偉大なコメディアンとして知られる故ジョージ・カーリンもこう言っていた。

赤色はラズベリー、チェリー、イチゴ。橙色はオレンジ。黄色はレモン。緑色はライム。茶色は肉。（中略）青色の食べ物は存在しない！　ブルーベリーがあるだって？　あれは紫色じゃないか。ブルーチーズ？　残念。あれは白いチーズにカビが入り込んでいるだけだ。[8]

スープを食した参加者が、食べ物の色が青いのはあやしい、と明確に意識していたとは限らない。だが脳は意識の外側で、スープを食すという体験のメンタルモデルに対し、青色が持つ潜在的な意味を「色づけ」したことは間違いない。

百聞は一見にしかず

強い感覚が弱い感覚の認識に影響を及ぼせることから、メンタルモデルがいかに不完全で影響を受けやすいかがよくわかる。ただし、これは氷山の一角にすぎない。自分の思い（自分の消費について事実だと心づもりしていること）は、強い感覚以上にメンタルモデルに大きく影響する。

ミシュランの三つ星レストランで、肉料理と赤ワインを味わっている場面を思い描いてほしい。丁寧に調理された料理から芳醇《ほうじゅん》な香りが漂い、ひと口食べるとその味わいに目をみはる。少なくともウェイターがやってきて、「馬の顔」のソーセージはお口に合いましたか、と尋ねてくるまではそうだった。このささやかな知識がメンタルモデルに入り込むと、次のひと口はまったく違う味わいになる恐れがある。要するに、馬の肉を食べているという思いが料理のメンタルモデルに影響し、それがひいては料理の味に対する認識に影響を及ぼすのだ。すでにひと口食べていようと関係ない！　何の肉か知る前からそれは馬肉であり、知ってからも馬肉なのだが、そうと知ったあとのひと口は、なぜかそれまでと同じ味がしなくなる[9]。

馬肉はヨーロッパ諸国の大半やアジア圏、アメリカではふつうに食べられているが、何となく避けたいと思わせるところがある。本質的にまずいわけではないが、それを喜んで食べるかどうかは、食卓に持ち込むあなたの思いにかかっている。これから食べるものに対するあなたの思いはメンタルモデルに影響を及ぼし、最終的には食事体験そのものにも影響するのだ。

映画『パルプ・フィクション』で、サミュエル・L・ジャクソン演じるジュールスがまさにこの点を詳しく語った有名なシーンがある。ジュールスは、豚の一部だからという理由で豚肉に口をつけようとすらしない。それはひとえに、豚は不潔な動物だと信じる彼の思いによるものだ。「ドブネズミはもしかしたらパンプキンパイの味がするかもしれない。でもあんな不潔なやつを食べる気はないから、一生わからないままだ」と彼は言う。ジュールスが牛のバラ肉だと思って幸せそうに食べているところへ、それは細かくほぐした豚肉だと告げたらどうなるか想像してみてほしい。彼はきっと、「大いなる復讐心と途方もない怒りをもって制裁を下す」だろう。

メンタルモデルにはその人の思いが満ちあふれている。そして、消費の世界で人の思いを引き起こしうるものは多岐にわたる。たとえば「オーガニック」というラベル一つで、食べ物の味にバイアスがかかる。[10]全国的に名の知れたブランドのロゴがパッケージに明記されているターキーと、ノーブランドのターキーとでは、たいていの人は前者のほうが美味しいと感じる。[11]そういう思いが脳の生み出すメンタルモデルの一部となって、消費体験に大きな影響を及ぼすのだ。

皮肉屋なら、人の思いが影響するなんて迷信だと反論したくなるかもしれない。コーヒーは高価なカップに入っているほうが、ターキーは信頼できるブランドのパッケージに包まれているほうが美味しいと自分に言い聞かせているだけではないか。オーガニックというラベルが貼ってあるだけのリンゴと、本当に有機栽培で育ったリンゴとでは、食べたときの味わいがまったく違うはずではないか、と。

そういう意見が出るのはもっともだが、それは事実ではない。そしてその裏づけとなるのはまたもやワインだ。人は高級なワインを飲んでいると思っていると、その美味しさを強調して報告する傾向があることが数々の調査で実証されている。それに加えて、参加者に自己申告させるだけでなく、参加者の脳を直に観察するという重要な実験も行われた。スタンフォード大学のババ・シフ教授率いる研究チームが、ｆＭＲＩ装置（磁気を利用して脳の神経活動を観察する装置）を使って二種類のグラスワインを飲む実験参加者の快楽中枢を観察したのだ。[12]快楽中枢は側坐核《そくざかく》と呼ばれる脳の奥深くに位置する。実験では、一方は非常に高価なワイン、もう一方は安物だと告げて参加者に手渡された。すると、飲んでいるのが高価なワインだと告げられたときに、参加者の快楽中枢のニューロンが活発に発火したという。では、安いワインだと告げられたときはどうだったのか？　ニューロンは発火しなかった。もちろん、どちらのワインも同じボトルからグラスに注いだものだ。

この調査から、本人の思いがいかに強くメンタルモデルに影響し、そのメンタルモデルがいかに強くその人の認識に影響するかがよくわかる。これは決してペテンではない。また、自分で自分を騙しているわけでもない。脳神経科学レベルで測定すれば、高価なワインが安いワインより味わいが勝るのは事実だ。しかし、脳の中枢は、まったく同じものであっても、当人が抱く思いしだいでまったく異なる体験をする。高価なワインのほうが好みの味だと自分に言い聞かせているのではない。高価なワインだと思っているほうを、本当に美味しいと感じるのだ。高価なワインにまつわる思いがメンタルモデルの一部となり、ワインの味わいに影響を及ぼす。メンタルモデルは体験に付随するものではない。体験そのものなのだ。

思いはどのようにしてメンタルモデルの形を変えるのか

このように、思いがメンタルモデルに及ぼす影響は、単純な感覚情報よりもはるかに大きい。そして企業の目論見は、「これはオーガニックだ」や「これは牛肉だ」といったシンプルな思いを抱かせるだけにとどまらない。ブランドやブランドの商品に対する思いを複合的かつ永続的に抱かせて、脳の基本構造に影響を与え続けようと画策する。そういう思いを抱かせるには、脳内で大掛かりな統合を行わせないといけない。その仕組みを理解するために、まずは脳が情報を体系化する仕組みから見ていこう。

脳が整理するデータは基本的に、関連する情報が紐づいている膨大な情報ネットワークのなかに保存されている。このネットワークは、神経科学の世界では「意味ネットワーク」と呼ばれる。知識や概念は個別に保存されておらず、関連する情報と紐づけられて保存されているのだ。何か一つを頭に思い浮かべるたびに、それに関連するほかのことも必ず一緒に思い浮かぶ。たとえば、「木」という言葉を思い浮かべると一緒に「リンゴ」が思い浮かび、「ドア」を思い浮かべると自動的に「鍵」が思い浮かぶ、という具合だ。[13]

こうした絡み合う知識は脳の側頭葉《そくとうよう》に保存されている。この領域を損傷すると、「失認症」を患う。視力や聴力は問題ないが、見聞きした情報とその名称を結びつけることができなくなるのだ。[14] 仮におもちゃの消防車を失認症患者に見せれば、その特徴を正確に描写することはできる。見た目の特徴に加えて、手に持ったときの感触や発する音も伝えるだろう。だが、その「名称」はどうしても口にできない。つまり、知覚した情報と意味をつなげることができないのだ。

脳内では、関連する情報どうしが紐づけられて保存される。ということは、特定のカテゴリーの知識に偏って損傷を受けることもありうる。たとえば、側頭葉の特定の部分にだけ損傷を負った場合、「生物」の名称は思い出せなくなっても、「無生物」の名称は思い出せるということがあってもおかしくない。[15]

側頭葉内の神経回路を構成するつながりは、生まれつきのものではなく、時間をかけて習得するものだ。「木」と「葉」は同時に語られることが多いがゆえに、「木」を思い浮かべたら自動的に「葉」も思い浮かぶようになる。感情をはじめとする抽象的な概念についても同じで、それらもやはり、体験を通じて知覚した情報や、あるいはほかの抽象概念と紐づけられたりする。サイレンの音が聞こえれば、パトカーや消防車に紐づけられるのはもちろんのこと、恐怖心や警戒心にも関連づけられる。そうした感情的なつながりも、側頭葉に保存される。

このようなつながりを習得できるのは、脳にパターンを探さずにはいられない性質があるからだ。脳のそうした習得機能は「統計学習」と呼ばれる。脳は、周囲を取り巻く環境から苦もなく自動的にパターンを検出する。そして何度も繰り返されるパターンは、やがてつながりとして保存される。つながりは後天的なものだが、そうしたつながりを創出するプロセスは、生まれつき私たちに備わっているようだ。生後八カ月の赤ん坊ですら、自然音声を聴いてパターンを検出することが可能だとされていて、この能力は言語習得の土台の一つとされている。[16] 人間にはパターンを記録するという驚くべき能力が備わっている。そのおかげで、自分を取り巻く環境で取得した統計を、意識せずに知識に変換することに長けている。また、つながりは知識の構築でもっとも重要になることから、メンタルモデルに与える影響は極めて大きい。

ブランドは思いにもとづくメンタルモデルに入り込む

ちょっと考えてみてほしい。そもそも、ブランドとは何なのか？　神経科学者に回答を求めれば、

「つながりの集合」という定義が返ってくるだろう。そうなると、ブランドを構築する活動であるブランディングは、つながりをつくるための活動ということになる。

コカ・コーラ社を例にあげよう。同社は食品・飲料業界では世界第一位、業界の垣根を越えても、アップル、グーグル、アマゾン、マイクロソフトに次いで世界五位に位置する。[17] 上位四社が提供するサービスや製品への消費者の依存度を思うと、コカ・コーラが五位に名を連ねていることにいささか驚きを禁じえない。こんな人生を想像してみてほしい。

シナリオ1：コーク（コカ・コーラ）のない人生
シナリオ2：グーグルの検索エンジンのない人生

どちらのほうがつらいと思うだろうか？　もちろん後者だ。グーグル検索ができれば、人生は飛躍的に快適になる。その功罪についてはさておき、いまやグーグル検索ができなければとても生きづらい世の中だ。ではコークについてはどうか？　なくてもあまり困らない。仮に、コカ・コーラが乏しい資金でいまの時代に起業すれば、商品の有益性の低さから失敗するだろう。コークの実用性はとても低い。いや、健康への影響を考えれば、マイナスの影響を及ぼすといっても過言ではない。

「コーク」の実体は、砂糖の入った茶色い炭酸水だ。ブランドがなければ、それ以上でも以下でもない。だが「コーク」というブランドについてとなると、話がまったく変わってくる。

コカ・コーラは、広告とブランディングに数十億ドルを毎年費やす。それはなぜか？　コカ・コーラという名称を聞いたことがない人は、地球上にほとんどいない。にもかかわらず、それほど広告にお金を費やすのは、ブランド名の認知以上のものを手にできるからだ。彼らは広告で消費者との心理的なつながりを手に入れて、消費者の意味ネットワークのなかで広大な領地を占領しようとしている。

要するに、同社はつながりの構築に莫大な資金を投じているのだ。それも単なるつながりではない。そのお金は、コークに「ハピネス」を関連づけるために費やされている。炭酸飲料を大衆に売るにはどうすればいいか？　大衆が求めているもの、すなわち「ハピネス」を商品にくっつければいい。そうしてハピネスとの関連づけに成功した砂糖水は、二〇〇〇億ドルを生み出した。

消費が日々行われる世界では、コカ・コーラというブランドを消費するときに生じる影響（ハピネスなど抽象概念との関連づけ）を切り離すことは難しい。コークをひと口飲むときに、その感覚的な体験の二五パーセントは飲み物自体から、残りの七五パーセントはそのブランドに抱く抽象概念から生じている、というように、知覚の配分を意識的に行うことはできない。私たちが体験するのは、すべてが合わさったメンタルモデル一つのみ。コカ・コーラが生み出すのに長けているとされる体験を、何のつなぎ目もなく味わうのだ。その結果、同社の製品が強く印象に残る。

コカ・コーラはどうやってそれを可能にしているのか？　つながりの構築を通じて、側頭葉に自らの場所を入念に確立しているのだ。つながりの構築にかける費用は四〇億ドル。広告をはじめ、デジタル、オフラインの両方を含むマーケティングキャンペーンに、それだけの額を毎年費やしている。いずれも目標はただ一つ。「コーク＝ハピネス」を私たち消費者の脳内に叩き込み、次に私たちが飲み物が欲しくなって選ぶときに、この関連が浮かぶようにすることだ。同社がもっとも長く掲げたスローガンは、

「オープン・ハピネス（ハッピーをあけよう）」というものだった。ペプシがいつまでも一歩及ばないのは当然だろう。ハピネスに対抗するのは至難の業だ。

コカ・コーラのブランディングが、消費者が認識する同社の飲料の味わいに深く影響を及ぼしていることは間違いない。しかし、それほど深く消費者の脳に刻み込まれるのなら、認識への影響の度合いを定量的に測定することはできないのだろうか？　実生活のなかでは無理だ。どうしても、すべての影響が切れ目のない一つのものに統合されてしまう。だが、管理された環境下であれば、所定の実験を通じて、製品についてのメンタルモデルと製品の中身だけについてのメンタルモデルを比較して、ブランドが具体的にどのような影響を及ぼすかを探り出すことができる。そのもっとも有名な事例が「ペプシチャレンジ」だ。

ペプシチャレンジは、一九七五年から長期にわたって展開されたマーケティングキャンペーンだ。これは、どちらのコーラであるかを知らずに飲めば、コークよりもペプシを好む人が多いという、ペプシのマーケティングチームのあくまで個人的な経験にもとづく意見がきっかけとなって始まった。ペプシチャレンジはいまでは単なる広告戦略の一つだったと思われているが、実はその結果は非常に高水準な実験を通じて得られたものである。このキャンペーンでは、関係する要素をすべてコントロール下に置くために、非常に細かく条件が定められた。二種類の飲み物は同時にグラスに注がれ、まったく同じ温度で提供された。実験はすべてランダム化され、結果に客観性を持たせるために二重盲検の形で行われたほか、ペプシコ社とは無関係の人が実験をとりしきった。その精密さは薬の臨床試験に匹敵する。

一九九〇年代にアジア太平洋地域におけるペプシのマーケティング責任者を務めたS・I・リーによ

ると、ペプシは次のような考えを持っていた。「自社製品のほうが実際に美味しいとわかっているのだから、それを周知させるキャンペーンを行おう」[18]。当時、ペプシの売上はコークに大きく水をあけられていたので、正式に広く公表される実験でペプシの味が試されたからといって、失うものはほぼ何もなかった。

実験の結果は驚くほど一貫していた。コーラのブランドがわかった状態で飲んだ場合、八〇パーセントの人がコークを好み、ペプシのほうがいいという人はわずか二〇パーセントだった。ところが、ブランド名を隠した状態で飲み比べをすると、ペプシを美味しいと答えた人が五三パーセントに増え、コークと答えた人は四七パーセントに減った！　この結果はマーケティングチームによって大々的に宣伝され、両方のコーラが販売されているあらゆる地域ですぐさま同様のチャレンジが再現された。純粋に味だけで比べると、つねにペプシに軍配が上がった。

しかもこのペプシのマーケティング上の勝利にいちばん貢献したのは、意外にも熱心なコークファンたちだった。コーク信奉者である彼らは、ほかのコーラよりコークのほうが美味しいと信じていて、味の違いを区別できる自信があった。そしてこの熱心なコークファンが、キャンペーンで大きな注目を集めることとなる。彼らは事前にコークのどこがいちばん好きかと尋ねられ、ほぼ全員が「味」と答えた。しかし、実験の結果から、自分たちが思っているほどコークの味が好きなわけではないことが判明した。彼らがコークを好むのは、それがコークであるとわかっているときだけだった。彼らの味わうという作業の大半はブランディングに牛耳られ、ブランディングがコークファンのコーラのメンタルモデルに影響を及ぼしていたのだ。

コカ・コーラが炭酸飲料市場で大きな優位性を保っているのは、その名称を脳内の意味ネットワークに刻み込んできたおかげだ。コークをただ「思い浮かべる」だけで、脳は広範囲にわたって活性化を始める。

ペプシチャレンジに触発された科学者たちは、ｆＭＲＩ装置を使い、コークを飲んでいる参加者の脳を覗き見る実験を行った[19]。一方のグループには事前にそれがコークだと伝え、対照群であるもう一方のグループには「コーラ」としか伝えなかった。両グループを比較すると、コークと伝えられたグループの脳は、さまざまな領域が活動を始めた。とりわけ活動が盛んだったのが側頭葉で、ここは意味や感情のつながりが生まれる場所だ。つまり高級ワインのときと同じで、コークのほうが美味しいと自分に言い聞かせているのではなく、つながりの構築によって実際に美味しいと感じているということだ。この実験では、脳内でコークのつながりが活性化している様をはっきりと確認できる！

それを思うと、神経科学者がブランディングを「つながりをつくるための活動」と定義したのもうなずける。これは、自社商品を介して一定のメッセージを繰り返し消費者の脳内でつながりとして記憶され、意味ネットワークの活動を一貫して繰り返し行い続けると、消費者の脳内でつながりを繰り返し消費者に浴びせるということだ。この基本的な構造が変わる。子供のころ、同時に語られることを通じて「葉」と「木」は仲間だと学習したように、同じ広告を数え切れないほど浴びることで、「コーク」と「ハピネス」につながりを見いだすのだ。意味ネットワークがコークのメンタルモデルに提供した情報は、その製品に抱く認識と完全に一致する。コークとハピネスのつながりは、側頭葉に物理的に刻み込まれた、いや、商標登録されたと言っていい。コカ・コーラは文字どおり、あなたの脳内の一部を間借りしているわけだが、その家賃は、コークを買うたびにあなた自身が払う。由々しき事態だと思うかもしれないが、大丈夫。「コークを飲んで笑顔に」なれば問題ない。

知覚の盲点

ここまで説明してきたメンタルモデルは、主に味覚に関するものだった。味覚を例にあげたのは、メンタルモデルの柔軟性がもっとも見えやすく、ブランドの影響によってモデルの姿が変わる経緯がよくわかるからだ。味覚はもっとも弱い感覚なので、ほかの感覚に比べて脳の勝手が利く。つまり、飲み食いに関するメンタルモデルは、気持ちや思い込みの影響をとりわけ受けやすい傾向にあるということだ。食事に入ったレストランの豪華さ、飲んでいるコーラの銘柄、かじろうとしているリンゴに貼ってある「オーガニック」のシール、といったものが思いを呼び起こすのだ。

とはいえ、もっとも有力で信頼のおける視覚ですら、気持ちや思い込みからの影響は避けられない。脳は見ているもののメンタルモデルを絶えず生み出しながら、自分を取り巻く世界をつくりあげている。それを実証する最たる例が、知覚の盲点の存在だ。

脳は、網膜が受け取った視覚情報を処理することで、ものを見ている。目の奥にある何百万もの細胞が、外界からの光を認識しているのだ。網膜が受信した視覚信号は、視神経を介して脳のほかの部位に送られ、処理される。しかし、目の視神経が網膜とつながる部分には、実は網膜細胞は存在しない。つまり、外界からの情報を受け取らない盲点が目には必ず存在するのだ。この盲点は親指の先ほどの大きさて、視野の中心から一五度のところに位置する。

実は、盲点は「見る」ことができる。その方法を三七頁に用意したのでそちらで確認してみてほしい。

この盲点の存在を意識したことは、おそらくなかったはずだ。その理由の一つはもちろん、私たちには目が二つあることだ。一方の目が見落としたものは、もう一方の目が見つけてくれる。だが、一方の目を閉じたからといって、何もない真っ暗な空間が目の前に現れることはない。それはメンタルモデルが構築されているからだ。脳は絶えずその場に応じた世界をつくりあげ、そこにあると期待されるものを「補完」する。

盲点を補完するにあたり、脳は感覚を通じて得た情報やその人固有の思いにもとづいて、現実を推測する。その推測はかなり優秀だ。考えてみれば、人はみな、この盲点の存在を意識すらせずに生きているのだ。

また、盲点の存在からは、メンタルモデルが構築される頻度の高さが見て取れる。なにも、美味しそうに盛りつけられたドッグフードを食べたり、「ファ」の口をした人から「バ」の音が聞こえたりといった、矛盾の兆しを伴う曖昧《あいまい》な状況でしか構築されないわけではない。脳はいつでも構築モードにある。

当然ながら、構築されるメンタルモデルは、味覚や視覚といった特定の感覚に関するものだけではない。脳は絶えず、現実に体験したすべてをメンタルモデル化している。複雑なことも細部にいたるまでモデルにする。そして現実に関するメンタルモデルも味覚のものと同じで、驚くほど影響を受けやすい。

そういう理由から、消費者の脳内に深く食い込もうと必死になるのはコカ・コーラだけにとどまらない。どのブランドも、消費者の心を動かす理想的な概念と同化しようと必死だ。一部の例をあげれば、

ＢＭＷは完璧さ、フォードは頑丈さと信頼性、アップルは優美なミニマリズム、コロナビールはビーチでのくつろぎを自社製品と結びつけようとしてきた。ブランディングは企業に対する消費者の思いを体系的に変えようとする行為だ。それは、その会社の商品体験を根本的に変える。だからこそ、世界的に名の知れた企業も、広告に毎年何十億ドルも使い続けるのだ。ブランドの名称を世間に広めるだけがブランディングではない。的確な属性とのつながりを消費者の脳内にしっかりと植えつける、それがブランディングだ。

1．右手に本書を持ち、目線の高さに図をあわせて腕を伸ばす。
2．**左手**で**左目**を覆う。
3．右目で図のXを見る。焦点はXに合わせるが、●の存在も意識する。
4．Xに焦点を合わせたまま、ゆっくりと図を顔に近づける。

顔に近づける途中で●が消えるが、そのまま近づけていくと再び現れる（そうならなかった人は、図を顔に近づけるスピードを半分以下にしてもう一度挑戦しよう）。少し練習が必要かもしれないが、適切な距離が判明すれば、●は本当に見えなくなる！

見えなくなれば、盲点の確認に成功だ！

ブランディングの優れた例と言えばナイキだ。ナイキはスポーツ競技で神と崇められる人々とブランドを結びつけ、ブランド名の由来となったギリシア神話の勝利の女神の化身になろうと努めてきた。その甲斐あって、ナイキのスニーカーとほかのノーブランドのスニーカーとでは、履いたときの気分が違う。スニーカーの物理的な感触だけでなく、履いているときの感情や心理も変わる。つまり、ナイキのスニーカーを履くという体験のメンタルモデルは、感覚による情報だけでなく、いつの間にか潜在的にナイキと結びつけた知識も呼び起こすのだ。

清涼飲料水ブランドのレッドブルも同様の成果をあげている。ただし、こちらは「極限のエナジー」と結びつけることで、飲んだときの味に加えて感情にも影響を及ぼそうとしている。対照実験（ペプシチャレンジのエナジードリンク版と思えばいい）からも、レッドブルのブランディングは消費者にしっかりと浸透していることが見て取れる。二〇一七年、パリに暮らす一五四人の男性を無作為に三グループに分けて実験が行われた。[20] どの参加者にも、ウォッカとフルーツジュースとレッドブルでつくった同じカクテルを飲んでもらったのだが、グループごとに飲み物の説明を変えた。グループ1には「ウォッカのカクテル」、グループ2には「フルーツジュースのカクテル」、そしてグループ3には「ウォッカ入りレッドブル」と伝えたのだ。すると、レッドブルが入っていると知らされたグループ3では、気分が高揚したと報告する人や普段よりも危険な行為に及ぶ人、女性に声をかけることに積極的になる人がほかのグループに比べて多かった。あなたに「翼をさずける」のは飲み物ではない。あなたがブランドに関連づけたものなのだ。

このようなブランディングには、医療業界で数十年前から「プラセボ効果」として知られる現象と同様の原理が作用している。プラセボ効果は、服用する人がそれは薬だと「信じている」限り、薬というラベルの貼られた砂糖の錠剤に薬と同等の効果が生まれるというものだ。砂糖の錠剤に薬というラベルを貼る、これはまさにブランディングが行っていることだ。ただし、ブランディングでは砂糖の錠剤がブランドの商品で、薬の効果は、ブランドが計算した抽象的な感情や概念となる。

ｆＭＲＩを使った近年の研究で、プラセボ（偽薬）で効果が現れた人々の脳の活動に一貫したパターンが見受けられた。それは、生物学的に作用する物質と同等の効果をプラセボから得られたことを示唆するものだった。[21,22]「長年にわたり、プラセボ効果は想像力の産物だと思われてきました」と、プラセボ効果の作用を研究する分子生物学者のキャスリン・ホールは二〇一八年の『ニューヨーク・タイムズ』紙で語っている。[23]「いまでは装置による映像を通じて、砂糖の錠剤を摂取した人の脳が光る様子を文字どおり見ることができます」。シフによるワインの実験のときと同じで、思いが脳の臓器としての反応に直接影響を及ぼし、体験のメンタルモデルを形づくるのだ。

選んだシューズのブランドが、自分をより優れたバスケットボール選手にしてくれると深く信じ込むようになっているときに、誰がそれを否定できようか。プラセボ効果、自信、自己充足的予言など、それを何と呼ぶにせよ、自分の思いは表に現れる。「マイケル・ジョーダンのようになりたい」と願うアスリートたちがジョーダンと同じシューズを履けば、単にブランドが商品に関連づけた「類いまれなアスリート」というイメージを信じる気持ちがあるだけで、実際に多少はプレーが向上するかもしれない。

事実、対照実験で、自分の使っているゴルフクラブがナイキ製だと信じているとき、参加者たちは、ノーブランドとわかっているドライバーでボールを打ったときよりも強く正確に飛ばしたという。もちろん実験で使用されたのは、まったく同じドライバーだ[24]。

強力なブランドであれば、ほぼどんな商品にも同じ効果が生まれる。高級化粧品ブランドが、美と自信をブランドに関連づけるために大金を費やすのは、それが事実だと消費者が信じれば、実際にそのブランドの商品で化粧をしたときに自信が生まれるからだ。高価な服飾ブランドは、スタイリッシュ、クール、自信といった概念とブランドを関連づけることで、そのブランドの服を身に着ける人にそうした感情をもたらす。詰まるところ、ブランドが重要なのは、気持ちや思い込みが重要だからなのだ。

ブランドは「マインドシェア」という言葉を使う。これは、消費者の心《マインド》のなかで特定のブランドが競合ブランドに比べて、どの程度好ましい位置を占めるかを表すための用語だ。大手のブランドは、これが文字どおりの意味であることを知っている。要は、コークがペプシに対して行っているように、消費者の脳の構造のなかで、競合ブランドより優位に立つことが実際に可能なのだ。

ブランドが関連づけを生み出すと、消費者の脳内の意味ネットワークに永続的な変化が実際に生じる。その変化の影響を具体的に見ていこう。ブランドによる関連づけは、一時的なものでもなければ、実体がないわけでもない。それらは文字どおり、側頭葉のニューロンどうしのつながりとして脳内の生物学上の空間を専有し、生息する。現実の体験を実際に構築することはないにせよ、確実に大きな影響力を持つ。

人はみな、自らの感覚を通して生を体験している。何かを見る、聞く、嗅ぐ、味わうときや、何かに触れるとき、脳はその客観的な生データを情報として取り込む。その後、取り込んだ情報に脳内に存在する思いを組み合わせ、主観的なモデルを自分のなかで生み出す。このモデルは、新たなデータを知覚するための上辺だけの枠組みではなく、知覚そのものを表す。私たちにとっては、知覚することが本当の意味での**現実**なのだ。

メンタルモデルを構築するプロセスを自覚することは絶対にない。客観的なデータを取り込んで主観的な体験を生み出すときに脳内で起きていることは、決して意識されない。この自覚の欠落は、体験と知覚のあいだにあるギャップと同じく、マーケターにとってはチャンスとなる。消費者の感覚にひねりを加え、思いを刷り込み、それらを脳に深く刻み込めば、消費者がメンタルモデルを構築するプロセスを乗っ取り、さらには現実に対する知覚を根本から変えることが可能になる。

いま述べたようなことは、**ホモサピエンス**にしか起こらない。ドッグフードの袋に「アルポ」とブランド名が書いてあるかないかで、あなたの飼いイヌは味に違いを感じるだろうか？　決してそんなことは起こらない。だが人間は奇妙な生き物だ。私たちが世界で体験することは複雑で、おまけに変わってしまう恐れもある。良きにつけ悪しきにつけ、私たちが食べているのは、食べ物ではなくメニューなのだ。ドッグフードを出す店はないと思うが、実際に出されたとしても、それがドッグフードだとはわからないだろう。

第2章

アンカーを下ろす

相対性の神経科学

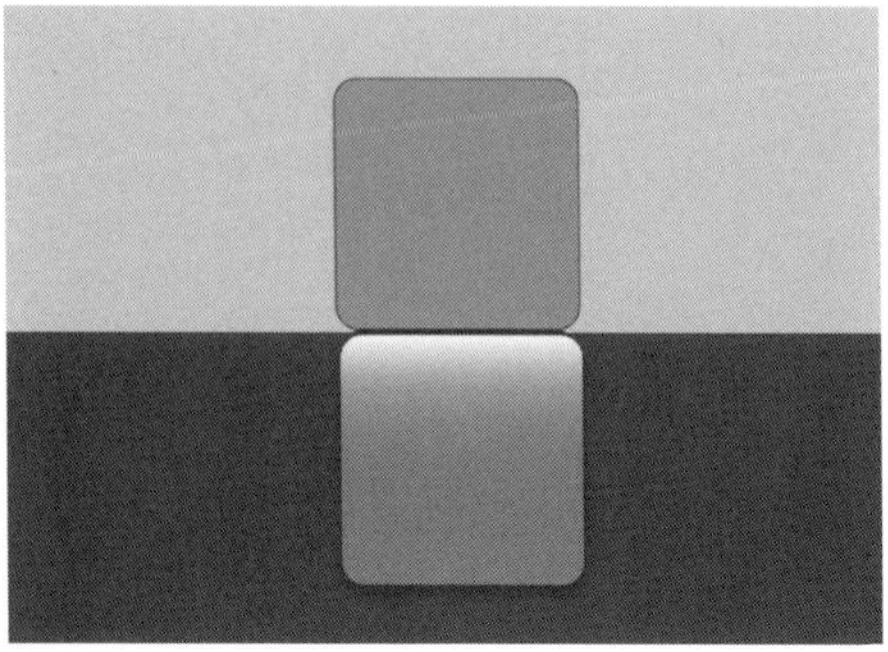

どちらの正方形が色濃く見えるだろうか？

上のやつに決まっている、と思うだろう。

残念。実は、灰色の濃度はどちらもまったく同じだ。正方形を分かつ線を指で覆うと、二つの正方形はまったく同じ色だとわかる。

最初に違う色に見えるのは、「意識のアンカリング」と呼ばれる現象のせいだ。情報が入ってくると、脳はそれを自動的に基準点と比較して処理する。この画像に関して言うと、背景の部分が基準点となって脳に錨《アンカー》を下ろし、正方形の色の濃度の処理を指示する。つまり、背景の濃度に比べて濃いか薄いかを判断するという処理を行うのだ。目に色として届く光の波長はまったく同じであるにもかかわらず、背景がアンカーとなるせいで、根本的に違うように見えるのだ。アンカーは人の知覚を変えてしまう。それどころか、注意を向ける対象や価値観にも影響を及ぼす恐れがある。

世界では際限なく複雑にデータが流れ続けるので、脳がそのすべてに注意を向けることはできない。この膨大な情報に対処するため、脳はショートカットを活用する。その最たるものがアンカリングだ。アンカーによって、人はもっとも重要に思えることに意識を向け、あまり重要に思えないことから意識をそらすのだ。

アンカーとなるものは、目にした画像や耳にした音などさまざまだ。シンプルな白い点は、黒い背景というアンカーがあるときにもっとも目に入りやすくなる。都会で育つと、夜の街の騒音が当たり前になる。夜になっても車が走り、多くの人が行き交い、ときには警報が鳴り響く。こうした騒音をつねに一定以上の大きさで耳にし続けると、それが聴覚にとってのアンカーとなる。その後、初めて田舎にキャンプに出かければ、夜の静寂に耳が痛くなる。いつもと違うせいで静寂が気になるのだ。田舎で育った人はその反対だ。静かな夜が彼らのアンカーであり、都会育ちの人には気にならない夜の騒音が耳を突く。

アンカーは、表にあるものに対する意識の背景となる。表は、灰色の正方形から新車まで多岐にわたる。「成功」といった抽象的なものが表となるときも、脳内ではアンカーに照らして処理される。たとえば、一部署の責任者から出世して会社の副社長になれば、夢のような気持ちになる。きっとシャンパンに手を伸ばすだろう。しかし、社長から降格して副社長になったとしたらどうか？　コルクを開けて祝おうとは思わない。こうなると、人生における意味合いがまったく変わる。

表にあるものを脳がどう知覚するかは、それに関するアンカーによって変わる。だが厄介なことに、人はアンカーが自身の言動に及ぼす影響はおろか、アンカー自体を認識することすらほとんどない。

ブランドはこの事実を有効に活用している。人は、消費の世界に関する情報を処理するとき、たとえば、商品が価格に見合っているかどうかを評価するときは、その商品のことだけを考えて評価していると思うものだ。だが実際には、アンカーと比較して評価している。そしてそのアンカーは、ブランドによって植えつけられたものである可能性が高い。ブランドがアンカーを植えつける主な理由は二つある。一つは、消費者の注意を自分たちに向けること。そしてもう一つは、消費者が価値を判断する基準を自分たちに有利に変えることだ。

私たちの脳は、つねにアンカーを下ろす場所を探している。そして脳を操る専門家であるブランドは、脳の要求に応じた行動をとる。ブランドの方法がどのようなものなのか、まずは「注意」という要素に注目して見ていこう。

消費者が注意を向ける対象を固定する

何かに注意を向けたくなる要因は一般に、自分の内側、あるいは外側のどちらかから生じる。気取った言い方をするなら、「内因性」か「外因性」のどちらかとなる。内因性とは、たとえば買い物リストを手に持ってショッピングモールで買い物をするときなどがそうだ。リストアップされている食品を見つけるという目的が設定されていて、何に注意を向けるかは自分の内側から誘導される（内因性を意味する英語「endogenous」の「endo」は、「内側に由来する」という意味だ）。ではショッピングモールに時間つぶしに出かけ、ぶらぶらと見て回るときについてはどうか。この場合、自分のなかに目的はない。よって注意を向ける対象は、目にとまるという形で外側から誘導されるのが一般的だ。これが外因性による注意である。

ブランドは、消費者を取り巻く環境のなかにアンカーを下ろして外因性による注意を引こうとする。テレビCMは、放送されている番組より大きな音量で流される。屋外に設置される看板広告は、周囲の日常的な色合いに溶け込まない派手な色調となる。外因性の注意を誘発するという行為は詰まるところ、人が自然に注意を払うものに入り込む、つまりは注意を払う対象を変えさせるということだ。

単純に目で見るレベルだと、脳は対比の強いものに注意を向けやすい。たとえば黒に対する白、赤に対する黄色に目を奪われやすい。直線や曲線も大きな対比を生みやすい。実際、対比の強い情報を優先するシステムが脳内にはっきりと存在する。[1] 生後わずか数日の赤ん坊を含む、幼い子供たちを対象に実施された調査では、対比の強い刺激を好む傾向が一貫して見受けられた。[2,3] また成人の目の動きに関する調査でも、対比の強い領域では、人がどこに視線を送るかを八五パーセントの精度で予測できるとわかった。[4]

ユーザー体験を考案する人々は、脳が対比の強いものに引き寄せられやすいことを知っていて、その特性をうまく活用している。ログアウトの画面を例にあげよう。フェイスブックは、利用者につねにログインした状態でいてもらうことを何よりも望んでいる。そうでないと、彼らにとってうまみのある利用者に関するあらゆるデータを集めることができないからだ。そこで利用者をログアウトという行為から遠ざけるため、フェイスブックは対比を使ってキャンセルボタンに注意を向けるようにしている。

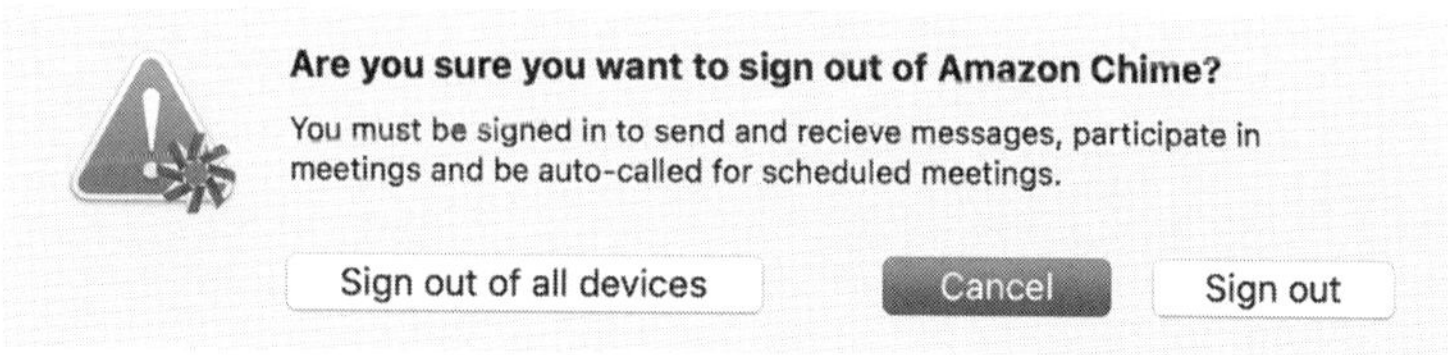

また、アマゾンが提供するオンライン会議アプリのチャイムも、上図のように対比を使って選択してほしいオプションへ注意を引いている。薄暗い背景の色がアンカーとなり、白いボタンではなく青いボタンに注意が向くようにデザインされている。

調査によると、消費者が購入の決断を急いでいると、単純に見た目が目立つ（輪郭、境目、色など視覚的に対比を強く感じる特徴を組み合わせて目を引くようにしてある）だけで、それを選ぶ確率が飛躍的に高まるという[5]。要するに、製品の外見と製品を取り巻く背景の対比をできるだけ強烈にすれば、選んでもらえる確率が高まるというわけだ。

あなたがいまとても喉が渇いていて、価格もブランドもサイズも気にならない状態にあるとしよう。そんなとき、店舗の冷蔵庫にずらりと並ぶミネラルウォーターのボトルから、どれを選ぶだろうか？　そのなかに「VOSS」が並んでいれば、似通った見た目ばかりの競合ブランド品と一線を画すのは間違いない。それこそまさに、VOSSがボトルのデザインで目指したことだ。ガラス製の細身のボトルに対比が際立つ線で文字が描かれ、清潔感としなやかさを全体に醸し出すそのデザインは、どこかアップルのデザインを彷彿とさせる。ぷっくりとしたプラスチック製のボトルばかりが並ぶなかで（これらがあなたにとっての視覚的なアンカーとなる）、あなたの注意をつかむのはVOSSのボトルだ。

扱う商品が「ロシアの水」ことウォッカになると、見た目で選ばれる確率はさらに上がる。アメリカで低価格ウォッカとして人気を博した「ポポフ」を卒業して次の段階に進む人は、ウォッカの味をほとんど感じなくなっている。同じ蒸留酒でも、ウイスキーやメスカルと違い、ウォッカの銘柄を選ぶときに味はあまり決め手とならない。非常に綿密に行われたニューロマーケティングの研究を紹介しよう。その研究に参加したマーケターは、外因性による注意をもっとも生み出すウォッカのボトルデザインはどれかを調べた。[6] すると、店に並ぶウォッカブランドのボトルのうち、アブソルート、ピナクル、スヴェドカにもっとも注意が集まった。新しもの好きの人たちには申し訳ないが、ティトーズは最下位だった。ボトルのデザインに対比が足りなかったのだ！　消費者の注意をつかむための対比の活用は、視覚に関することだけにとどまらない。ジャーナリズムの分野では、注意を引くことの重要性が増し、記事をクリックしてもらうのに概念レベルでの対比が要求されるようになった。ジャーナリストのケイティ・カラウッティは、消費者の注意をつかむことがかつてないほど重要になりつつあると語る。ニューヨークを拠点とし、『ヴァニティ・フェア』『キンフォーク』『ハフィントン・ポスト』などに寄稿した経験も持つ彼女は、筆者との電話で次のように述べた。「世間はノイズやさまざまな声にあふれているので、まわりと違うことをして目立つ必要があります。読者の時間と注意は、かつてないほど限りあるものになってしまいました。記事の基本的な要旨を伝えるには、簡潔であると同時にほかとは違うやり方をとる必要があります」。[7] メディア企業は、クリックベイト〔記事に扇情的なタイトルをつけて閲覧者数を増やす手法〕を多用して注意を引こうと競い合っている。それは、見出し以外の条件がすべて同じなら、ほかに比べて目を引く見出しをつければ、読者がクリックする可能性が高まるからにほかならない。

パターン探し

第1章で、脳にはパターンを探さずにはいられない性質があると述べたことを覚えているだろうか。脳は私たちの意識の外側で、置かれている環境のなかで絶えずパターンを探す。そうして見つけたたくさんのパターンを、生涯にわたって脳内に取り込むのだ。取り込まれたパターンは背景情報、つまりはアンカーとなり、それを大きく侵害しうるものに注意が向くようになる。

この種のアンカリングが起こるのは、進化の観点から考えると納得がいく。自分を取り巻く環境を一〇〇パーセント吸収し自らの経験にしたからといって、生存できるとは限らない。実際には、つねにあらゆる細部に注意を向けていると、生存の確率はむしろ下がると言える。生き残れるかどうかは、素早く行動をとれるかどうかにかかっている。そのため、脳は行動を起こすのに必要な知覚情報だけを処理するように進化したのだ。この果実は食べたことがあるものか、それとも未知の果実で毒となりうるのかがわからないからといって、果実が持つ色素をすべて把握する必要はない。脳内にすでに構築されている、食べても安全な果実のパターンに沿うかそぐわないかがわかればそれでいい。パターンを学習することで、時間とエネルギーの節約が可能になるのだ。

それどころか、脳はパターンが好きすぎて、真に統計的にランダムなものに**嫌悪感を抱かせる**。iTunesにシャッフル機能が搭載された当初、おびただしい数の怒りのメールがアップルに届いた。送り主はシャッフル機能が壊れていると主張するユーザーたちで、イン・シンクのアルバムを再生するときに「シャッフル」ボタンをクリックしても、収録順に曲が流れることがあるという苦情だった。順序どおりに曲が流れると、騙されたと感じるのだ。ランダムなアルゴリズムが、なぜ実際のアルバムと同じ順序で三曲続けて流すのか。ランダムとは「七、一一、三」のような並びのことであって、「一、一、三」のようには並ばないはずではないのか、と。だが、曲の選択が真にランダムに行われる場合、流れている曲の次にかかる確率は、すべての曲が同じになる。よって、「七、一一、三」という順になることもあれば、「一、一、三」という順序になることもあるのだ。

苦情を受けたアップルは、ｉＴｕｎｅｓのアルゴリズムを変更し、アルバムと同じ順序を避けるようにした。これにより、実際にはランダム性は低くなったが、人間にはランダム性が**増したと感じる**。音楽配信サービスのスポティファイがプレイリスト上の曲のシャッフル再生を最適化しようと試みたときも、同様の苦情が集まった。そこで、同サービスでアルゴリズム開発を担当するマティアス・ピーター・ヨハンソンは最適な解決策をとった。「人間にとって、真にランダムなものがランダムに感じないことが問題なのです。ですから、人間がランダムだと感じるように「シャッフル機能の」アルゴリズムを新しくしました」。人間は何と奇妙な生き物なのだろう。

ジグとザグ

「みながザグに向かうときはジグに行け〔人とは違う方向を目指せ〕」は、ブランディングでよく使われる格言だ。脳が注意を向ける仕組みの単純さを見事に表している。心理的なアンカーはジグザグの「ザグ」で、みながその方向に向かう。これはパターンと言い換えることもできる。脳の注意をつかむには、ザグとは違う「ジグ」の方向に向かわねばならない。

ブランドは、ジグの方向に進んで消費者の注意を引くことを得意とする。そのやり方の一つが、アンカーの役割を果たしている既存の関連づけを利用するというものだ。その関連づけを壊すだけで、パターン探しが大好きな脳は突然の変化を察知し、そのブランドに注意を向ける。

異国のスポーツカーを思い浮かべてほしいと言われたら、何色の車を思い浮かべるだろうか？　おそらくは、赤か鮮やかな黄色を思い浮かべるはずだ。これから新しいスポーツカーを発表するブランドが、赤だらけのスポーツカー市場で際立つにはどうすればいいか？　日産の３５０Ｚ（フェアレディＺ）の場合、その答えはオレンジを使うことだった。赤いスポーツカー（ザグ）が多数を占めるなか、「オレンジ色の３５０Ｚ」（ジグ）は消費者の注意をつかむ。女性向け製品を販売しているブランドは、長年にわたって「ピンク」を女性らしさの象徴に使ってきた。そうするブランドが増えていくうちに、いつしか女性らしさに関連するアンカーとしての役割をピンクが強く担うようになっていった。ピンクを女性らしさの象徴とするブランドがアンカーとなっているのであれば、そのなかで目立つにはどうすればいいか？　違う色を自分たちの象徴に選ぶというのが手っ取り早い答えだ。宝飾ブランドのティファニーはまさにそれを実行した。その上で、さらにもう一歩踏み込んだ。消費者の脳に存在する関連づけを一貫して繰り返し壊し続けたことで、新たなつながりの構築に成功したのだ。それにより、ティファニーの象徴である「ティファニーブルー」の効果が高まった。ピンクばかりの競合のなかでブルーを打ち出し続けたからこそ、この色自体が新たなつながりとなったのだ。

その他大勢とは思い切りかけ離れた方向に舵を切ると、パターンを破壊する成果の最高峰を手にできる。そう、「驚き」だ。二〇〇六年の下半期から、英国に本社を置くチョコレート菓子ブランドのキャドバリーは懸命な広報活動にあけくれることとなった。商品にサルモネラ菌が混入して四〇人以上に健康被害が出たことで、ブランドイメージに大打撃を受けたのだ。広報チームはダメージを抑えるための初期対応をいくつか行うと、老舗として名を馳せたブランドイメージを回復させる策を必死に探した。そうして同ブランドの救世主となったのは、何と体重一八〇キロのゴリラだった。当時はまだ「バズる」という言葉は定着していなかったが、ゴリラが登場するキャドバリーの広告キャンペーンはまさにバズった。このCMは、ゴリラの顔のアップから始まる。背景は一切見えず、フィル・コリンズの《イン・ジ・エアー・トゥナイト》が流れる。これは、ゆったりとしたテンポで歌が始まったと思ったら、ポップミュージック史上もっとも有名といってもおそらく過言ではないドラムブレイクで一気に最高潮に達する曲だ。ドラムブレイクのタイミングが近づくにつれ、カメラがゆっくりとズームアウトする。そしてゴリラが実はドラマーで、ドラムを叩くタイミングを待ち構えていたのだと判明する。[8] Ⓖ 想像してみてほしい。キャドバリーの会議の場で、「サルモネラ騒動を何としても終わらせたい。そのために必要なのは、フィル・コリンズとゴリラの着ぐるみだ」と誰かが熱弁する姿を！

この「ジグ」はうまくいった。キャンペーン動画はすぐさま、ユーチューブで五〇万再生を突破した。[9] しかも、注目を集めただけでなく、消費者のキャドバリーに対する印象が圧倒的によくなり、[10] 売上も大幅に上昇した。

パターンは期待を生み、その期待がアンカーとなる。内開きのハンドルのドアばかり目にしていれば、ドアを見たら内側に引けば開くものだと思う。ハイタッチを何度も目にしていれば、誰かがあなたに向かって手の平を見せるようにして右手をあげたら、自分も同じようにして手と手を合わせればいいのだと理解する。こうした期待を壊すと、ある特定の感覚が生まれる。それが驚きだ。実際、神経科学者のあいだでは、驚きはまさに「期待の裏切り」であると定義されている。キャドバリーは、ドラムを叩くのは人間であるという、たわいのない、しかし間違いなく消費者の脳内に存在する関連づけをアンカーとして利用し、それを壊すことで視聴者に驚きを与えた。私たちが暮らす世界では、ゴリラはドラムを叩かない（もしそうなれば大事件だ）。だから、実際にそれを目の当たりにしたときに期待が裏切られ、その驚きが注意を引きつけることになったのだ。

とはいえそのキャンペーンでもっとも興味深いのは、それが一度きりの性質であるという点だ。続編の映像がいくつか制作されると、ゴリラの魅力はなくなり、続編の動画への反響は急落した。なぜそうなったのか？　最初の驚きにはあった注意を向けるだけの価値が失われたからだ。体重一八〇キロのゴリラに驚くのは一度だけ。新たなパターンの学習が始まり、新たなアンカーと比較して知覚するようになるまでの話だ。一度はゴリラに騙されても、二度目はない。

期待の裏切り

神経科学者たちは、期待の裏切りについて深く研究している。脳波計を使えば、驚いたときに脳の活動に起こる変動を測定することができる。測定対象の成分はN400と呼ばれる。これは、脳が予期せぬ話のオチを聞いて脳波計に驚きが記録されるまでに約四〇〇ミリ秒（＝〇・四秒）かかることからそう呼ばれるようになった。

N400の反応は本来、言語的な驚きに関係するものだ。[11]　原則として、どんな言葉でもN400の反応を引き出せるが、あまり使われない言葉ほどその振幅《しんぷく》は大きくなる。たとえば「superfluous（過分な）」という言葉と「chapter（区切り）」という言葉では、使われる頻度の低い前者のほうがN400の反応は大きくなる。

とはいえN400の反応で興味深いのは、文脈というアンカーが非常に重要になるという点だ。どの言葉にもN400の振幅が内在するものの、どのような文脈のなかに現れるかによって、その振幅は大きく変わる。例をあげよう。「私は本当に唯一無二の◯◯と結婚したい」という文章で、◯◯に「愛する人」が入っても驚くことはないだろう。しかし、そこに「ゾウ」が入れば非常に驚くのではないか。N400の振幅は高い数値を示すはずだ。「ゾウ」自体は珍しい言葉ではないが、それが使われる文脈に驚くのだ。

脳波計を使った研究には、この現象が記されたものが何十とある。[12] 使われる言葉と文脈というアンカーのずれが大きいほど、N400の振幅は大きくなり、より大きな驚きを覚えるというわけだ。文脈自体がアンカーの役割を果たし、そこから満たされるか裏切られるかわからない期待が生まれる。期待が裏切られたとき、人は注意を向けずにはいられない。

コメディアンはこの事実を本能的に知っている。それを誰よりもうまく活用していると言えるのがアンソニー・ジェセルニックだ。彼はN400を生み出すプロで、「期待を裏切る」ジョークでコメディアンとしての地位を確立した。彼の方程式はシンプルだが、驚かずにはいられない。巧みな話術で視聴者を一つの方向に向かわせるが、最終的には意外なオチが待っている。彼がもたらす衝撃的な驚きの、真の意味での特徴は何か？　たとえ視聴者がすぐに彼の方程式に気づいたとしても、オチがいつくるかはわからない。ジェセルニックは、驚きと注意をそらすテクニックが待ち受けていると知っている視聴者に対し、一時間にわたって何度も視聴者に驚きを与えることができる。

彼のネタをいくつか紹介しよう（もちろん、実際に彼が話すときの間のとり方は伝わらないが）。どんなオチがくるか予測できるだろうか。

僕の親父は本当にすごい。五人の男の子を育てたんだ。たった一人でだよ。しかも、僕らの知らないところで。

最近になって弟がピーナッツアレルギーだとわかったんだ。これが大変なことだっていうのは僕にもわかる。でもさ、両親はやっぱり大げさだったんじゃないかな。飛行機でもらった小さな袋入りのピーナッツを食べていただけなのに、弟の葬式から蹴り出すなんて。

アフリカに僕が面倒を見ている子供がいるんだ。食べ物を与え、衣服を与え、学校に通わせ、一日あたり七五セント支払う。でもこんなもの、タダみたいなものだよ。その子をアフリカに送ったときの費用に比べればね。

期待を意図的に裏切る力は大手ブランドにも健在だ。レストランチェーンのＩＨＯＰ《アイホップ》が二〇一八年に行った大胆な広告戦略がいい例だ。朝食メニューに特化し、パンケーキをウリにするこのレストランチェーンは、店名をＩＨＯＰ（Ｐはパンケーキのｐ）からＩＨＯＢ（Ｂはバーガーのｂ）に変えるという、パンケーキを冒涜《ぼうとく》するような発表を行った。この変更は大きな注目を集めた。その量をデジタルの尺度で定量化すると、ソーシャルメディアで話題にされる回数がわずか一日で六四七七パーセント増え、ブランドに対する認知が飛躍的に高まった。加えて、「#IHOP」「#IHOB」というハッシュタグが一週間にわたって二億九七〇〇万を上回るインプレッション数を獲得すると、同ブランドは満を持して「すべてはジョークだった」と発表し、消費者は大どんでん返しを食らった。[13] IHOPは、新商品として展開するバーガーに消費者の注意を向かわせたくて、この大胆な策に打って出たのだ。

バーガー自体に驚きとなる刺激はない。ふつうの文脈で「バーガー」という言葉が使われていても、N400の反応は一切生まれない。だが、IHOとくれば、次には「P（=パンケーキ）」がアンカーとしての役割を果たす。そうして大量のN400の反応が生まれ、大量の注目を集めることに成功した。

内因性によって生まれる注意：キラキラしたものにご用心

看板広告や派手な商品パッケージ、その他大勢とは違う方向の広告といったアンカーは、どれも消費者の注意を引くために使われる。だが、外因性によって生まれる注意には限界がある。消費者の注意を向けようとする方向があまりにも多すぎるのだ。顧客の注意をつかもうとする絶え間ない競争から、企業はどのようにして自社を守ればいいのか？　ブランドを設立すればいい。

消費者の忠誠心《ロイヤルティ》を獲得しているブランドは強力で、内因性の注意を誘発する力がある。先にも述べたように、内因性の注意は個々の内側から生じる。目的なく見て回るときではなく、買い物リストを手にスーパーマーケットへ行くときに生じるのが内因性の注意だ。その買い物リストに次のようにブランド名が載れば、内因性の注意がそのブランドに向けられる。

買い物リスト：
（クラフトの）マカロニ・チーズ
（ドリトスの）ポテトチップス

仮に、とりわけ気に入っているミネラルウォーターのブランドがダサニだとしよう。そうすると、水を買おうとする瞬間、あなたは内因性モードになり、ダサニを探す。すでに消費者の頭のなかに根づいているブランドは、外的に注意を引く必要はない。

興味深いことに、内因性の注意は外因性の注意を引こうとする競合ブランドを退ける役割も果たす。ダサニを好む感情が強いほど、ほかの選択肢に目がいかなくなる。文字どおり、ダサニの競合は見えなくなり、ダサニが圧勝する。

特定のブランドを探し求める内因性モードになると、鋭い視点、鮮やかな色、際立った対比といった視覚的な注意を奪おうとするものの影響を受けづらくなる。先ほど取り上げた、視覚的に対比の強い部分にもとづいて、八五パーセントの精度で視覚的な注意が向くところを予測できるという研究成果を覚えているだろうか。その実験の参加者は、目的なく見て回る（外因性）モードだった。その彼らに目的を与えると、予測の精度は四〇パーセントに急落する。つまり内因性モードになると、視覚の注意を引くトリックにあまり影響を受けなくなるのだ。

これはめでたい話ではないか。詰まるところ、内因性モードには注意を引くために用意された罠の効果を無力化する力があるように思える。とはいえ、ハイタッチの前に整理しておこう。脳が目的なく見て回るときに注意を向ける（外因性）モードから、目的のもとに注意を向ける（内因性）モードに移行すると、脳が見る情報は文字どおり少なくなる。これは、脳は自ら見ようとしなくなることを意味する。

ハーバード大学で研究を行うダニエル・シモンズによると、その状態はまさに盲目と呼ぶにふさわしいという。[14] 彼は実に優れた実験を考案した。地図を手にした旅行者に扮した仕掛け人が、通りすがりの人（ターゲット）に道を尋ねる。声をかけられた人が仕掛け人が持つ地図に目をやると、絵画を抱えた別の二人の仕掛け人が通りがかり、そのうちの一人と旅行者に扮した最初の仕掛け人が入れ替わる。新たに旅行者役となった仕掛け人は、何食わぬ顔でターゲットと話を続ける。するとターゲットは、旅行者が入れ替わったことにまったく気づかない[15]！

シモンズはほかにも、何かに注意を向けるとほかのことが見えなくなる傾向について検証した素晴らしい実験を行っている。[16] この実験を知らないという人は、自身で試してみるといい。[17]

この実験は、実験参加者にパスした回数を数えるようにと告げたうえで、数人がバスケットボールをパスし合う映像を見せるというものだ。こうして彼らは内因性の注意に即してボールを目で追うようになるのだが、そうすると、パスし合う人々のなかに着ぐるみのゴリラが混ざっていることにまったく気づかない。地図を見る、パスを数える、といったことが自分の内部にアンカーとして固定されると、人は心理的に盲目になるのだ。アンカーが強力であれば、ほかのどんなことも（突如現れた着ぐるみのゴリラですら！）目に入らなくなってしまう。これは決して軽んじることのできない重要な事実だ。なにしろ、企業が魔法のランプの精に叶えてほしいことの上位には、競合ブランドを消費者の目に入らないようにしてほしいという願いがある。だが、これについてはランプの精の力は必要ない。ブランドへのロイヤルティが消費者にあれば、脳は目的を持った内因性モードに切り替わる。第1章で説明した、ブランドが消費者の認識を根本から変える話を覚えているだろうか。それに加えてブランドは、消費者が向ける注意を有利に変えることもできるのだ。

注意だけでなく価値観も

話を原点に戻そう。脳は船と同じで、錨《アンカー》を下ろす場所をつねに探している。それは、アンカーを使って世界を整理し、文脈に当てはめるためだ。そうしたアンカーへの依存が、驚き、知覚、注意を生じさせる心理のカギを握る。しかも、アンカーは私たちの注意の矛先を変えるだけではない。価値観を変えてしまう力もある。

これについて理解するにはまず、数字が人に与える奇妙な影響について知っておく必要がある。脳にいくつかの数字を投げかけると、それらをアンカリングしようと脳の機能が過熱状態になる。数字が現れると、脳は必ずそれらを価値観のアンカーとして活用するのだ。つまり、人はアンカリングによって、視覚的な幻想だけでなく数字の幻想にもとらわれてしまうということだ。

行動科学者として世界的に知られるダニエル・カーネマンは、テレビのバラエティ番組で見受けられるようなルーレットに一から一〇〇の数字がランダムに書かれたものを用意し、実験の参加者にそれを回してもらった。そして回し終えるたびに、勘に頼って答えざるをえないような数字に関する質問をした。「ジンバブエの人口の何パーセントが国外に旅行したことがあるか？」「モンタナ州の都市ボーズマンの平均気温は何度か？」という具合だ。すると興味深いことに、参加者の回答はルーレットを回して出た数字と関連していた。ルーレットで大きな数字が出れば大きな数を、小さな数字が出れば小さな数を答える人が多かったのだ。その数字はランダムに出たものであり、質問には何の関係もないと完璧に認識していたにもかかわらず、ルーレットの数字はアンカリングされ、彼らの回答に影響を及ぼした。

数字の影響力がさらに上がるケースがある。アンカーとなる数字がお金に関係すると、使う金額に多大な影響を及ぼすのだ。サンフランシスコにある体験型博物館のエクスプロラトリアムの外で、実際に次のような実験が行われた。通りすがりの人に声をかけ、近年起きた石油流出事故の犠牲になった野生動物を助けるために寄付をお願いするというものだ。ほとんどの人は西海岸の善きサマリア人〈困っている人に手を差し伸べる人〉となり、喜んで寄付してくれた。その平均金額は寛大にも、六四ドルにものぼった。ところが、頼むときにアンカーとなる数字を具体的に提示すると、人々の対応は大きく変わった。五ドル寄付してもらえないかと頼むと、寄付の平均額は二〇ドルまで下がり、四〇〇ドル寄付してもらえないかと頼んだときは、一四三ドルに跳ね上がったという！

キッチン用品を手がけるウィリアムズ・ソノマが、二七九ドルのホームベーカリーの近くに四二九ドルのホームベーカリーを並べると、当然ながら四二九ドルのほうは売れなかった。だが、二七九ドルのほうの売上は倍増した。ホームベーカリーについて何の知識もない状態で、二七九ドルの機器しか選択肢がなければ、脳はどうしていいかわからなくなる。二七九ドルは、はたして適正な価格なのか。お買い得なのか、不当に高いのか、皆目見当がつかない。だが、その二七九ドルのホームベーカリーのそばに四二九ドルの機器が並べば、脳はもう迷わない。「四二九ドル」がアンカーとなり、それを基準に二七九ドルを認識する。このアンカーの隣にあれば、二七九ドルはいい買い物に思える。[18] 同様の効果はメニューでも発揮される。前菜の欄で最初に高価な品を持ってくると、それ自体を注文しようと思う人はいないかもしれないが、ほかの品が相対的にかなり安く感じ、注文したくなる。

脳は数字のアンカーを受け入れやすいので、高価な選択肢を用意しなくてもお値打ち価格だと思わせることはできる。ファストフード店の広告は、「最高の一ドルメニュー」と誇らしげに語るものであふれている。たしかに、一ドルでハンバーガーが買えればお値打ちだと感じる。競合他社が声高にハンバーガーが一ドルだと叫ぶなか、ハンバーガーを四ドルで売ろうとするのは理屈に合わない。だが、まさにそれを実行したのがカールスジュニアで、しかも同社はそれで成功を収めた。競合他社が競って最安値を提供するなか、カールスジュニアは「六ドルバーガー」という名の商品を展開し、それをなんと四ドルで売り出した。商品名自体が価値観のアンカーとなり、それが支払うべき、いや、むしろ支払うはずの価格だという意識を消費者に植えつけたのだ。そうなれば、四ドルという価格は非常にお値打ちに思える。こうしてカールスジュニアは消費者のアンカーを変えた。

このエピソードは「希望小売価格」を彷彿《ほうふつ》とさせる。希望小売価格とは何か？　それは、製造業者が提案する小売価格を意味する。意味についてはすでに知っていた人もいると思うが、この価格が与える心理的な影響についてはどうか。希望小売価格は価値観のアンカーとなる。アマゾンは一貫して希望小売価格を使って価値観のアンカーを消費者に植えつけている。その証拠に、商品画面には（売値よりはるかに高い）元値がはっきりと表示されている。ボーズのノイズキャンセリングヘッドフォンの希望小売価格三〇〇ドルの下に、アマゾン価格の一五〇ドルが表示されていれば、安い買い物に感じる。実際にはほとんどのインターネット上の小売業者が、アマゾンと同じかそれに近い価格で販売しているのだが。

限りのある数字というのも、消費者の心のアンカーとなって購入を促す。スーパーマーケットの特設コーナーに、「りんごはお一人様一五個まで」の文字が大きく掲示されていれば、脳はその数字を決断にとっての重要なアンカーとみなす。これについて直接検証したスープを使った実験では、スープは最大四缶までと言われると、人は二缶ではなく四缶買おうとすることが判明した。[19]

ブランドが消費者の注意をつかむために、あくまでも壊すことを前提として一貫したパターンを構築し、消費者の意識に入り込むことは先に述べた。彼らは価格でも同じことを行っている。とりわけ百貨店のメイシーズがこの戦略をとっていることで有名だ（悪名が高いと言うべきかもしれないが）。メイシーズはセールではない時期に、短くはあるが定期的にセール期間を設けている。たとえば、ラルフローレンの男性用スーツが、メイシーズで七〇〇ドルで販売されているのを見たとしよう。この瞬間、そのスーツの価格が脳内でアンカーとなる。その一カ月後、プレジデントデーの祝日を含む週末に再度メイシーズを訪れると、同じスーツがセールで四〇〇ドルになっている。そのスーツの価値は七〇〇ドルとすでにアンカリングされているので、四〇〇ドルはかなりお値打ちに感じる。だが現実はというと、メイシーズは主な祝日のタイミングで必ず同じようなセールを行っている。

一方、衣料品ブランドのオールドネイビーは、つねに商品をセール価格で販売するという戦略をとっている。考えてみてほしい。オールドネイビーを通りがかって、「セール」の掲示を見なかったことは一度もないのではないか？　ここでは商品は元値からつねに値引きされている。それでも消費者はやはり、元値をアンカーとして受け入れ続ける。

メイシーズやオールドネイビーのやり方を、本質的に価格詐欺だと非難する声もある。百貨店のＪＣペニーも、最初は彼らと同様のやり方をしていて、定価で売れた商品による収益は一パーセントに満たなかった。だが先の非難を受けて、終わりのないセールや希望小売価格の表示を廃止して偽りの価格づけから脱却し、日常的に価格を低く設定すると決めた。

そしてどうなったか？　悲惨な結果に終わった。その損害額は一〇億ドル近くにものぼる！　ＪＣペニーの収益は、「公正かつ適正な」価格づけを行うようになった翌年の事業年度で九億八五〇〇万ドル落ち込んだ。どうやら顧客が好きなのは、「セールで下がった価格」らしい。顧客の脳は、自らの買い物を正当化するために、基準となる偽りの高い価格を欲していたのだ。価格戦略を変更したときにＪＣペニーのＣＥＯを務めていたのはロン・ジョンソンだ。彼は、大手ディスカウントストアチェーンのターゲットで「手が届くおしゃれな商品」をヒットさせ、アップルでエキスパートのサポートを受けられるジーニアスバーを考案するなど小売業界で有名な存在だが、収益の急落を受けてＣＥＯを解任された。その後、ＪＣペニーは定価を値下げする価格戦略に戻した。そしてどうなったか？　収益が回復した。

これについてとやかく言うべきではない。歴史あるアメリカの大企業が、自社の希望小売価格は偽りであると公表したのだ。この行動は実に高尚なことだったはずだ。そして彼らはすべての商品に対し、それまでの販売価格より低い価格を設定した。理論的にはまったく問題ないはずだ。顧客の不満は減り、顧客にとって節約になる。だがその戦略が失敗したことから、アンカーが影響を及ぼすメカニズムが、いかに深く消費者の脳内に刻み込まれているかがよくわかる。JCペニーの高尚な行いは、客観的に見れば顧客にとってよいことだが、アンカーの影響力が非常に強力なせいで、その行いは顧客に拒絶された。要するに、消費者は偽りの価格を求めてやまないのだ。とはいえ、ジョンソン氏には敬意を表したい。

ゴルディロックスというバイアス

仮に、脳が数字のアンカーを探している最中に、二つではなく三つの価格の選択肢を見たとしたらどうだろう？　その場合は何が起こるのか？　三つの価格を前にすると、脳はゴルディロックスと呼ばれるバイアスにとりつかれる。三つの選択肢を提示されると、人は真ん中に引きつけられる傾向があるのだ。

マーケターは、消費者に選んでもらいたい選択肢をわざと真ん中に持ってくることが多い。一二オンスのステーキが一八ドル、一四オンスが二二ドル、一六オンスが二六ドルだとしよう。この場合、ほとんどの人が一四オンスのステーキを選択する。では、これが一四オンスのステーキのメリットを考慮しての自然な選択ではないと、なぜ言い切れるのか？　それは、ステーキの重さの選択肢を一四、一六、一八に変えて一四オンスをいちばん軽い選択肢に持ってくると、一六オンスのステーキを選ぶ人のほうが多くなるからだ。つまり、選択肢の「真ん中」であることが、説得力のある要因ということになる。

自動車部品のオンライン販売の先駆者であるバイ・オート・パーツ・ドットコムは、筆者の一人であるプリンス・ギューマンがマーケティングの責任者として在職していたときに、選んでほしい選択肢を真ん中に置く戦略をうまく活用した。販売する部品にはすべて、三つの価格帯の選択肢を用意した。再生された部品、ノーブランドの新品の部品、有名ブランドの新品の部品の三種類だ。すると、八〇パーセント以上の確率で、顧客は真ん中の選択肢であるノーブランドの新品を選んだ。その状況で真ん中の商品がとりわけ魅力的に感じたのは、たいていの顧客が自動車部品の専門家ではないからだ。ラジエーターが必要だとはわかっても、ラジエーターの良し悪しの見極め方はわからない。そうした状況で行動することを、行動経済学者たちは「不確実性が高い状況下での行動」と描写する。価値の判断基準となる情報がほかに何もない場合、ゴルディロックスのバイアスは、アンカーとしてよりいっそう強い影響を及ぼすようになる。

収穫逓減《しゅうかくていげん》

アンカーの影響は、収穫逓減と呼ばれる現象を引き起こすこともある。とりわけお金が関係する場合に起こりやすい。お金というものはたくさんあるほど価値が下がるようだ。一〇〇ドル紙幣を一枚受け取ったとしても、その価値をどう認識するかは、自分がいくら持っているかによって変わる。金欠の状態で受け取れば、一〇〇ドルはかけがえのないものとなる。だがアマゾンの創設者であるジェフ・ベゾスにとっては、屈んで拾い上げる価値すらないだろう。銀行口座に入っている金額が心理的なアンカーとなり、新たに手にした金額の心理的な価値に重くのしかかるのだ。口座の金額が増えるほど、新たに手にするお金の価値は下がっていく。

このようなアンカーの作用は、手にしているお金以外にも見受けられる。たとえば、企業が消費者の購入体験のなかにアンカーを埋め込んで、支払う金額の価値を下げることだって可能だ。その典型と呼べるのが価格の追加方式だ。一本一〇〇ドルのデジタルペンというのは高く感じるが、マイクロソフト製のノートPC、サーフェス・プロを二〇〇〇ドルで買うと心に決めたとたん、追加で一〇〇ドル払うことにはそれほど抵抗がなくなる。

ドイツの高級車メーカーはこの戦略を非常に得意とする。BMWを例にあげよう。あなたはいま、昇進した自分へのご褒美として、六万八〇〇〇ドルのBMW M3を買いたいと考えている。悪くない選択だ。ただし、スピード違反の切符を恐れることなく赤にしたいと思うなら（赤い車はパトカーを磁石のように引きつけると言われている）、ボディカラーの代金も支払わないといけない。そう、BMWは車体を赤にするのに別途料金を請求するのだ。五五〇ドル追加で払えば、M3を赤にできる。元々の車体が「透明」でもないのに、何とも滑稽《こっけい》な話だ。

BMWがこうしたオプションを別料金にしているのは、そのためにお金を払う人がいるとわかっているからだ。ワイヤレス充電とブルートゥース機能をつければ、さらに五〇〇ドルかかる。それどころか、アップルの機器をつなげるようにするだけで三〇〇ドル（本当の話だ）、ステアリングヒーターに二〇〇ドル、ドアミラーカバーに一一〇〇ドル、フロントグリルを黒に塗装するのに四三〇ドルかかる。これらはほんの一部にすぎない。なぜこれほど別料金のオプションがあるのか？　それは、すでに七万ドル近い額を車に支払うと決めているときに、さらに数百ドル増えてもあまり気にならないからだ。車や家といった大きな買い物をするときは、その大きなアンカーで価値観が歪みやすくなる。大きな買い物の対象と比べれば、ほかのものは何でもささいに思えてしまうのだ。

ものの価値は、そのものだけの価値では算出されない。価値の知覚には、基準となる何かが必ず付随する。その何かがアンカーだ。最近買ったものやほかの選択肢の金額が基準となることもあれば、身近にある適当な数字がそうなることもある。ここで覚えておいてほしいのは、脳は何かを見たときに、その客観的な価値を探すようにはできていないという点だ。その代わり、何らかの数字を探し、その何かとの関連性の有無にかかわらず、見つけた数字を価値に結びつけようとする。

こうした数字や驚きに影響を及ぼすアンカーが存在するのは、それが私たちに必要なものだからだ。いまでは私たちの生活には、情報を発する「データポイント」の数がかつてないほど増えた。昔は道は舗装されておらず、ところどころに道案内の看板が立っていただけだったが、いまでは、車、歩行者、自転車用にレーンが分かれ、スケートボーダーもいれば、信号や横断歩道が整備され、道路標識がいくつも立っている。道路には車が停まっていることもあり、パーキングメーターや消火栓が設置され、縁石がある。建物にはドアや窓があり、落書きや張り紙を目にすることもある。アンカーというショートカットがなかったら、脳はそうした多種多様な情報に優先順位をつけることができないので、家から一歩も出られなくなってもおかしくない。

消費の世界はとりわけ騒がしい。看板広告、テレビやラジオのCM、ソーシャルメディアの広告、クリックを誘う記事、企業とタイアップしたインフルエンサーによる宣伝などはほんの序の口だ。消費者が注意を向けるスパンが短くなっているのも無理はない。これほどのノイズに囲まれているのだから、企業はますますアンカーを探そうとする脳の傾向に見合う対策をとろうとする。消費者の注意をつかむには、そうする以外に道はない。そうしてカオスと化した環境のなかで、過剰に刺激を受け、過剰な負担を強いられている消費者の脳は、選択肢を除外して価値判断の基準となる便利な数字に頼らざるを得なくなった状況をむしろ喜んでいる。

フランスの哲学者シモーヌ・ヴェイユの、「注意はめったに見受けられない純粋な寛大さの形である」という言葉は正しかった。アンカーの作用を知ると、自分がもっとも大事にしているものを新たに評価し直すことにつながる。そうすれば、企業の意のままに注意を奪われるのではなく、少なくとも、注意を向けさせようという努力を企業にさせることはできるだろう。

第3章

瞬間をつくる

マーケティングの機会は体験と記憶の狭間にある

英国の東海岸を流れるウェランド川沿いに、スポルディングという小さな町がある。ローマ時代にさかのぼると、そこは塩の生産地だった。いまでは、水上タクシーで川を下って有名なフラワーパレードを見に行くことができる。このパレードは、町の名産となったチューリップを称える祭りだ。

スポルディングはミッシェル・フィルポッツの故郷でもあり、彼女はその町のように一風変わった人生を送っている。一九九四年、ミッシェルは多くの被雇用者が経験する通過儀礼を味わった。会社から解雇されたのだ。具体的にいうと、同じ紙を何度も繰り返しコピーしていたことが発覚し、事務職をクビになった。なぜそんなことをしたのかと問い詰められたミッシェルは、その書類をコピーしなければならないことはわかっていたが、コピーをとった記憶がないのだと説明した。その記憶がないせいで、彼女は何度もコピーをとるハメになったのだ。

実はミッシェルは、四年あけて大きな交通事故に二回遭っていて、二回とも頭を負傷した。そして解雇後、そのときの負傷が原因で、てんかんのような症状が脳内で起きていると地元の病院で診断された。

彼女の記憶の機能は悪化の一途をたどり、数年後にはとうとう停滞してしまった。いまの彼女には、一九九四年までの記憶しかない。よって、彼女は毎朝自分のことを二〇代の女性だと思って目覚めるし（これを書いている時点の実年齢は五四歳だ）、最新の映画は前途有望なクエンティン・タランティーノが監督した『パルプ・フィクション』だと思っている。夫のイアンとは一九九四年より前に出会っているのでわかるが、結婚したのは一九九七年なので、彼と結婚した記憶はない。

ミッシェルの記憶は一日も欠かさず消去される。そう聞いて映画『50回目のファースト・キス』みたいだと思ったなら、まさにそのとおりだ。ミッシェルは、ドリュー・バリモアが演じたルーシーと同じ状態なのだ。ルーシーは、アダム・サンドラー演じる恋人のヘンリーと初対面を毎日繰り返すが、自分で記した日記を読み返すことでヘンリーのことを記憶にとどめようとする。だが、あるときルーシーは彼と別れ、日記に書き残した彼に関する記述をすべて消し去り、彼の記憶を実質消去してしまう。

物語はここから怪奇じみてくる。ルーシーは成人向けの介護施設に入居していて、そこで絵を描いて過ごしている。大作を描くことに没頭し、数週間がすぎる。そうして完成した作品は、なんとヘンリーの肖像画だった。意識して思い出せることはなくても、彼のことを完全に忘れたわけではなかった。彼に関する無意識の記憶が、彼女をそうした行動に導いたのだ。

ミッシェルや彼女と同じ症状を持つルーシーのようなフィクションの登場人物たちは、神経科学者が呼ぶところの「前向性健忘《ぜんこうせいけんぼう》」を患っている。これは、海馬や内側側頭葉の近くに損傷を負った場合に生じる記憶障害だ。この種の健忘症を抱える患者の研究から、人間の記憶の謎を知る意外な手がかりが生まれた。

記憶とは何か？

記憶というと、直感的に一つのもののように感じる。だが、私たちが記憶だと思っているものは、実際にははっきりと区別できる神経科学的な現象の集合だ。美術館に行っても、体験による知識（意味記憶）の獲得に関係する脳の領域と、美術館の訪問自体の記憶（エピソード記憶）に関係する領域は異なる。ウィキペディアに載っているとある町に関する事実（顕在記憶）を学習することは、新しい町に引っ越してから慣れていく感覚（潜在記憶）を徐々に得ることとはまったく違う。また、肉体的なスキルの習得についても、記憶（手続き記憶）とは別物だとみなされている。たとえば筆記体を練習している場面や、紙に手早くメモをとっている場面を思い浮かべてほしい。その能力は、時がたつにつれて上達する。たとえ練習したときの実際の状況を忘れても関係ない。

こうした種類の異なる記憶を包括する定義をつくろうと思ったら、次のようなものになるだろう。

「記憶とは、過去と自分をつなげようとする脳の試みである」

自覚の有無は別にして、どのマーケターも記憶を扱うことを仕事としている。世界でもっとも驚きと感動を与える三〇秒のコマーシャルをつくっても、視聴者が見終わった瞬間に忘れてしまうなら意味がない。驚きにあふれる店内体験を考案しても、記憶に残らなければ無に帰す。実のところ、人がブランドについて話すときに実際に参照するのは、過去の体験やそれまでに獲得したそのブランドやブランドの商品に関する知識といった記憶の集合だ。

どのブランドも、体験を記憶に変え、その記憶を効率よく引き出せるようにしたくてたまらない。消費者とつながるには、消費者の記憶の一部、つまりは過去の一部になる必要がある。詳しくはこれから説明するが、脳が記憶を通じて過去と自分をつなげるやり方には、体系的な偏りがある。絶対ではないし、生まれつきそうだというわけでもないが、その接続の仕方は往々にして不正確だ。

記憶について明らかにしたいことはたくさんある。そういうわけで、本書では記憶についてのみ章を二つ割くことにした。この章では記憶の符号化《ふごうか》、すなわち体験が記憶に変わる経緯について見ていく。そして次章では、符号化された記憶を思い出すことに焦点をあてる。

記憶を符号化する

出来事が記憶になるにはまず、その出来事が符号化されないといけない。「符号化」とは神経科学者が用いる言葉で、脳が出来事を痕跡《こんせき》に変える過程のことだ。**符号化**は動作を表し、**痕跡**はその結果生まれるものを表す。痕跡は物理的なもので、脳の中心部近くに位置する海馬で管理され、その後、脳のいちばん外側を大きく占める大脳皮質で広範囲にわたって統合される。体験が記憶になるには、脳が文字どおり物理的に変わる必要があるのだ。

体験した出来事のすべてが痕跡となるわけではない。驚くような体験をした記憶はあるが、（お酒を飲みすぎたなどの理由で）何も覚えていない場合、本当にその出来事は起きたと言えるのか？　もちろん起きたのは事実だ。だが、アルコールが統合過程を妨害したために、脳に痕跡は一切残らなかった。

痕跡がなければ記憶もない。ミッシェル・フィルポッツは、一九九四年から脳に何一つ符号化されないせいで、一九九四年以降のことを何一つ記憶できない。その機能を担う脳の領域が損傷したせいで、彼女の人生で起きた出来事は符号化されなくなったのだ。

ブランドにとって、キャンペーンの成功は消費者の脳内にどれだけ強く痕跡を残せたかで決まる。先にも述べたように、痕跡が残らなければ、はっきりいって意味がない。消費者の未来の行動に、何の影響も与えることができないのだから当然だ。だからこそ、ブランドは痕跡をつくることを仕事にしている。神経科学者の言葉を借りるなら、彼らは符号化を仕事にしているのだ。ただし、この仕事は厄介だ。出来事を痕跡に変えるのは一筋縄ではいかない。

優秀なブランドは、出来事そのものだけでなく、その結果として生まれる記憶をうまく活用するような体験を巧みに生み出す。実は、出来事の符号化を「推進」し、脳により強い痕跡を残しやすくする要素というものが存在する。その起爆剤と呼べる要素を一つ、あるいは複数組み合わせて活用することで、ブランドは自らの目的に沿った記憶をより強く消費者の頭に残すことができる。

起爆剤1：注意

出来事の最中の心理状態は、その出来事が符号化されるかどうかの重要な決め手となる。注意を向けていなければ、記憶に残る確率は低い。よって、符号化を促進する起爆剤その1は、人が向ける注意そのものとなる。注意がどのように向かい、その状態が維持されるかについては第2章で説明したとおりだ。私たちが注意を向ける仕組みでは、アンカーに関係する何らかの突然の変化しか重視されない。とはいえ注意は瞬間的に体験することであり、顕在記憶が形成される重要な第一歩でもある。

注意は、細心の注意を向けるか、ほとんど意識しないかのどちらかしかないわけではない。注意にはさまざまな度合いがあるし、分散されることも多い。コンサートやショーのようなイベントを思い浮かべてほしい。かなりの数の観客が、スマートフォンでイベントを録画しているに違いない。カメラアプリを通してイベントを体験すれば、目の前のイベントだけでなくスマートフォンやレンズの位置、録画中の画面にも注意を向けることになる。要は、マルチタスクをしているのである。

プリンストン大学のダイアナ・タミル教授は、二〇一八年に同僚とともに次の発表をした。[1] コンサートのようなイベントを録画すると、そのイベントに関する記憶は、ただ鑑賞しただけのときより大幅に損なわれるという。また、写真を撮っているときの記憶について分析した同様の研究[2,3]から、イベントを写真に収めた場合も記憶は低下することがわかった。なぜそうなるのか？　静止画、動画を問わず、カメラを通して体験すると、目の前で起きているイベントに向けられたはずの注意が削がれ、結果として符号化されづらくなるからだ。体験をデジタルに残すために使うツールのせいで、体験そのものを記憶する力が損なわれるとは、なんとも皮肉な話だ。

それを思うと、モバイルテクノロジーはマーケターにとって手放しで歓迎できるものではない。たしかに、モバイル機器があれば、ソーシャルメディアでイベントなどの映像を共有可能なコンテンツとして急速に広めることができる。だがその反面、そのコンテンツを消費者が作成、編集するとなれば、その人が実際に体験した記憶は薄れ、体験で得た印象が弱まる恐れがある。

符号化に注意が影響を及ぼすからこそ、プロダクト・プレイスメント〔劇中に小道具として実際の商品を登場させる宣伝手法〕は映画よりコンピューターゲームで行うほうがはるかに効果がある。映画の観客は受動的で、登場人物の身に起こる出来事を観ているだけだが、コンピューターゲームで遊ぶ消費者は能動的で、細心の注意を払って自身の分身を動かす。そうした集中力の高まりがより強力な符号化をもたらし、企業がお金を払ってゲーム内に設置した商品が符号化されやすくなる。

起爆剤2：負荷

注意は広範囲にわたって起こる現象だ。第2章で述べたように、人は視覚的な対比が強い刺激や、期待を裏切るものに自然と注意を向ける。刺激についてさらに掘り下げると、注意を引くだけでなく、深く注意を向けずにはいられない状態にする刺激が存在する。それは負荷を生じさせる刺激で、その種の刺激を受けると、消費者は目にしているものに対して考え込んでしまう。すぐには理解できないものを目にすると、人は理解しようと注意を研ぎ澄ます。そうして深く考え込むと、考える対象がより丁寧に符号化され、より深く記憶に残るというわけだ。

この発想を、フォントを使って見事に図解化したものがある。カーネギーメロン大学のダニエル・オッペンハイマー教授は、二つのグループの学生にまったく同じ物語を読ませた。ただし、物語が書かれたフォントは異なる。一つはきれいで読みやすいブロック体のフォントで、もう一つは少々読みづらい規則性のないフォントだ。その後、教授は両グループに物語に関するクイズを出題した。すると、読みづらい（負荷がより多く生じる）フォントで読んだグループは、読みやすいフォントで読んだグループに比べてはるかに詳しく覚えていた[4]。

出典：https://sansforgetica.rmit.edu.au

体験中に注意を研ぎ澄ますほど、符号化される記憶はより強くなる。別の言い方をすれば、記憶はただ生じるものではないので、生じさせる努力をする必要があるということだ。脳が記憶しようと努力しない限り、記憶は生まれない。

ただし、難易度をあげさえすれば、記憶が最大化されるわけでもない。難しすぎれば脳は記憶することを断念し、まったくとは言わないまでも、ほとんど記憶しない。符号化の成功は、易しさと難しさのバランスにかかっている。フォントの難易度は、心理的な負荷を適切に起こす程度でないといけない。要するに、脳が読むのを放棄するほどではないが、注意を払わないといけないくらいの難易度が求められるということだ。興味深いことに、オーストラリアのＲＭＩＴ大学の研究チームがその難易度を見事に満たしたフォントを創作し、「サン・フォーゲティカ」と名づけた。彼らが提示した証拠から、サン・フォーゲティカで書かれた情報を読むと、ほかのフォントで書かれた場合よりも記憶に残りやすくなることがわかる。[5、6] 人の注意を引く完璧なバランスがとれているため、記憶が促進されるのだ。この完璧なバランスのことを、オッペンハイマーは「望ましい難易度」と呼ぶ。

二〇一八年、バーガーキングは同社のモバイルアプリに注目を集めようとキャンペーンを展開した。ワッパー・チーズバーガーを一ペニーで販売するというものだが、それには条件があり、二〇〇メートル以内にあるライバル店のマクドナルドへ徒歩か車で行って写真を撮り、その写真をバーガーキングのアプリに投稿しなければならない。この宣伝活動は、消費者の注意をつかむことに成功したばかりか、バーガーキングというブランドの符号化を強める役割も果たした。写真を求めたことが負荷を生み出したのだ。アプリをダウンロードしたすべての人に、ハンバーガーを一ペニーで販売しても、負荷は最小限しか生まれない。課題を一つ加えたことで、難易度が高すぎない負荷が生まれ、符号化を介した記憶が促進されたのだ。

起爆剤3：感情の喚起

感情は瞬間接着剤のように注意と記憶をくっつける。感情的な体験が生まれると、脳は直ちにそれを優先事項とする。[7] 良きにつけ悪しきにつけ、感情を喚起させるだけのことがあれば、脳はそれを重要なものとみなすので、記憶すべきものとなるのだ。このように、感情に関する記憶を優先させることは、進化の過程で重要な意味を持つ。動物に追いかけられた、木の実を食べたら具合が悪くなった、といった感情が大きく掻き立てられる記憶は、生存の確率を高めるうえで覚えておくに値する教訓だ。感情は、どの出来事に「重要！」というラベルを貼って符号化を促進し、痕跡を強化すべきかを教えてくれる。

たとえば、交通事故など感情を大きく掻き立てられる体験は、車で目的地に無事に到着するといった退屈でありふれた体験より強く記憶に残る。だがこの優先順位づけは、体験に限らず文章のような単純な刺激を受けた場合でも起こる。「愛」「憎悪」「幸福」といった感情を掻き立てる言葉は、「机」「お金」「高速道路」などのそうでない言葉に比べてより高い確率で符号化されて記憶に残る。[8] それを思えば、屋外広告、バナー広告、検索結果といったさまざまなマーケティングの場面で、感情を呼び起こす言葉を大々的に使って注意を引こう（最終的には記憶に残そう）とするのもうなずける。[9]

私たちが抱く感情は、その体験をしたときの注意の度合いだけでなく、その注意を向ける矛先にも影響する。そのため、結果的に何を記憶するかを左右する。要するに、感情は注意の**払い方**に作用するのだ。実験によると、人は後ろ向きな気分のときは細部に目がいき、前向きな気分のときは全体に目がいくという。[10] 仕事の面接がうまくいかずに終わったところを想像してみてほしい。そういうときは、細部を振り返って「ああ言えば（言わなければ）よかった」と思いがちだ。一方、面接がうまくいったときは、面接全体を思い返す傾向が高い。

起爆剤4：音楽

誰もが慣れ親しんでいる音楽も起爆剤となる。音楽が脳に与える影響は大きく、また音楽にまつわる記憶は非常に長く定着し、いつまでも色褪せない。音楽には記憶に深く入り込む不可思議な力があり、記憶のなかでほぼ冬眠状態になるのだ。長年にわたって聞いていなくても、曲を耳にしたとたんにメロディや歌詞がよみがえる。

音楽にまつわる記憶がいかに長持ちするかを示す驚くべき事例がある。それは、認知症患者の観察から明らかになった。アルツハイマー型認知症の末期で、家族や馴染み深いものですら認識できなくなった人でも、馴染み深い曲は認識できるのだ。そういう患者のなかには、会話はできなくなっても歌は歌えるという人もいる。[11]

音楽にまつわる記憶の独特の強さに対し、研究者たちは長年にわたって困惑してきたが、音楽として符号化された記憶が強固であるのは、音楽が脳内の複数の領域に符号化されるからではないか、との意見がある。音楽は主に聴覚の領域に符号化されるが、映像や感情をつかさどる領域にも符号化される[12]。こうして複数の領域に残るのだから、どこか一つでも刺激を受けたときに記憶の検索が始まってもおかしくない。また、認知症患者に音楽にまつわる記憶がしっかりと残るのも、複数の領域に符号化されるからかもしれない。どこか一つの領域を損傷しても、別の領域が健康であればその代わりとなり、理論的には「バックアップ」の役割を果たす。

シャワーを浴びているときに、なぜか「コール・ミー・メイビー」というフレーズが頭をよぎった経験がある人なら、頭に曲がこびりついて離れない状態がどういうものかわかるだろう。アメリカの音楽はたしかに印象的だが、この現象は文化の垣根を越えて起きている。そういう曲は、フランス語では「ミュジーク・アンテタント（頑固な音楽）」、イタリア語では「カンツォーネ・トルメントーネ（キャッチフレーズソング）」と呼ばれる。英語では「イアーワーム（耳にこびりついて離れない曲）」という表現が用いられる。イアーワームはほかの聴覚的な記憶と違い、勝手に思い出されて頭のなかで流れ続ける。本人が望んでもいないのに、頭から頑なに離れないのだ[13,14]（ただし、体系的な研究によると、そうした現象はおおむね好意的に受け止められているようだ[15]）。

どんな記憶も、繰り返しによって強化される。化学の暗記カードは、残念ながら一度見ただけでは覚えられない。イアーワームはイライラさせられることはあるが、自然に記憶が再生される。そしてそのたびに、その音楽にまつわる記憶はいっそう強化される。この現象はたとえそれが好きな曲であっても、ブランドの最新のジングルであってもおかまいなしに起きる。

ブランドは、広告やＣＭなどを通じてインタラクティブな体験を提供し、消費者の感情に訴えかけて注意をつかもうとする。そういう体験は消費者の脳内に符号化されることを目的としているが、体験では消費者の頭にブランドはこびりつかない。だが、消費者が拒もうとしてもなお、自社ブランドのロゴを好き勝手に消費者の頭のなかに出現させられるようになったらどうなるか、想像してみてほしい。ブランドが作成したジングルにはそれができる。詰まるところ、ジングルはブランドロゴのオーディオ版なのだ。ナイキの「ジャスト・ドゥ・イット」というスローガンは素晴らしいが、頭にこびりつくことはない。だがマクドナルドの「アイム・ラヴィン・イット」は、頭にこびりつく。なぜそうなるのか？マクドナルドのそれは、音楽にまつわる記憶となるからだ。

潜在記憶

ここまでは、私たちが意識して体験する出来事の痕跡を記憶に符号化する話をしてきた。だが実のところ、脳は意識の外にある出来事の記憶も符号化する。考えていないときであっても、記憶は絶えず「スイッチが入った状態」なのだ。私たちが意識していないときですら、記憶は必ず痕跡を残す。

直感的に、記憶は「蓄えよう」としなければならないものだと思うかもしれないが、実はまったくそんなことはない。脳はパターンを探すマシーンであり、つねに情報を取り込んでいる。その情報の大半は記憶の痕跡を形成し、好むと好まざるとにかかわらず、私たちがまったく意識しないところで積み重なっていく。神経科学者たちは、そうした記憶のことを「潜在記憶」と呼ぶ。この記憶は、健忘症患者の脳内にも層となって保存されている。

映画『50回目のファースト・キス』のルーシーが、ヘンリーを意識することなしに彼の肖像画を描けたことを思い出してほしい。ルーシーは彼の記憶を思い出すことも、絵の描き方を思い出すこともなく描いた。これが潜在記憶だ。潜在記憶は、顕在記憶が保存されている海馬に依存しない。そのため、海馬を損傷した人にも強く残っているのだ。

バスケットボールをやったことがある人は、上達するには練習するしかないと知っている。もちろん指導も役に立つが、本当に上達するには実際に自分でやってみるしかない。毎日一時間ほどコートをドリブルするだけで、ゆっくりとだが確実にドリブルの技術は上がっていく。しかし、何を学び、どのくらい正確にボールをドリブルできるようになったのかと尋ねられたら、具体的に説明できずに答えに窮するだろう。それは、学習を通じて行動を変える重要な痕跡は脳内に刻まれたが、その学習プロセスの細部については意識していなかったためだ。

先に説明したように、脳は絶えず自らを取り巻く環境で統計をとっている。この統計学習はすべて潜在的に行われ、記憶に多大な影響を与える。そして最終的には、行動にも影響を及ぼす。「コーク」と「ハピネス」という言葉が一緒に使われている広告を、これまでに何度目にしたことがあるか？　この質問には想像でしか答えられない。しかし、どういうわけか潜在的に行われた統計学習を通じて、その二つの言葉のつながりは生まれている。コロナビールとビーチについてはどうか。この二つの言葉を一緒に目にした回数は思い出せないかもしれないが、脳はそれらを記憶して関連づけている。いや、関連づけるだけではない。コロナビールとビーチが関連づけられたことで、行動にも影響が及ぶ。もしあなたが実際にビーチに行ったら、コロナビールを飲む可能性が高い。ではあなたは、そうした関連づけを意図的に記憶に残そうとしたのだろうか？　もちろん、そんなわけがない。だが脳は、あなたがまったく意識しないところで、こうした統計的な規則性をなんなく把握する。そして、脳が記憶したつながりは、今後のあなたの行動に影響を及ぼす。

潜在学習と子供の脳

潜在学習に長けているのは、何といっても子供だ。人は誰でも、少なくとも一つの言語を習得することができる。言語は膨大かつ複雑で、非常に込み入ったシステムだ。そのシステムを、幼いうちから学ぶ努力すらせず習得できる。生後六カ月でデュオリンゴやロゼッタストーンといった学習教材を購読する人はいないし、フラッシュカードを使って基本的な語彙《ごい》を覚える人も（ほぼ）いない。にもかかわらず、ほとんどの子供は、四歳になるころには五〇〇〇語以上の言葉を知っている。何十年にもわたる調査から、親は教える意図を持って子供に言語を教えないとわかっている。つまり、人はみな幼いときに置かれている環境に存在する言葉から、言語的知識を潜在的に吸収するのだ。「子供はスポンジだ」とよく言われるが、この表現は控えめにもほどがある。

幼いうちから潜在的に学習できるのは、言語に限った話ではない。潜在的に学ぶことのほとんどは、大人より子供のほうがうまい。道具を使った遊び、ダンス、スポーツ……。いずれにせよ、人生の後半より前半で学ぶほうが上達が早い。大人になってから外国語を学ぼうとすれば、身に沁みてわかる。単語カードで必死に覚えようとしていると、二つの言語に囲まれて育ち、小さいころからバイリンガルとなった人を羨まずにはいられない。

子供の脳はつねに吸収する状態にある。この事実について、ちょっと考えてみてほしい。特定のタイプの企業に対し、子供に直接向けたマーケティングを行わせない規制はある。そうした規制は優れた尺度だが、誤った安心感も生む。なぜ安心してはいけないのか？ 明確に子供をターゲットにした商品広告や、さらに言えば消費の世界自体がなくても、幼い子供たちは言語の学習と同じように情報を吸収するからだ。ウェブサイト、テレビ、モバイル機器、ソーシャルメディア、コンピューターゲームに表示される広告を思い浮かべてほしい。子供たちは何百というブランドの何千という広告を繰り返し浴びていて、彼らのスポンジのように素直に吸収する脳は、絶えずそうした情報を取り込んでいる。幼児や児童向け番組を専門とするチャンネルのニコロデオンが調査を実施したところ、あまりにも大量の広告を浴びるせいで、子供は一〇歳の誕生日を迎えるまでに三〇〇～四〇〇のブランドを記憶すると判明した。そして奇妙なことに、長きにわたって記憶に残るいくつかのブランドと関係を築きながら成長する。親の知らないところで子供に友人ができるようなものだ。

幼少期のサッカーの練習と家族でディズニーランドに車で出かけたときの記憶のいずれにも、トヨタの車に乗っていた記憶が含まれていれば、潜在的にトヨタというブランドとの関連づけが生まれる。親が選択したブランドが子供の記憶に受け継がれ、それがひいては子供が成長したときの選択に影響を及ぼす。関連づけは記憶の形成において重要な役割を果たす。大人になってから、自分のなかにあるブランドの記憶に懐古の情のような好意的な感情が結びつくと、そのブランドを好む気持ちが高まる。このように、記憶は狡猾《こうかつ》に影響を及ぼすこともあるのだ。信じがたいと思うなら、子供のころに大好きだったジュースのカプリソーネに「嫌い」と言えるか試してみるといい。

この話を踏まえたうえで、今度はドナルド・マクドナルドを例にしよう。多くの子供は、食べ物にお金を払えるようになる前から「マクドナルド」というファストフードブランドを記憶する。非営利団体ドナルド・マクドナルド・ハウス・チャリティーズは、ファストフードブランドのマクドナルドから法的に独立した存在で、子供の福利の向上を公式なミッションとする。だが、マクドナルドから多大な支援を公然と受けていて、[16]その主な活動の一つ[17]には、フライドポテトやハンバーガー、それにもちろん、ピエロ姿のドナルド・マクドナルドの着ぐるみを着た社員が小学校や中学校を訪れて、(皮肉にも)健全な食生活の推進というメッセージを広めることも含まれている。つまり、ドナルド・マクドナルドという非営利団体をトロイの木馬にした活動を通じて、マクドナルドは子供の心にブランドに対する好意的な記憶を植えつけているのだ。その記憶を持ったまま子供たちが成長すると、ファストフードを選ぶときに、黄金色をしたお馴染みのM型のアーチに引き寄せられるようになる。

消費者の脳内に好意的な関連づけが生まれる記憶を構築する企業の手腕は、テクノロジーの使い方も含めて磨きがかかる一方だ。「アップル・ジャック」をご存じだろうか？ シリアルを思い浮かべた人は、正しいが完全な正解とは言えない。ケロッグは、同社が展開するシリアルブランドのアップル・ジャックを、車を競争させてポイントを集めるコンピューターゲームに参入させた。ここで子供たちが集めるポイントはもちろん、小さなアップル・ジャックだ。これはある意味、ドナルド・マクドナルドの戦略のデジタル版だと言える。消費者が幼いうちに好意的な記憶の関連づけを構築し、自社ブランドを好む気持ちを育むのだ。先に紹介した符号化を促進させる起爆剤を思い出してほしい。消費者の注意を高めるという理由から、インタラクティブな体験は記憶の符号化を促進する効果が非常に高い。アップル・ジャックのゲームで遊ぶ子供は、アップル・ジャックというシリアルを認識するだけではない。ゲームという体験に備わったインタラクティブな性質により、その子の脳内にブランドが深く染み込む。そうなった子供がスーパーマーケットを訪れたとき、シリアルが並ぶ棚で手を伸ばすブランドはどれだと思う？

顕在記憶と潜在記憶の仕組みはまったく異なるが、両者が相互に作用して、過去にした体験の全体的な印象を生み出す。子供はゲームで遊ぶという体験を、出来事として明示的に符号化する。それと同時に、ブランドの関連づけを介した潜在学習も行われ、脳内でアップル・ジャックと楽しい感情が結びつけられる。潜在学習は完全に当人の意識の外で起こるが、それによって何年も先の好みが形づくられているかもしれない。

感情の記憶とピーク・エンド効果

この章の冒頭で、記憶と感情は特別な関係にあると説明したが、この話には続きがある。感情は、記憶の対象を変えるだけでなく、覚え方にも影響を及ぼす。記憶そのものの性質の形成にも影響するのだ。感情は思いがけない形で消費者の記憶に影響を及ぼすことがあるので、多くの企業は、感情と記憶の特異な関係に注目し、自分たちにもっとも好都合な形の痕跡を消費者に残そうとしている。

出来事が記憶されるときは、そのすべてが平等に符号化されるわけではない。最近の旅行のことを思い返してみるといい。旅行のあらゆる面を平等に思い出せるだろうか？　もちろんできない。ほかに比べて強い痕跡を残す側面が必ず存在するものだ。その背景には一つのパターンがある。そしてそのパターンは、結腸内視鏡という思いも寄らない機器の使用によって明らかにされた[18]。

ダニエル・カーネマンが、結腸内視鏡検査を受ける患者を対象に実験を行った。それは手で操作できるダイヤル式のつまみを使ってそのときに感じている苦痛の度合いを伝えてもらうという、検査だけではまだ苦痛が足りないと言わんばかりのものだった。検査が終わると、患者はその体験に関する記憶について尋ねる簡単なアンケートにも答えた。すると、（アンケートを介して）思い出したことと、（ダイヤル式のつまみを介して）報告したことから、体験が記憶されるときのパターンが明らかになった。

実験に参加した患者が抱いた検査全般に対する苦痛の記憶は、彼らが報告した純粋な痛みとはほぼ無関係だった。むしろ、彼らの記憶は次の二つの要素に結びついていた。一つは彼らが味わった痛みの「ピーク」だ。検査の途中で唐突に激しい痛みを感じる瞬間、たとえば、医師が結腸内視鏡を操作する手を滑らせた、といったことがあった患者は、それ以外のときにつまみを介してどのような報告をしていようと、検査全体の痛みをより強いものと記憶していた。

出来事のピークは、出来事の記憶に影響を及ぼす。しかも、ピーク時の刺激がもっとも強く符号化されるだけではない。ピーク時の刺激が最終的な印象を決定づけ、体験全体の記憶を歪めてしまう。要するに、十段階あるつまみで報告した痛みの平均は五でも、ピーク時の痛みが八だった場合、脳は体験全体の痛みを五より八に近いものとして記憶するのだ。

患者の体験に関する記憶に影響を与えたもう一つの要素は、体験の「終わり（エンド）」だ。検査が終わったときに痛みがあった人は、つまみでの報告より強い痛みがあったと記憶した。検査が終わったときに「とくに痛みがなかった」人は、つまみでの報告に関係なく、検査全体をそのように記憶していた。具体的に言うと、検査を終えたときの痛みが七で、つまみで報告した痛みの平均が四だった人は、四ではなく七に近い痛みだったと記憶していた。

この二つ目の要素から、検査時間を実際に伸ばすという次の実験が生まれてしまった！ ただし、患者にあまり不快感を与えないように、追加された時間は内視鏡のチューブを体内に放置するだけにとどめた。それだけでも不快感は当然あるが、実際に検査を行っているときに比べたら痛みははるかに少ない。すると、時間が延びたバージョンの検査を受けた患者の記憶は、明らかにほかの患者に比べてはるかに痛みが少ないものとなった。検査時間が延びたのだから、実際の痛みは増えたにもかかわらず、検査の記憶はかなり好ましいものになったのだ。

いまあげた二つの要素（出来事の記憶がピークとエンドに大きく左右されること）の発見は、まさに「ピーク・エンド効果」と呼ばれている。この性質は痛みや苦痛の探求を通じて発見されたが、人間の記憶に一貫して見受けられ、喜ばしい体験にも等しく当てはまる。

たとえば、音楽フェスに出かけたところを想像してみてほしい。最初から最後まで、どの演奏も極めて平凡だが、途中であるバンドのドラマーが、一五分にわたって驚愕《きようがく》のドラムソロを披露したとする。するとあとになってそのフェスを振り返ったとき、あなたが思い出せるのはきっとその驚愕のドラムソロだけだろう。そしてその結果、音楽祭全体の記憶が楽しかったものとなる。

ピーク効果は驚きによって増幅される。たとえば、ドラマーではなくシロフォンのプロ奏者が一五分のソロを披露していたら、ピーク効果はいっそう強くなったはずだ。ソロがシロフォンにせよドラムにせよ、音楽フェスの最初のほうのつまらない演奏のことは忘れてソロ演奏を思い出し、フェス全体の記憶が好意的なものになる。

また、ピーク・エンド効果のエンドのほうの効果に目を向けると、人がハラハラする場面にとりつかれる理由をそれだけで説明できる。そういう場面は、記憶に残ることを目的としてつくられるから人々に好まれるのだ。ただ一方で、意外な事実が明らかになる終わり方、つまりは最後の場面がストーリーのピークでもある終わり方が好まれることについてはあまり語られない。本であれ映画であれ、衝撃の事実が明らかになる終わり方だと、視聴者の頭にそのときの体験がこびりつく。

映画『シックス・センス』のブルース・ウィリスが実は最初から死んでいたという事実は、絶対に忘れることはできない。『ファイト・クラブ』でブラッド・ピットとエドワード・ノートンが同一人物だった、『ユージュアル・サスペクツ』で語られたストーリーは実は作り話で、ストーリーの語り手だったケヴィン・スペイシーこそが伝説のギャングのカイザー・ソゼだった、というのも同様だ。ハラハラと衝撃の事実の組み合わせでピーク・エンド効果が最大限に高まった傑作映画となると、『インセプション』ははずせない。物語の最後で、レオナルド・ディカプリオは子供たちがいる自宅にようやく戻るが、それと同時に、それもやはり夢である可能性を持たせている。シェークスピアはかつて、「終わりよければすべてよし」と言った。体験の記憶が形成されるときほど、この言葉が真実味を帯びることはない。

逆に、ピーク・エンド効果は、ハリウッド映画に無難な結末が多い理由の説明にもなる。視聴者は一〇〇分の映画のうちの九〇分を心から楽しんでいても、最後の一〇分を気に入らなければ、作品全体の評価が「ひどかった」に落ちる可能性が高い。それだけ重視する部分が結末に偏っているのだ。少なくとも、ピーク・エンド効果を認識していなければ必ず偏る。観客が結末にがっかりするかどうかで、二億ドルの大ヒットになるか、二億ドルの損失になるかが左右される。反対に平均以下の作品が、平均以上の結末によって救われることもある。エンドロールが流れたあとに名シーンを用意した『アントマン&ワスプ』がいい例だ。

結末がピークとなる展開のテレビドラマの最高峰と言えば、「ゲーム・オブ・スローンズ」を思い浮かべる人が多いだろう。アメリカの有料チャンネルであるHBO制作のこのドラマは、本筋のなかに多くのキャラクターの詳細なエピソードが盛り込まれていた。いずれのエピソードも、印象的なピークと印象的なエンド（結末）の両方を備えている。ピークは主要キャラクターの思いがけない死で迎えることが多く、そのほとんどが頭からこびりついて離れない。

各シーズンのエンドも同様に、多くのキャラクターに関する数々の謎が解明されず、視聴者に疑問を残すものだった。それは物議を醸したものの、「ゲーム・オブ・スローンズ」は、全シリーズを通じてエミー賞の最多受賞（五九冠）、もっとも違法ダウンロードされたテレビ番組、トレントサイト〔ピアツーピアを使ったファイル共有サイト〕で同時に共有した人数がもっとも多いファイル（二五万八〇〇〇人）、調査会社ニールセンによる視聴率調査史上もっとも視聴者の多かったエピソード（一六五〇万人）という記録を打ち立てている。

ホスピタリティ業界はとりわけ記憶の創出に熱心で、ホテルは顧客を喜ばせることを目的とした小さなピークづくりに長けている。模様のついたトイレットペーパー、白鳥の形に折られたタオル、精巧なデザインのロビー、枕元にちりばめられたチョコレートの「サプライズ」、ウェルカムシャンパン……。いずれもホテルでの滞在を好ましい記憶にすることを目的とした小さなピークだ。

小売店舗もやはり、ピーク効果や最後にピークを持ってくる効果のどちらにも注意を払っている。とはいえ、すべての小売店舗がそうというわけではない。大規模なセールが行われるブラックフライデーに殺到した経験がなく、まわりから取り残されているのではないかと不安を感じている人も、心配はいらない。最寄りにある大型電化製品専門店のフライズなら、どの週末に行っても同じような混雑を味わえる。ピークの体験は、無秩序なレジの列、ローマ時代の廃墟と見まがう通路、自分への接客だけ避けているとしか思えない店員のいずれかから味わわされる。そしてもちろん、フライズでは最後の最後に、顧客が泥棒でないと確かめるためにレシートをチェックするという店員との接点がある。よって、フライズではピーク時もエンド時も、苦痛の記憶を最大化する体験しかできない。

では、アップルストアになるとどうか。こちらの店では、すべての店員が会計できる。店内に入ると挨拶される。店員と製品に接する度合いは、顧客の好きに決められる。そして店を出ようとするとどうなるか？　ありがとうとさようならの言葉で、来店に対する謝意を店員が伝えてくれる。アップルストアでのエンドの体験は、出口から一～二メートルを持ち場とする店員から笑顔を向けられることだ。この最後の接点は、フライズのそれとは大きな差がある。

ただし、このアップルですら、ピーク・エンド効果を最大限に活用する小売店の足元にも及ばない。その小売店とはアマゾン・ゴーだ。アマゾンは近年、小売店舗の試験運用を行うことで、ｅコマースから従来型店舗にいたるすべてを網羅した。アマゾンの小売店舗のコンセプトが初めて形となったアマゾン・ゴーは、二〇一八年にシアトルにオープンした。そのコンセプトはシンプルの極みで、そこに行列、会計レジ、会員登録、現金は存在しない。アマゾン独自の表現を借りるなら、「アマゾン・ゴー・アプリを使って入店したら、スマートフォンをしまって買い物を始めましょう。好きなものを自由に手にとってください。手にとったものは自動的にバーチャルカートに加算されます。途中で気が変わったら、棚に商品を戻すだけで大丈夫です」ということだ。アマゾン・ゴーの場合も、買い物体験のピークはやはり最後にくる。商品を手にそのまま店を出るという、これまでにない斬新なやり方で会計と退店ができるようになったことで、買い物体験全体が、ほかの店舗での買い物体験と比較して、より印象的かつ楽しい記憶となる。

符号化を目的としたブランドが生み出す体験

マーケティングの世界に新たな形のマーケティングが出現した。それは複数の起爆剤を巧みにまとめて特定のブランドや製品に対する好意的な関連づけを記憶してもらうもので、体験（エクスペリエンシャル）マーケティングと呼ばれる。企業が体験を創出するマーケティングで、消費者はブランドと現実に物理的なかかわりを持つ。このインタラクティブな体験は、消費者が向ける注意や彼らに生じる負荷、場合によっては感情も増大させる。それに、記憶の生成にとって理にかなった体験なので、ブランドに売上をもたらす。実際、イベント・マーケティング協会が毎年実施する「イベント・トラック」という調査では、消費者四人のうち三人が、「ブランドが構築した体験をすると、そのブランドの製品を買いたくなる」と答えている[19]。

では、ブランドが構築する体験とはどういうものか？　たとえば、ピアノの製造会社が地下鉄の駅の階段の一部を広告スペースとして購入し、そのスペースをピアノの鍵盤に塗り替える。そこに企業のロゴを加えると、あら不思議！　ブランドが構築する体験の完成だ。鍵盤を踏んだら音が鳴るようにすれば、なおよい。

顧客に少々の苦労を味わわせることも、体験を創出するうえで有効だ。企業が少々ラクをする、と言い換えてもいいかもしれない。冷凍食品ブランドのリーン・クイジーンが二〇一五年にニューヨークのグランド・セントラル駅構内に構築した体験は、ラクどころの話ではなかった。彼らはまず、同ブランドの商品を宣伝するポスターを掲示する代わりに小さなブースを設置した。この「ジグ」は直ちに通行人の注意をつかんだ。ブースのほうがポスターよりはるかに多くの注意を引きつけるのだ。しかも、そのブース自体が一種の負荷という形でインタラクティブな体験を提供するつくりになっていた。単純な看板広告と違って、ブースには秤《はかり》が置いてあり、通行人が使えるようになっている。ただし、それは体重を量るためにあるのではない。そこには、体重への不健全な執着をやめ、「一人の人間として」何の価値でもって測られたいかを決め、それを秤に置きましょうと書かれていた。

ある女子学生は、学部長表彰者に選ばれたことを通知する大学からの手紙を置いた。その重さはどのくらいかと尋ねられると、彼女は「とても測定できません」と答えた。別の女性は、離婚手続きの書類を置いた。それが困難を乗り越えた象徴だという。また、自分の娘を秤に乗せた女性もいて、彼女は母性で測られたいとのことだった。彼女たちはほんの一例にすぎない。このキャンペーンを通じて、リーン・クイジーンは注意、負荷、感情を使い、記憶の符号化を最大にする体験を生み出すことができた。キャンペーン期間中にグランド・セントラル駅にいた人や、キャンペーン動画を観た人は、リーン・クイジーンが構築した体験の記憶が深く脳内に符号化された。その効果は、過去にもっとも消費者の目を奪ったポスターですら太刀打ちできないほどだった。同ブランドが販売する商品の写真を一枚も使わずにそれが実現したのは、なんとも皮肉な話である。

二〇一五年にグーグルが生み出した、ひねりをきかせた体験も紹介しよう。[20] 同社は、サンフランシスコ・ベイエリアを拠点とする非営利団体のいくつかに合計で五五〇万ドルを寄付すると決めた。最終候補に残った団体は、革新的な策を講じて地域の課題に取り組んでいるかどうかで選出されたが、その後グーグルは、各団体に寄付する金額の配分を住民の投票で決めてもらうことにした。だからといって、オンライン登録にもとづく投票システムといったありきたりなことはせず、投票を実際に体験する機会をつくった。コーヒーショップ、書店、コンサート会場、フードトラックパークなど、ベイエリアのいたるところに投票ブースを設置し、巨大な一〇のボタンとともに各団体が掲げる目標を提示した。ボタンが一回押されると、一票が記録される仕組みだ。はたして何票集まったか？　その数は四〇万を超えた。この数は、サンフランシスコの人口の半数を上回る。

グーグルはすでによく知られた存在となっていたが、濃密なインタラクティブ体験を通じて顧客と新たな触れ合い方ができると気づいた。イベントの参加者は、一ダース近い非営利団体の社会的に意義のある目標を読んだうえで、気に入ったものを一つ選んで物理的に投票を行うのだから、神経と肉体をどっぷりと関与させることになる。そうした記憶を符号化させる革新的な新たな手段に投資すれば、グーグルは業界トップの座と消費者の意識の最前列に同時に君臨し続けやすくなるのだ。

体験はコンテンツの未来

ブランドが構築する体験は、それよりも少々広い意味を持つ「体験マーケティング」の一種だと言える。体験マーケティングは、体験を介して企業の製品やブランドを宣伝することを表す業界用語だ。コンテンツ業界（ラジオ、映像、出版など）の一部の企業にとって、体験マーケティングは商品の宣伝だけを意味するのではなく、商品そのものでもある。この傾向はとりわけ、かつては物理的な形をとっていた商品のデジタル化が進んだ場合に顕著だ[21]。

映画やドラマはＶＨＳのテープやＤＶＤで視聴されていたが、いまでは映像配信サービスのネットフリックスがある。バインダーに大量に保管されていたＣＤの代わりはスポティファイだ。毎朝新聞紙を届けてもらってニュースを知るのではなく、いまやすぐ手が届くところに次々に更新される記事が無限に流れている。海賊版の横行で、低価格もしくは無料でより多くの人々が手に入れやすくなったことも、デジタルコンテンツの消費財化に拍車をかけた。その結果、消費者はますます無料でコンテンツを手に入れやすくなった。いまや音楽なら、スポティファイやアップルミュージックに毎月一〇ドル払うのが関の山だ。ニュースのためにお金を払うなどありえない。

消費者にとっては素晴らしい話だが、コンテンツの制作者は生計を立てるのが難しくなっている。ケヴィン・ハートをはじめとする一部のコメディアンは、ライブ会場での携帯電話の使用を固く禁じているることがいまではよく知られるようになった。それは、ライブ映像の録画や、ライブ会場での体験をデジタル空間にアップされることによる売上の減少を防ぐためだ[22]。あまりにも多くのものが無料で手に入るようになったせいで、デジタルのものに価格をつけることや、それをビジネスとして成立させることがどんどん困難になっている。それを受けて、多くの出版社やコンテンツ制作者が、CDや新聞といった物理的な商品とは別に、（少なくとも現時点ではまだ）オンライン化もデジタル化もできない領域を重視するようになった。その領域が「体験」だ。

格式を重視するあまりクリック誘導広告を出せない通信社が、ニュースに誰もお金を払いたがらない世界に存在している。彼らに何ができるのか？　音楽業界にならって「ニュースフェス」を開催し、入場料を徴収すればいい。評価の高い『ニューヨーカー』誌がまさにそれを実施している。二〇〇〇年の初開催時は記念イベントだったが、その後正式に文化的なフェスティバルとなった。そこでは、お気に入りの無料のポッドキャストを聞いたり、ほとんどが無料の記事を読んだりする代わりに、そうしたコンテンツを書いたりつくったりする人々はもちろん、思想的リーダー、政治家、コメディアン、映画製作者、ミュージシャン、アーティストたちと個人的に近くで接することができる。ニュースフェスは『ニューヨーカー』ファンにとってみれば、アメリカ最大の音楽フェスとして知られるコーチェラのようなものなのだ。

ジャーナリストのケイティ・カラウッティは、そうした体験（彼女はこれを「ページから離れたジャーナリズム」と呼ぶ）への投資は増加傾向にあると語る。「編集者やジャーナリストが話す姿を目にする機会や、イベントに登壇するケースはどんどん増えています。いまや有名人が登場するイベントとほとんど変わりません。それはジャーナリズムやデジタルメディア越しでは簡単にはできない、読者層とつながる唯一無二の機会となっています[23]」

コンテンツのデジタル化はとりわけミュージシャンにとって厳しい。パンドラやスポティファイといった音楽配信サービスが、ナップスターとその同類、さらにそれらの進歩版に相当するビットトレントなどのファイル共有サイトが音楽業界に与えたダメージを和らげたのは確かだが、ミュージシャンが一ドル稼ぐには平均二二〇回のストリーム配信が必要になる。二〇一七年にMIRA（音楽産業調査会）が行った報告のなかに、ミュージシャンの収入の大半がライブ活動やコンサート活動によるものであったとあるのもうなずける[24]。音楽配信サービスの登場により、ライブに参加するハードルが低くなった。オンラインで実質無料で音楽を聴いてファンになった人々は、体験を求めてライブを訪れる。かくして音楽イベントは増加し続けているというわけだ。

ある意味、体験にスポットがあたるのは消費者にとって喜ばしいことだ。そのほうが断然楽しいし、イベント制作の価値がどんどん高まる。コーチェラでケンドリック・ラマーのパフォーマンスを目の当たりにすることは、自宅で彼のアルバムを聴いても決して味わうことのできない体験だ。それに少なくとも、この流れは音楽業界には功を奏しているようだ。二〇一六年にアルバムのダウンロードがアメリカの音楽業界にもたらした収益は六億二三〇〇万ドル[25]だった。その一年後、音楽業界の収益は一六億ドル近く増加している[26]！

体験マーケティングの台頭により、ブランディングにかかるコストはかつてないほど上昇したが、そのぶん効力も増した。ブランドが大金をかけて構築する体験は、消費者の財布だけを求めているのではない。消費者の意識も求めている。

ブランドが構築した体験がうまく作用すれば、その体験の記憶が消費者の脳内に符号化され、時間がたってからも思い出してもらえる。この符号化にはとんでもなく価値がある。なぜなら、記憶というのは過去の出来事を楽しかった思い出として再生するだけにとどまらないからだ。記憶には、その人に行動を起こさせる力がある。だからこそ、企業はブランド体験の構築に多額の資金を費やす。そうした体験が符号化を促進し、将来的に自社商品に対して行動を起こす礎《いしずえ》ができるのだと、企業は理解しているのだ。

そうなると、残っていたもう一つの難題が気になってくる。脳は符号化した記憶をどのように再生するのか。そして、企業はその記憶を使ってどのように消費者を行動に駆り立てるのか。

第4章 記憶をリミックスする

過去をたどると人は前へ進む

交通渋滞に巻き込まれる経験を、やってみたいことの上位にランクづけする人は誰もいない。自分の前に車が連なっている状態では、ただ考えることしかできず、苛立ちが募るばかりだ。ところが、生まれも育ちもロサンゼルスのボブ・ペトレラは違う。しょっちゅう渋滞に遭う彼は、その時間を楽しいひとときが持てる絶好の機会ととらえている。そこで使うのは記憶だ。彼は数年前や数十年前のある日の記憶を、いま起こっていることのように細部にいたるまで鮮明に思い出す。これまでの六月で最高の土曜日を頭のなかに列挙したり、二〇〇二年を一日ずつたどって、その日に起きた出来事を思い出したりするのだ。[1]

こうした記憶遊びができるのは、ボブが過去に確認されたなかでも一、二を争う優れた記憶力の持ち主だからだ。適当な日付をあげてその日に何をしていたかと尋ねれば、驚くほど詳細な答えが返ってくる。たとえば、「一九六六年の二月一八日は何曜日だった?」と尋ねれば、彼は「その日は金曜日で、「高校のアメリカンフットボールチームの」ビーバー・フォールズがシャレンに勝った」と答える。ボブの記憶には、起きたことだけでなく、その瞬間に抱いた感情も含まれる。まさに彼が言うように、「タイムマシーンに乗ったみたいなもので、特定の時間や特定の日に本当に戻ったような気分になる」のだ。タイムマシーンがあるのなら、渋滞で退屈しないというのもうなずける。

ボブが保持する記憶は、神経心理学者が呼ぶところの「非常に優れた自伝的記憶」[2]というもので、これまでに確認された事例は六〇件しかない。カリフォルニア大学アーバイン校で神経生物学を研究するジェームズ・マッガウ教授は、ボブを含む彼と同じように記憶を保持する人々を研究している。教授曰く、「彼らは、あなたや私が昨日のことを描写するように、人生におけるほとんどの日を描写できる」[3]のだという。

一方、頭のなかにタイムマシーンがないわれわれにとっての想起は、ボブとはまったく違う。知覚と同じで、想起できることには限りがある。昨晩食べたものもはっきり思い出せない人がほとんどだというのに、一五年前の夕食に食べたものなど思い出せるはずがない。現在の瞬間に見直すことが可能な、過去の出来事そのもののカーボンコピーは存在しない。やはり知覚と同じで、私たちにあるのはメンタルモデルだけだ。要は、脳が創造した過去しか持ち合わせていないのだ。

先の章で、「記憶とは、過去と自分をつなげようとする脳の試みである」という大まかな定義を紹介した。この「試み」という言葉に注目してもらいたい。まず、私たちが体験する出来事は、符号化されて痕跡となる。そしてその痕跡が、頭のなかで素早く呼び出され、ぼんやりとした映画としてのちに想起される。しかし、符号化された出来事と想起された出来事は、直接的につながっているとはとても言えない。人は、映像、音、ストーリーを呼び出し、想起したとおりにその出来事が起きたと感じる。誰もが自分の記憶は正確だと思っているし、符号化は記録、想起は再生のようなものだと思っているだろうが、実はそれは間違いだ。

現実はというと、符号化した出来事を想起しても、それは曖昧なものでしかない。ある出来事を脳内で再生したときに出てくるものは、オリジナルというよりリミックスに近い。知覚と同じで、記憶もまた最善を尽くした推測であり、非常にバイアスがかかりやすく影響を受けやすい。同じ出来事を体験した人が二人いても、想起する中身は大きくかけ離れているだろう。加えて、想起するときにそばにいる人やそのときの気分など、さまざまな要素によって想起される内容は変わる。実際にはなかった出来事を思い出すことがあってもおかしくない。私たちが記憶だと思って想起するものは、実際には符号化されたオリジナルの出来事を再構築したものにすぎないのだ。

もちろん、思い出す記憶が不完全だからといって、影響力がないわけではない。マッガウは次のように強調する。「記憶はもっとも重要な能力である。（中略）人間に記憶がなかったら、人類は存在しないだろう」。つまり、記憶は私たちの行動のほぼすべての出発点となるものなのだ。

ノスタルジア・マーケティングをご存じだろうか。先の章で幼いころに大好きだった飲み物（カプリソーネ）の話が出たときに、自分の子供時代を思い出した人なら、ノスタルジアがどういうものかおわかりだろう。ノスタルジアは郷愁という意味で、自分個人の過去をリミックスすることであり、一般に、そのときの過去の解釈は好意的になる。正確さは別にして、自分の内側で主観的に行うリミックスは、私たちの未来の基礎を形づくるものだ。そのため、消費者の記憶に訴えかけるとなると、ノスタルジアに叶うものはそうそうない。だからブランドは、消費者を昔に戻らせる曲を選んだり、古いバージョンの製品を復活させたりするほか、場合によっては広告に以前使っていたキャラクターを復活させてまで、過ぎし日に消費者が個人的に抱いていた感覚を想起させ、感情移入させようとする。そうした関連づけは、消費者の未来の行動を大きく左右しかねない。アディダスによる復刻版のスニーカーの発売でさえも、スーパースターやスタン・スミスといった八〇年代から九〇年代にかけて発売されたモデルを別の目的で再利用するためだと言えるのではないか。

ノスタルジアの影響をもっと繊細な形で取り入れている企業は（ときには政治家も）、「かつてのあり方」を思い起こさせるものとして商品を描く。その最たる例はおそらく、一九七一年から放送された有名なコカ・コーラのCM[4]だろう。さまざまな人種の若者が丘の上に大勢集まって、「世界中の人々に歌うことを教えたい、世界中の人々にコークを買ってあげたい」と歌う。[5] 当時のアメリカは、ベトナム戦争と公民権運動から抜け出せずにいた。この歌は、アメリカ人に共通するもっとシンプルで調和のとれていた時代へのノスタルジアを誘い、その昔を恋しがる気持ちをコークに関連づけようとするものだった（その試みは成功だったと多くの人々が認めるところだろう）。

いまや、ミレニアル世代がもっとも消費力が高い世代の一つとなり、アメリカに年間一兆四〇〇〇億ドルを落とすようになった[6]。そのせいか、彼らが子供だった九〇年代に直結する製品が増えている。映画『トップガン』の続編、任天堂のミニゲーム機の復刻[7]、オレゴン・トレイルのモバイルゲーム化、たまごっちの復活など、いずれにせよ「ミレニアル世代のノスタルジア」としか分類できない商品やメディアが登場する流れがますます際立っている。ミレニアル世代の購買力は上昇の一途をたどっているので、ジョーツ〔デニム素材の短パン〕やポグ〔めんこ〕が再びブームになってもおかしくない！

ノスタルジア・マーケティングは効果的だが、詳しい調査によると、その効果の大半は、消費者の過去の体験とは（少なくとも直接の）関係はないという。マーケティングはむしろ、過去の出来事と自身をつなげようと試みる脳の奇妙な構造のほうに働きかける。ここからは、記憶の可謬性についてさらに掘り下げていき、マーケティングが記憶の創造的な性質をいかに巧妙に誘導するかを見ていく。

記憶の可謬性《かびゅうせい》

この前の火曜日の昼食に何を食べたか覚えているだろうか？　その前の火曜日は？　その前の前の火曜日は？　一カ月前の火曜日についてはどうか？　こうした質問は些末《さまつ》なことに思えるだろうが（一カ月前の昼食に食べたものを誰が気にするというのだ？）、ハエ・ミン・リーの家族にとってはそれが何よりも重要だった。ジャーナリストのサラ・コーニグは、二〇一四年にポッドキャスト番組「シリアル」の第一シーズンを配信し、そのなかでリーの死について調査した。

一九九九年一月中旬、ボルティモアの高校に通うリーが行方不明になった。そして二月初旬に彼女の遺体が発見され、二月二八日に恋人だったアドナン・サイードが殺人罪で逮捕された。だが二〇年たっても、この事件の全容は明らかになっていない。それはなぜか？　記憶の可謬性のせいだ。

アドナン・サイードは、リーが行方不明になった一九九九年一月一三日に起きたことについて、詳細にも正確にも覚えていなかった。先週の昼食に食べたものを思い出すだけでも大変だというのに、六週間前の午後二時一五分から二時三六分のあいだにしていたことを、どうやって正確に思い出せるというのか？　とはいえ、その二一分間にどこにいたかの曖昧な記憶が、その時間のことを明確に覚えている他者の記憶と食い違っていたとしたらどうなると思う？

　アドナンが曖昧に思い出したその時間の記憶は、同級生ジェイ・ワイルズの記憶と真っ向から対立した。そのときの話にはいくつもの言い分があるが、ポッドキャストのなかですぐに明らかになったことが一つある。それは、記憶は客観的ではないということだ。この事実はいつになっても変わらない。一九九九年には警察、二〇一四年にはポッドキャストの制作者が複数の生徒に一九九九年一月一三日のことについて話を聞いたが、その内容は大きく異なった。また、アドナンはそのときのことを曖昧にしか思い出せない一方で、ジェイは自信満々にはっきりと思い出せるなど、各自の記憶に対する確信の度合いもバラバラだった。「シリアル」の配信後すぐに調査が再開されたが、この事件はいまだ解決にはいたっていない。

　そうした曖昧さや相反する話の内容は、記憶があまりにも可謬的であるという事実にすべて帰結する。既存の意味ネットワークに簡単に騙されるのもその一例だ。たとえば、次の言葉のリストを渡されて、覚えることになったとしよう。

ドーナツ
ケーキ
スコーン
菓子パン

チョコバー
アイスクリーム・サンドイッチ

そして一週間後に、「前にリスト渡したよね？　あのなかに『パイ』はあった？」と尋ねられたら、間違って「あった」と答える確率が高い。その確率は、「自転車」や「椅子」など、リストの言葉と関連性のない言葉があったかと尋ねられたときよりもはるかに高い。第1章で、脳は知識を分類して保存すると説明したことを思い出してほしい。つまり、例にあげた言葉のリストは、人を空腹にさせるだけでなく、脳内にある「甘い食べ物」の意味ネットワークを作動させることにもなるのだ。このネットワークには「パイ」も含まれるので、実際にはリストに含まれていなくても、含まれていたと記憶してもおかしくない。こうした現象について、記憶の研究者たちは「意味的に記憶違いをする現象」と呼ぶ。この現象は、脳が記憶や情報を整理する方法に起因するものであり、誰にでも起こりうる。

この現象をノスタルジアに照らして考えてみよう。ブランドや広告は、消費者の「記憶」を呼び起こしたいからといって、記憶に直接呼びかける必要はない。いくつかの「点」に呼びかけさえすれば、消費者の脳が勝手にそれらをつなげてくれる。ＩＥ（インターネット・エクスプローラー）の広告[8]を例にあげよう。 その広告は、九〇年代に大人への階段をのぼっていた人なら誰もが当時の記憶に思いを馳せる素晴らしいつくりになっている。チェーンウォレットの映像には「これで何もなくさずにすむ」、ボウルカットの映像には「散髪代は六〇ドルもかからず、四分で終わった」、蛍光色のウエストポーチの映像には「物を入れられるスペースはまだまだある」と、当時を彷彿とさせる映像が次々に現れるのだ。九〇年代と聞いて、すぐにＩＥを思い浮かべることはないだろうが、広告に登場するアイテムを見れば、それらに関する記憶を嬉々として掘り起こすので、ＩＥも青春時代を象徴する大事なアイテムの一つと記憶違いをしてもおかしくない。

記憶が信じがたいほど自在に形を変える現実がいちばんよくわかるのは、カリフォルニア大学アーバイン校の心理学者、エリザベス・ロフタスの研究室が行った実験だろう。ロフタスたちは、単純かつ暗示的な質問（例：「コニー・アイランドを訪れたときのことを覚えていませんか？　あなたは当時五歳くらいで、すごく晴れていて……」）をいくつか投げかけて、実験参加者の頭に誤った出来事を植えつけた。[9,10]脳は、点の情報をいくつか与えられると、自分の知識の泉からそれらに馴染む情報をつなげる。そうするとあら不思議、記憶の完成だ。そうして一度植えつけられたら、その誤った記憶は、ほかの記憶、つまりは実際に体験した本物の記憶と区別がつかなくなってしまう！　ロフタスたちの調査結果が目撃者の証言の精度に疑いを投げかけるものだったことから、裁判所の慣行が変わった。とりわけ質問する弁護士が、特定の記憶を目撃者に思い出させたいと思っているケースではその疑いが強くなる。どなたかアドナン・サイードの弁護士にもう一度連絡を……。

要するに、記憶が再構築されるプロセスは非常に精度を欠くものなのだ。脳が過去の出来事や情報を保存し、それらを取り出そうとするだけで、誤りや可謬性が生まれてしまう。ボブのように卓越した記憶力の持ち主ですら例外ではない。[11]調査の結果、非常に優れた自伝的記憶の持ち主の記憶であっても、そうでない大多数の人々と同様に、誤りや可謬性が生まれるとわかっている。

本物であれ想像上のものであれ、出来事の記憶は本当に重要なものだ。だからこそ、この事実は見過ごせない。記憶は大半の行動の土台となる。つまり、記憶を植えつけることができるという事実は、単なるパーティーの余興話ではすまされない。それにより、私たちの行動を意図的に変えることまで可能になる。

ガソリンスタンドのトイレに顔をうずめて激しく嘔吐している場面を想像してみてほしい。つい先ほど、隣のファストフード店でポークサンドイッチを食べたばかりで、吐くたびに安っぽい豚肉と人工的なパンの味がする。最悪だ。これが実際にあなたの身に起きたら、そのファストフード店には二度と行かないだろう。それどころか、ポークサンドイッチを二度と口にしなくなってもおかしくない。このシナリオはまさに、エリザベス・ロフタスが実験で使ったものだ。彼女は何としても痩せたいのにジャンクフードをやめられない人々にそのシナリオを聞かせ、自分の身に起きたものとして考えるようにと告げた。特定の食べ物を食べたときに自分はひどい目に遭ったと「信じる」ことができる人は、自然と嫌悪感を抱いて二度と食べなくなる。本当にそういう目に遭ったかのような行動をとるのだ。[12,13] この「誤った記憶によるダイエット」は、記憶が現実を動かす権限を持つことを完璧に示す例だ。その後の人生にとてつもなく大きな影響を及ぼすものは、実際に体験した出来事の詳細ではなく、記憶そのものなのだ。

バーチャルテクノロジーの発展に伴い、誤った記憶の創出は簡単になる一方だ。二〇〇九年、スタンフォード大学は、子供たちを研究室に招いてイルカと一緒に泳ぐバーチャル体験をさせた。[14] そして数週間後に再び子供たちを研究室に招くと、ほとんどの子供にイルカと実際に一緒に泳いだという記憶が生まれていた。テクノロジーはただ単に、一つの記憶を植えつけただけにすぎないというのに。

VR技術とAR技術の普及が急ピッチで進み、消費の世界に適用する方法が次々に考案されているので、そうした技術が知覚に加えて記憶をどう歪めていくのかが注目される。とはいえ、過去の理解を根本から変えるのに、高度な技術は必要ない。記憶に関しては、状況《コンテクスト》がほんの少し変わればそれで十分だ。

状況《コンテクスト》がすべてを変える

記憶がどれほど不正確だとしても、その量は膨大で、内容も細かい。あなたの記憶をデジタルデータのようにダウンロードできるとしても、すべてが収まるハードドライブは見つからないだろう。過去の体験の記憶は文字どおり何百万とあり、理論的にはいつでも想起できることになっている。ただし、人生の貴重な記憶が一度に全部よみがえることはない。人はなぜ、特定のときに特定の記憶について考えるのか？　膨大にたまっている不完全な記憶から、想起するものを自分から進んで選りすぐることはほとんどない。想起される記憶は、そのときの状況によって決まる。

第3章で説明したように、記憶が符号化されると、自分が思っているよりはるかに多くの情報が取り込まれる。それと同時に、記憶に関連する状況も取り込まれる。つまり、すべての記憶には必ず状況が伴うのだ。長らく耳にしていなかった青春時代に流行った曲をかければ、何年も想起したことのなかった昔の記憶がどっと押し寄せてくるに違いない。そうなるのは、脳には符号化された記憶とともに、体験の細部も詰まっているからだ。特定の曲を聞いたり、特定の香りを嗅いだりすると、脳はその曲や香りに関連する記憶のすべてを鮮明に呼び起こそうとするのだろう。

これは体験の記憶に限った話ではない。知識に転じた記憶にも該当する。いつも同じコーヒーショップの同じ席に座り、同じ音楽を聴きながらテスト勉強をしていた人は、そのコーヒーショップのその席に座って同じ音楽を聴くと、勉強した内容を思い出しやすくなる。ガムを嚙む、同じ服を着るなどは、状況を思い出すヒントとしては弱くなるが、それでもやはり想起を促す。水中で名称のリストを学習する実験によると、リストに含まれていた名称は、陸より水中にいるときのほうが思い出しやすくなるという[15]。

別の調査では、部屋によって体験が変わると時間の認識が歪められることが明らかになった。四時間のパーティーをずっと一つの部屋で過ごすのと、一時間ごとにそれぞれ違う四つの部屋で過ごすのとでは、同じ四時間でも前者のほうが長く感じるという。状況が変わると時間枠も変わる、いや、少なくとも、人は変わったように錯覚するということだ。人のもてなしに長けた主催者は状況の使い方を心得ていて、場所によって何をするかを変えることで、来客を楽しませ、記憶に残る体験を生み出す。オードブルはリビング、メインの食事はダイニングで提供したら、テラスに出てカクテルをふるまい、書斎で葉巻やブランデーをすすめる。使う場所を複数に分ければ、客人がこうした楽しい出来事を翌日に思い出すときに、記憶が混ざりづらくなる。気が利く主催者は、物理的な状況を支配すれば記憶も支配できると本能で理解しているのだ。

状況は、記憶に影響を及ぼすだけにとどまらない。実は、記憶を行動に変える力も持つ。

状況が行動を誘発する

記憶が不正確で誤りを犯しやすいのはなぜか。はっきりいって、脳は正確さをほとんど気にかけていない、というのが主な理由の一つにあげられる。人間の脳は基本的に先のことを考える臓器で、実用を重んじるようにできている。先にも述べたように、記憶とは、脳が出来事をやみくもに過去とつなげようとする試みではない。この、過去とつなげようとする脳の作用は、**未来を最適なものにする**ために行われる。過去を振り返る能力は素晴らしいツールとなりうるが、その際の精度は記憶の主たる目的にとっては二の次となる。だから、前に進むうえで「問題ない」程度の過去の理解しか想起してくれない。

このように、記憶と行動は切っても切れない関係にある。記憶はあらゆる行動の出発点になると先にも述べたが、自分自身、自分を取り巻く世界、自分の原点の記憶がなかったら、未来の行動のたしかな土台は生まれない。それに行動も記憶と同じで、記憶が生まれた状況に影響されやすい。

影響がもっとも顕著に現れるのは、かつて学習した関連づけが呼び起こされたときだ。ノースウェスタン大学で実に素晴らしい研究が行われた[16]。研究者たちは実験への参加者を一般公募し、無作為に二つのグループに分けた。そして一方のグループには医師の白衣を渡し、もう一方のグループにはありきたりな普段着を与えた。それらを着てテストに回答してもらったところ、白衣を着たグループのほうが、答えの正確さやテストに対する集中力がはるかに高かった。なぜそうなったのか？　時間がたつにつれ、脳が無意識のうちに医師に知性や正確さとの関連性を見いだしたからだ。私たちが生きているなかで構築した医師という概念には、知的や正確といった特徴が含まれる。そのため、医師の格好をすると、そうした関連づけが呼び起こされ、結果として行動が変わる。つまり、無意識にかつて学習した概念（知的や正確など）の特徴に則した行動を、無意識にとるようになるのだ。

大好きなアスリートが着ているジャージやシューズを身に着けるとプレーの質が向上する、少なくともいいプレーができる自信が生まれるのも、おそらくは同じ理由からだろう。衣服のような単純なものであっても、学習した関連づけに慣れ親しんだ状況が伴えば、記憶、態度、ひいては行動に多大な影響を及ぼすことができるのだ。

今度は音楽で考えてみよう。バーで飲んでいるときにリル・ジョンの《ショッツ》が流れることがあったら、置かれた状況を意識してみてほしい。個人的にこの曲が好きでなかったとしても、バーでこれを流すという天才的なやり口については評価すべきだ。その曲が流れるたびに、バーにいる客は曲のことを頭に思い浮かべる可能性が高くなり、その結果、ショットドリンクを注文する可能性も上がる。つまり、その曲を流すことがショットドリンクの注文、すなわちバーを儲けさせる行動の引き金となるのだ。

同じく、ポップミュージックの歌詞の内容にあやかって行動を促す手口としては、ザ・チェインスモーカーズの《セルフィー》を使うのも秀逸だ。その曲の歌詞（と呼んでいいのかわからないが）は、ようするに、自撮りをしたがるバレーガール〔特有の話し方やファッションをして派手な消費を好む若い女性たち〕を誇張して表している。曲をよく知らない人のために、このノーベル賞ものの一番の歌詞を紹介しよう。ナイトクラブの化粧室でメイクを直しながら、バレーガールたちが話している場面を思い描いてほしい。

なんであんな子が入れたの？
だって見た？
チビでドレスだって超ダサい

ヒョウ柄なんてありえない
夏でもないのに、なんでＤＪは《サマータイム・サッドネス》ばかりかけるわけ？
化粧室を出たらタバコ吸いに行こう
マジ必要
でもその前に（ここで間をおいて）
自撮りしなきゃ！

リル・ジョンの曲が飲み物を注文させる曲なら、この曲は自撮りさせる曲だと言える。自撮りを誘発させる状況を生み出すのだ。クラブの経営者はこの曲を気に入っている。無料でクラブを宣伝してもらう機会が生まれるのだから当然だ。この曲がクラブでかかると、「大人になりたくない」客たちが自撮りを始め、クラブをタグ付けして投稿する。客にとってもクラブにとってもいいことずくめというわけだ。

状況が行為を生み出す現象はそこら中で起きている。状況によって特定の行為をとりたくなる、とりわけ何かを買いたくなる例は数多い。州の祭りとファンネルケーキ。野球とホットドッグ。映画とポップコーン。ピーナッツバターとゼリー。ピザとビール。休憩とタバコ。ヨット旅行と金持ちの子……。

脳が状況と行動を自然に結びつけるところに、ブランドは行動を誘発する機会を見いだしている。キットカットの昔懐かしい「ギブ・ミー・ア・ブレーク。ギブ・ミー・ア・ブレーク。ブレーク・ミー・オフ・ア・ピース・オブ・ザット・キットカット・バー！（休憩をちょうだい。休憩をちょうだい。キットカットをひとかけらちょうだいよ）」というジングルはその好例だ。ネスレ（キットカットの親会社）はこのCMを通じて、休憩をとるという状況にキットカットを食べるという行為を巧妙に結びつけた。職場で昼休みになったら？　キットカットを食べる。勉強の途中でひと休みしたくなったら？　キットカットを食べる、という具合だ。また、耳に残るジングルのメロディのおかげで、状況と行動の結びつきはいっそう強くなった。一度このジングルを聴いたら、頭から離れなくなる。そうなったら、誰かが「さあ休憩の時間だ」と言うたびに、頭のなかでどの曲が流れるようになるかは容易に想像がつく（余談だが、ジングルはメディアにおける絶滅危惧種であり、保護に値する。だが笑い声の重ね録りは、さっさと滅びればいい）。

状況と見事に結びつけたキットカットの成功はそう長くは続かなかったが、次に紹介するブランドは違う。まずは、次の場面を頭に思い描いてほしい。あなたはいま休暇中で、どこか暖かな地にいる。気温は完璧で、あたりはとても静かだ。車も人混みもなく、聞こえるのはそばに打ち寄せる波の音だけ。ビーチのすがすがしい香りに囲まれ、つま先は砂とたわむれている。

ではいまから少し時間をとって、この状況にいると本気で思い込んでほしい。それができたら今度は、ウエイターがやってきて「ビールはいかがですか？」と尋ねる場面を想像する。するとどのビールが頭に浮かぶか。おそらくは、コロナビールだ。コロナビールは何十年にもわたって消費者の意識に入り込み、ビーチとの結びつきを強固にしてきた（公正を期すために言っておくと、コロナビールについてはすでに前の章で触れていたので、思い出しやすくなっていたのはたしかだ。われわれはメーカーから宣伝料をもらう契約は結んでいないが、これを読んで一杯ごちそうしたいと思った関係者がいたら、いつでも歓迎する）。その関連づけは偶然に生まれたのではない。ビールの選択肢が膨大にあるなかで、消費者の目を引くとともに、彼らに自発的に思い浮かべてもらうビールになるにはどうすればいいか？状況を自分のものにすればいい。コロナビールの広告にビーチが関係しないものがあると思う人は、探してみるといい。状況を自分のものにするというコロナビールの目的は、彼らのキャッチフレーズである「人生はビーチだ」にはっきりと表れている。

状況に行動を誘発する力があるのは事実だが、それが企業にとって裏目に出ることもある。状況との結びつきが非常に強い商品の場合、状況は売上増のいちばんの障害にもなりうるのだ。たとえばシャンパンは特別な日と結びついている。お祝い事というと、シャンパンの栓を抜く場面が思い浮かび、栓が弾け飛ぶ音が聞こえる。だが、シャンパンを特別な日だけのものととらえている人も多い。高価でボトルから吹き出しやすいことは別として、シャンパンにはそもそも、お祝い事に用いるべき具体的な理由は何もない。実際、泡立ちのいい高級なクラフトビールブランドのいくつかは、「お祝い事」市場にうまく進出を果たし、シャンパンと並んで「めでたいときに栓を抜いて泡をあふれさせる飲み物」の選択肢に仲間入りした（興味深いことに、ビールブランドはシャンパンに結びつく状況や行為とまったく同じものを消費者に想起させることで成功を勝ち取った。シャンパンと同じようなボトルを採用し、めでたいときに栓を開けようと呼びかけたのだ[17]）。

こうして競合が増えたことから、シャンパンを扱う会社は特別でないときにもシャンパンを飲もうと呼びかけて愛飲者を増やそうと試みている。要は、これまでに築いた状況との関連づけを打破しなければならなくなったのだ。たとえば、フランスのワインと食品を扱う業界団体は、決まったお祝い事があるときではなく、自分の好きなタイミングで飲む楽しさを強調し、シャンパンを飲むのにふさわしい状況の拡大を試みた。そのときに展開されたのが、「『ウィ』と言う時間に思いがけないことが起こる」と銘打ったキャンペーンだ。これほどフランス人らしいスローガンはない！

状況は習慣も形成する

状況と行動の結びつきを長いスパンで観察すると、人間の行動はルーティン化しやすいことがよくわかる。要するに、人間は習慣の生き物であり、ほとんど考えることなく一貫した行動をとるのだ。そうした習慣の形成に、状況は多大に関係する。たとえば、フィフティー・セントの《イン・ダ・クラブ》ほど、特定の状況に特化した曲はおそらくないだろう。これは紛れもなくパーティーでかけるための歌だ（「かわいこちゃん、今日はあんたの誕生日だ。あんたの誕生日みたいなパーティーにするぜ」といった歌詞だ）。この曲をBGMにして、雨の日曜日に飼い猫と一緒にソファーで丸くなったまま小説を読んだ人類が存在するとは思えない。それくらい、《イン・ダ・クラブ》はパーティーソングの典型だ。パーティーではない場所でこの曲が流れても、聴いた人がこの曲に関連づけてきたもののおかげで、とたんに人をパーティー気分にさせる。

状況との結びつきが強い組み合わせは何かと考えてみてほしい。たとえば、映画館とポップコーン。デューク大学のグレッグ・バーンズの調査により、映画館でポップコーンを食べる傾向がある人は、映画館に行くとほぼ必ず食べるという事実が明らかにされた。そういう人は、食事をしたばかりでお腹がいっぱいでもポップコーンを食べる。それどころか、実験のためにわざと固くつくったポップコーンを出しても、彼らは食べたという！　だがバーンズの調査でもっとも驚きに値するのは、その行動は非常に状況に特化したものであるという点だ。学校の図書館など違う状況になると、映画館でポップコーンをいつも食べる人たちも、お腹がいっぱいのときや固いポップコーンを出されたときは食べなかった。映画館という状況からはずれると、ポップコーンの呪力は解けてしまうのだ。

習慣を創出または維持するうえで、状況が果たす役割はとてつもなく大きい。極端な話をすれば、ベトナム戦争時にそうした例が見受けられた。[18]ベトナムに赴いたアメリカ兵は、異常なまでの確率でヘロイン中毒に陥った。一九七一年、その事実がワシントンに伝わり、政府は警鐘を鳴らした。ニクソン政権にとって、それはもっとも避けたい事態だった。ニクソンは一切の妥協を許さない厳しい薬物政策を大々的に訴えていたうえ、ベトナム戦争への高まる批判に対して勝ち目のない戦いを強いられていたからだ。彼は直ちに特別委員会を設置して、兵士の状態や中毒者の割合を調査した。そうして体系的に薬物使用について兵士に聞き取り調査を行うと、ベトナムにいるアメリカ兵の二〇パーセントがヘロインの常用を認めていることが確認された。

だがそれ以上に衝撃的だったのは、アメリカに帰還してからのヘロインの使用についてだ。ヘロインはもっとも中毒性の高い薬物の一つだと言われていて、摂取した四人に一人が中毒になり、[19]治療を求める人の約九一パーセントが再び中毒になる。[20]では、ほとんどが治療を求めなかったベトナム帰還兵はその後どうなったか？　アメリカに戻ってからも薬物に依存した人の割合は五パーセントにも満たなかった。この違いは何か？　状況だ。

薬物使用のように生物学的な要素が非常に強く反映される行為ですら、状況によって一変してしまうのだ。ある状況では否応《いやおう》なしに行っていたことでも、別の状況になると一切行わなくなっても不思議ではない。状況を制御すれば、行動も制御されるのだ。なぜそうなるのか？　同じ状況の繰り返しが記憶を創出し、記憶が関連づけを生み、行動を誘発する。だが、状況を取り去れば、関連づけは緩み、行動（習慣）はとまる。

ほとんどの人にとって、状況はたいていいつも同じだ。自宅、職場、いくつかのお気に入りの店やレストランに限られる。人は習慣を消費して生きている。購買行動（朝のコーヒーや朝食に食べるものなど）の半分近くは繰り返し行われ、買う状況も同じであることが多い。同じ曜日の同じ時間に、同じ店を訪れる。[21] そして同じブランドの商品を、[22] 同じ量だけ買う。[23] なんともわかりやすい！　習慣として行動が確立すると、ふだんの状況に大きな変化は生まれないので、その行動をとり続けようとするのだ。

企業は消費者の毎日のルーティンの一部になりたいと願っている。朝起きたら真っ先に手に取る電話やアプリ、通勤途中にきまって飲むコーヒー、夜にソファーでゆったりと座った瞬間にクリックする配信サービスになりたくてたまらない。消費者の習慣、そして習慣の確立に一役買う状況の創出は、莫大な利益をもたらす一大ビジネスなのだ。

人は一貫性を保とうとする

これまで述べたように、記憶は正確さより実利を重んじるため誤りを犯しやすい。完璧である必要はなく、未来の決断の根拠として使うのに「必要十分」であればそれでいい。これは過去の特定の出来事に関する知識に限らず、過去に対して抱く感覚全般にも当てはまる。しかも興味深いことに、自分自身に対する感覚、つまりは自我についても当てはまる。

決断を下して前に進みたいなら、脳は一貫した自我を生み出し、それを維持しなければならない。自分にとっての良し悪しを判断しようと思ったら、まずは自分自身を理解する必要があるということだ。そこでカギとなるのが記憶だ。記憶は自我を無傷に保つ接着剤となる。どういうことかというと、記憶は自我の連続性を保つ手段になるのだ。現実には、人は絶えず進化し変わり続ける。T・S・エリオットも言ったように、「人は、駅を出発したときと同じ人間ではないし、終着駅に到着するときも同じ人間ではない」。生物学の観点から見ると、私たちの細胞ですら、七年かそこらで完全に入れ替わる。この変化のあいだもずっと、記憶とその過去とつなぐことのできる能力があるから、私たちは一貫した自我を保っていられる。毎朝目覚めると、身体的な要素は多少変わっているものの、記憶が一貫して整合性のある個としてまとめあげてくれるのだ。

しかも、独自にリミックスされた記憶によって構成される個々の自我のほうも、一貫した状態でいさせようと働きかける。新しい何かに遭遇したり、新たな決断を下すことになったりすると、整合性のとれた自我と矛盾のないように対処しようとする。ここで何らかの矛盾が生じれば、心理学用語で言うところの「認知的不協和」[24]を招く。これは心理学の分野でもっとも早くに発見された現象の一つであり、その影響は極めて強い。自分の思いと行動に矛盾があると、人は不快感を覚え、その矛盾を解消したくなるのだ。

たとえば、あなたはベジタリアンで、肉は食べないという信念を抱いているとしよう。あるとき、友人と一緒に飲みに出かけることになった。そしてあれよとあれよと楽しい夜を過ごしていたら、午前二時にタコスの店に行き着いた。そういう状況になれば、酔った友人からそれほど無理強いされなくても、牛肉を使ったカルネ・アサダ・タコスを食べても不思議はない。

もちろん、そうすると矛盾が生じる。「肉は食べない」という信念に、「カルネ・アサダ・タコスを食べた」という事実は矛盾する。このままではいけない。この認知的不協和を解消しなければ。方法は二つ。一つは事実を否定する路線で、「タコスを食べたというか、ちょっとかじっただけ。食べたうちに入らない」という具合だ。あるいは、おそらくこちらのほうが合理的だと思うが、自分のとった行動を受け入れて、それまでの信念や自意識を見直す方法もある。「カルネ・アサダ・タコスを食べたのは間違いない。基本的に肉は食べないが、たまに食べることもある」と自分に言い聞かせるのだ。

認知的不協和は、マーケティングの黒魔術だ。消費者に対し、自身が思い描く自分と現状の自分のあいだにわざと不協和を生み出せば、認知的不協和を与えることができるのだ。この手法はとりわけ、ライフスタイル（ファッションやスポーツカーなど）に関係するブランドに顕著で、彼らは広告を使って、憧れているものやまだ成し遂げていないことを消費者に思い出させるメッセージを送る。

たとえば日産のエクステラというSUVは、二〇代半ばか二〇代後半のごくふつうの人が、砂丘というふつうは走らない場所をエクステラで走る広告を展開した。[25]こうした演出について知りたいなら、ほかにもアクションカメラのゴープロやレッドブルのユーチューブチャンネルが参考になる。エクステラのCMは、エクステラで砂丘をのぼりきると、乗っていた若者たちが車から出てきて、スノーボードで砂丘を滑り降りる場面で幕を閉じる。⑤

日産がこの広告で伝えたいのは、「イケてる若者は日産の車を買って、こういうかっこいいことをする」というメッセージだ。CMを目にして、そのメッセージを受け入れる人もいれば、受け入れない人もいる。受け入れなければ、（当面のところは）安全だ。一方、そのメッセージを受け入れ、かつ自身をイケてる若者だと思っている場合、あなたの脳は、その思いとエクステラを所有していないことのあいだに生じる矛盾を解決しなければならない。その場合、エクステラを購入してイケているという思いを保ち続けるか、エクステラを購入せず、自己評価を見直して実はイケていないと思い直すかのどちらかになる。

エクステラのCMのように消費者に憧れを抱かせる類いの広告は、著名人による推薦や巧みなドライビング演出といった表の顔に隠れて、自社商品に好意的な属性を結びつけることで効果が発揮される。広告を通じて、「クール／魅力的／成功者になりたければ、この商品を持たなければならない」というメッセージを投げかけるのだ。その広告の主張を暗に受け入れるたびに、脳はエクステラに突きつけられた問題を解決せざるを得なくなる。

この効果をとりわけ重んじているのが美容業界だ。大手化粧品ブランドのメイベリンには「イレイザー」という名称の商品ラインナップがある。このラインナップに関する雑誌などの印刷物の広告にはすべて、日産と同じように「魅力的になるにはイレイザーが必要である」というメッセージが隠されている。だが、メイベリンは女性に向かって魅力が足りないとか、魅力的になりたいならイレイザーが必要になると、あからさまに伝えることは絶対にない。そんなことをする必要がないのだ。認知的不協和がその仕事を黙って引き受けてくれる。意志の強い女性なら、そのメッセージをはねつけて終わりだ。だがそうでない女性たちには、「自分は魅力的だろうか？」という疑問が残る。そして魅力的だと思ってメイベリンのイレイザーを買いに出かけるか、「自分はしょせん魅力的ではない」と自分に対する評価を変えるかして脳に生じた不協和を解消することになる。

憧れを抱かせようとする広告メッセージをはねつけることができて、実際に拒む人は大勢いるが、逆に、拒みやすい類いの広告メッセージというのもある。広告は単なる宣伝だとの認識を持てば、映画を非現実の世界の話だと認識するのと同じで、広告のメッセージから距離を置くことが可能になる。アンダーアーマーのヘッドフォンのプロモーションで、ザ・ロックことドウェイン・ジョンソンが披露するタンクトップ姿はたしかに素晴らしいかもしれないが、それを見たときに、「彼は有名人だし、ヘッドフォンをつけていてもいなくても、アクションスターのように見えて当然だ」と思えば、ブランドのメッセージに取り込まれることはない。

だが、著名人を「非現実的な憧れの対象」と分類することは比較的容易でも、インフルエンサーとなると話は別だ。どれほど意志が強く断固たる決意を持った人でも、ソーシャルメディア上では不協和を感じる瞬間は必ずある。ユーチューブやインスタグラムなどに投稿されるコンテンツに、脳内で「非現実的」のタグ付けをするのは難しい。そこに出てくる人たちは、「著名人」とは反対の現実的な「一般人」に見えるからだ。口紅を宣伝するアンジェリーナ・ジョリーは無視できても、カリスマ的人気を誇る美容ユーチューバーのパトリック・スターが同じ口紅を宣伝したら、そう簡単には無視できない。

認知的不協和と作話《さくわ》

広告を受け入れて購入すれば、認知的不協和は解消されるが、これが唯一の策ではない。解消する方法はほかにもある。心理的な現実を変えればいい。要するに、「カルネ・アサダ・タコスはちょっとかじっただけ」という具合に記憶を修正するのだ。そうすれば、記憶と行動の関係を修正することは可能となる。これは、行動が記憶を操るということだ。

人間の脳に備わった合理的に考える能力は、限界がないように思えて本当に驚嘆に値する。[26]だが、脳が特定の損傷を受けると、その能力はさらに極端なものとなる。カプグラ症候群がいい例だ。この症状は奇妙極まりない。患者は想起や計算、言語の使用にいたるすべての認知機能を維持しているのだが、それと同時に一つの新たな思いを具体的に強く抱く。それは、患者の愛する人が瓜二つの別人に入れ替わったという思いだ。高名な神経科学者のV・S・ラマチャンドランがその原因を調査したところ、顔に関する記憶をつかさどる部位と感情の顕現をつかさどる部位のつながりが切断されるという、非常に限定的な脳の損傷によって引き起こされると判明した。

カプグラ症候群患者がとる行動は、そうでない人には奇異で非常識に思えるが、彼らにとってはそう行動することでしか、論理的な整合性がとれないという。たとえば親の顔を見ると、温かな独特の心地よさを覚えるものだ。それが当たり前になりすぎて、そういう気持ちが生まれてもほとんど気づかないが、その感情はつねにある。しかし、顔に関する記憶と感情のつながりが切断されると、感情の温かみは生まれない。心理的に起きているこの奇妙な状態のつじつまを合わせるには、目の前のその人物は自分の父親ではなく、瓜二つの別人が父親のふりをしているという説明しかない。つまり、心のなかの現実に即して考えや説明を変えるということだ。

　脳卒中を起こして半身麻痺となり、左側頭葉と頭頂葉（自身の身体の位置情報などを認識する「固有受容感覚」をつかさどる領域）の境目付近を損傷した患者も、カプグラ症候群に似た不協和を被る。左腕がまったく上がらないなど肉体的に麻痺しているのは明らかなのに、それを否定するのだ。[27] 腕を動かしてみてと告げると、患者は実にさまざまな言い訳や理由を口にする。たとえば、「疲れていて無理」「そういう気分じゃない」「動かせるけど、病院内にいる麻痺患者の人たちを嫌な気分にさせたくない」などだ。なかには、動かしているのにちゃんと見ていないと医師に文句を言う患者までいる！ また、「ソマトパラフレニア」[28]を示す患者もいる。これは、動かすように言われた部位はたしかに動かないが、それはそもそも自分の手足ではないと主張する行為のことだ。彼らの作話（記憶障害が原因で起こる作り話）は本当に尽きるところを知らない。

　いまあげたような例は、一見するとどうかしていると思うかもしれないが、こうしたことは脳が損傷を負ったときだけに起こるものではない。健全な脳も絶えず作り話を生み出している。『サイエンス』誌に掲載された実験[29]を紹介しよう。ペター・ヨハンソン率いる研究チームが、参加者を集めてシンプルなタスクを課した。非常によく似た顔写真を二枚並べて、どちらのほうが好きか答えてもらうというものだ。その後、選んだ写真を渡してその顔を選んだ理由を説明させた。

　ただし一部の参加者には、もう一方の写真、つまりは選ばなかったほうの顔写真を渡した（二枚の写真はほとんど区別がつかないほど似ている）。注目すべきは、彼らが語った説明だ。その理由はもっともらしく、真実味があった。「こちらの顔を選んだのは、メガネをかけているから」「髪型が好きだから」「最初に見たときに目に飛び込んできたのがこちらだったから」という具合だ。選ばなかったほうの顔写真を渡した参加者についても、決断にいたった経緯の説明は、選んだ顔写真を渡した参加者と同じく説得力のあるものだった。

消費者を対象にした実験でもよく似た報告がある。顔写真がジャムに変わっても、[30] 結果は非常に似通っている。実際にはラズベリージャムを選んだ消費者に、りんごジャムを選んだと思い込ませると、自分が選んだのはりんごジャムだと言って頑なに譲らない。本当は選んでいないにもかかわらず、りんごジャムの美味しさを褒めそやし、自分の選択を正当化する立派な言葉を並べ立てる。これでは、マーケターが商品の特徴をいくら宣伝しても、すべて時間のムダに終わるのではないか！ 消費者は、自分で選んだと思うものなら何でもいいのかもしれない。ソマトパラフレニア患者のような発言は、誰がしてもおかしくないのだ。

この事実から、意思決定に潜むさまざまなことが見て取れる。ニューヨーク大学で心理学を研究するジョナサン・ハイトはこう述べる。人は、「実際にいるのは記者会見室でも、大統領執務室にいるつもりになる」のだ。これまでに、あとから自分を正当化するハメになった「誤った判断」はいくつあるだろう？ これについては、本書の後半で意思決定を取り上げるときにあらためて触れるが、いま注目してもらいたいのは、自分自身の行動の釈明が必要になるという事実だ。ひとたび「選択」をすると、それに対する筋を通さねばならない。その選択は「円満に行われたもの」であり、過去の行動や自分が信じる自分と合致する必要がある。つまり、自分が守りたいストーリーと一致させるために、体験の記憶とその記憶の説明は必然的に歪められるということだ。

その例は、さまざまな形で消費の世界に見受けられる。「買いすぎ」もそのひとつだ。現実に必要とするより明らかに多く買うと、人は心の奥底で買いすぎを自覚する。それと同時に、自分のことを全体として合理的で誠実だと思いたい。さて、これはどう説明をつければいいのか？

その答えは、マーケティングの世界では「機能的アリバイ」[31]と呼ばれている。ハーバード・ビジネススクールの研究チームによると、自分を甘やかす快楽的な買い物の場合、ちょっとした実用的な特徴が含まれていれば、それが売上を大きく伸ばす要因になりうるという。研究チームの一員であるアナット・ケイナンは、『アトランティック』誌のインタビューでこう語っている。「人はみな、自分は合理的だ、自分は賢い買い物ができる、自分は無駄遣いをしない、周囲の気を引くためだけにものを買うような人だと思われていない、と思いたがっている」。ハマーを例にあげよう。この車の価格は六万ドルで、公道仕様とはとても思えないほど燃費が悪い。大きくて目立ち、おまけに価格も高い。だが、広告で安全性について少し触れるだけで、消費者の正当化する気持ちをつかむには十分だ。消費者は実際、かっこいいという理由で欲しくても、「安全だから買う」のだと自分に言い聞かせる。買うときの脳にとって、安全性の高さはいちばん最後に考えることだが、自分を正当化する意識にとっては、いちばん最初に考えることとなのだ。

これとよく似た傾向は、ほかの自動車メーカーにも見て取れる。大手広告代理店オグルヴィUKの副会長を務めるロリー・サザーランドもかつてこう述べた。「テスラに乗る人は、買おうと思った最初の理由が何であれ、その車の環境に配慮した特徴のことで頭がいっぱいになる」[32]

過去に固執する

思いと行動を一致させたいという衝動は、ある種の惰性のような行動をとらせることにもつながる。具体的には、過去の特定の要素にとらわれ続けるのだ。人にはなぜか過去に固執するところがあり、その状態で意思決定を下すと、おそろしく不合理な決断を招くことになる。行動経済学者が呼ぶところの「サンクコストの誤謬《ごびゅう》」もその一つだ。たとえば、二年前に購入した中古車をしょっちゅう修理に出している人がいるとしよう。その人の同僚が、なぜ車を買い替えないのかと尋ねると、その人は「修理にお金をかけているから、新たに買い替えると割に合わない」と答える。こうした態度がサンクコストの誤謬であり、過去の情報を使って現在や未来に関する決断を下すと、まったく理にかなっていない判断をすることになりかねないのだ。

しっかりと考えれば、その判断がいかに不合理かがよくわかる。人は、あることに固執するのをやめてしまえば、それについて過去にかけてきた手間がすべてムダになると思いがちだ。しかし、過去はすでに過ぎ去ったものだ。実利で考えれば、未来にどんな行動をとろうと、時間にしろ、お金にしろ、すでに「ムダにした」という事実は変わらない。購入した車にどんな過去があろうと、未来には無関係なはずだ。修理に払ったお金はもうない。論理的に考えて、いま重要なのは、「これから先」手持ちの中古車にかかる費用と、車の買い替えにかかる費用のどちらが多いかだ。しかし、過去の購入を尊重するという不合理な考えにとらわれて、「使ったお金に価値を持たせよう」としてしまう。

マーケターはとりわけ、見込み客の獲得に向けてサンクコストの誤謬を活用するのに長けている。もっとも簡単な活用法の一つがeメールアドレスの収集で、まずは消費者に時間を使わせてからメールアドレスを尋ねることが収集のポイントの一つとなる。すでにフォームへの入力に時間を使ってしまった状態で、最後のメールアドレスの入力を拒否しようとはなかなか思わない。今度「あなたはハリー・ポッターのキャラクターで言えば誰にあたるか」を確かめる診断テストの類いに遭遇したら、テスト結果を送るためにメールアドレスの記載が求められるか確かめてみるといい。回答した最後にメールアドレスを尋ねられたら、そのフォームはサンクコストを意識したつくりになっている。

あなたが勤めている会社の職務の一環として金額の大きな何かを購入する決断にかかわったときは、サンクコストの誤謬が影響したと思って間違いない。セールスフォース・ドットコムは、顧客管理ツールを設計・販売する企業だ。同社が提供するソフトウェアは、数千ドルのものもあれば数百万ドルするものもあり、その金額はソフトを使う会社の規模による。まずは小さな関係(メールを送ったら無料で電子書籍がもらえる)を構築し、その後、中くらいの関係(電話番号を登録したらオンラインでソフトを試せる)、さらには大きな関係(オフィスで個人的に実際にソフトを試せる)と進んでから、最終的に契約を求めるというのがセールスフォースのやり方だ。やりとりが増えれば増えるほど、費やした時間が増えるので、顧客は断りづらくなるのだ。車のディーラーも昔からずっとこのやり方を踏襲《とうしゅう》している。交渉が長引くほど顧客が使った時間が増え、よそに足が向かわなくなるからだ。

サンクコストの誤謬を知ると、「どちらか一方あるいは両者とも関係を解消したがっているのに関係を保ち続けてしまう理由」を新たな視点から見直せるようにもなる。[33] そういう状態に陥っている人は、自らに「でもせっかくここまで関係を続けたのだから」と言い聞かせている。その奇妙な自己の正当化によって、ある種の心理的な惰性にとらわれてしまうのだ。優秀なマーケターは、時間とお金、あるいはその両方を巧みに最初に投資させる形をとって、商品やサービスを使わせようとする。その流れに消費者が乗ってしまえば、サンクコストの誤謬により、惰性で使わざるをえなくなる。だが、映画『マグノリア』の有名な台詞にもあるように、「過去との関係を絶ったつもりでも、過去は追いかけてくる」のが現実だ。

記憶は静的ではないし、固定されてもいない。それどころか、脳の可謬性、その実利主義、一貫性を求める衝動のせいで絶えず変わり続ける。正確さという意味では、記憶は動画の再生の足元にも及ばない。せいぜい本人の許可や自覚のないところで、脳がフォトショップを使って絶えず加工する写真くらいのものだ。脳は未来を計画するために、創意工夫を凝らして過去を構築する。そのプロセスで、ときには正確さが犠牲にされる。

この変形が可能であるという記憶の性質を認識しておくことは大切だ。なぜなら、記憶と行動は密接に結びついているからだ。記憶は状況と相まって、行動を誘発する。また、奇妙なことに、行動も記憶を誘発することがある。

だからこそ、記憶は一大ビジネスとなったのだ。記憶を使えば利益を上げることが可能になる。しかも、そのやり方は思いがけないものだ。消費行動の記憶以外の側面もそうだが、ブランドにとっての機会は、消費者心理の奇妙な特性にある。現実と知覚の溝、もっと具体的に言うなら、体験、記憶、行動の溝を脳が無意識に埋めようとするプロセスにチャンスが潜んでいるのだ。暗黙のうちに消費者心理を理解したにせよ、実験と失敗を繰り返して理解したにせよ、ブランドはどんなマーケティングキャンペーンや広告を展開すれば、消費者のそうした奇妙で特異な性質を利用し、行動を誘発させられるかを心得ている。

幸い、この知識は消費者自身も活用することができる。「記憶が行動を主導する場合は、状況が一定の効能を持つ」と理解していれば、自分の目的に即して状況をコントロールできるようになる。記憶の可謬性を理解していれば、自分の記憶をどの程度信頼するかを適宜調整できるようになる。思いと行動を一致させたいという衝動を理解していれば、過去を捻じ曲げて解釈している可能性や、自分が不利益を被る形で解釈する可能性に目を向けられるようになる。

ボブ・ペトレラのように、驚くほど詳細で正確な記憶を誰もが持てるようになる日はおそらくこない。だが、もっと価値があると言えるものを手にすることはできる。記憶の可謬性をもっと強く意識するのだ。マーケターがそれをどのように利用しているのか、自分で記憶をリミックスするという落とし穴にはまり込むのを防ぐにはどうすればいいか、と考えるようになればいい。

第5章

二つの意識

消費者が決断を下すときに衝動が果たす役割

あなたは引退を間近に控えたCEOで、後任を決める必要性に迫られている。候補者は、クリスとサムの二人に絞り込んだ。それぞれが考えるリーダーシップ像を以下にまとめた。あなたならどちらを選ぶ？

クリスの考え

●どんなに非論理的であっても、直感は指導者の特権である。
●ときには感情のまま進まねばならないことがある。
●ポーカーはするがチェスはしない。

サムの考え

●類いまれなリーダーは、自制心をもって自らを律する。

●論理は英知の始まりであって、終わりではない。
●感情を制して感情に支配されないようにする。

SFテレビドラマ「スタートレック」のオリジナルシリーズのファンならお気づきだと思うが、クリスにはカーク船長、サムにはスポックが反映されている。作品上の二人のキャラクターが体現するのは、脳が決断を下すときの基本となる二種類のやり方で、一つは素早く直感的に決断を下すやり方、もう一つはゆっくりと論理的に考えて決断を下すやり方だ。行動経済学者でノーベル賞を受賞したダニエル・カーネマンは、その二つの思考をシステム1（速くて直感的）、システム2（遅くて計画的）と呼ぶ。カーク（システム1）は直感を使ってする必要のあることを行い、ゆっくりと時間をかけてすべきことは何かと考えたりしない。スポック（システム2）はその逆で、決断に時間をかける。慎重な統制を実践し、考えうるあらゆる要素をじっくりと分析してから論理的な結論として最適なものにたどり着く。

私たちが決断を下す理由の大半は、主に制御の仕方に帰着する。要は、慎重に考えるプロセスをどのように制御するかで決まるのだ。そしてそのやり方は、カークのように直感に従って行動するか、スポックのように意識して自らの意思決定プロセスを支配しようとするかのどちらかになる。

カークのような意思決定の仕方は、オートマ車を運転するのに似ている。車のボンネットの中で起きている一切について考える必要はなく、ただ運転すればいい。一方、スポックのような意思決定の仕方はマニュアル車の運転に近い。エンジンの速度や速度計、ギアの状態などについて能動的に考える必要がある。このマニュアルモードでは、時間をかけて合理的かつ計画的に分析したうえで決断を下す。

私たちの脳の初期設定はカーク方式で、スポック方式は例外だ。とはいえどちらの方式も、消費者が購入するもの、タイミング、量に影響を及ぼすことを目的としたマーケティング戦略に弱い。

初期設定モード

第2章で、私たちが意識して向ける注意は非常に限定的だと述べた。そのため、脳はシンプルなショートカットを使って「最善の推測」として現実に妥当なものにたどり着き、それが行動に反映される。意思決定に際しては、これと同じ構図がいっそう顕著になる。私たちはつねに、関係する情報がすべてそろっていない状態で決断を下す。アイスクリームショップに入っても、全種類を試食するわけでもなければ、それぞれの味に関する記憶を呼び覚ますこともない。ストロベリー味とチョコレート味の短期的、長期的なメリットを、注意深くじっくりと検討することもない。そんなことをすれば、その店に一日中いることになってしまう。実際には、ラインナップにざっと目を通したら、どれか一つが「必要十分」に見える。人間の脳は「必要十分」が大好きだ。

人が向ける注意に限りがあることに加えて、処理する情報について深く考えたがらないところがある。ほかの条件がすべて同じなら、脳は思考が少なくすむほうを好む。解決策にラクにたどり着けるルートがあれば、毎回必ずそのルートを選ぶ。このような安定した特性は、「法則」と呼ぶのにふさわしい。脳には知的労力最小化の法則があるのだ。

だが、数独やクロスワードパズル、ジグソーパズルが好きな人についてはどう説明できるのか？　そういう人々は実際、考えることが好きではないのか？　たしかに、特定の種類の思考や知的興奮を本質的に楽しいと心から感じる人はいる。しかし日常ベースとなると、それ自体は楽しくない思考を強いられれば、パズル好きな人の脳であっても考える労力を減らそうとする。これが知的労力最小化の法則だ。

もちろんこの法則は、意思決定に対して多大な影響を及ぼす。それはシェーン・フレデリックとダニエル・カーネマンの有名な実験[1]で実証されていて、カーネマンの著書『ファスト&スロー』でも言及されている。彼らは実験の参加者に次のシナリオを提示して、瞬時に回答するようにと求めた。

バットとボールの料金は一・一ドル。
バットはボールより一ドル高い。
ではボールはいくらか？

あなたが実験に参加した大半の人と同じなら、〇・一という答えにたどり着いただろう。この実験は、MIT（マサチューセッツ工科大学）、プリンストン大学、イェール大学に在籍する大学生を対象に行われ、約五〇パーセントが同じ回答だった。だが、ちょっとした計算を行えば、それは不正解だとわかる。ボールが〇・一ドルなら、それより一ドル高いバットは一・一ドルとなり、合算すると、一・一ドルではなく一・二ドルになる。シナリオの要件を満たすには、ボールの価格は〇・〇五ドルとなるはずだ。そうすれば、バットの価格はそれより一ドル高い一・〇五ドルとなり、バットとボールの合計金額は一・一ドルとなる。

このシナリオを初めて読んだ人の大半は、直感がささやく「ボールの価格は〇・一ドル」という回答が頭に浮かび、それをそのまま答える。脳はその答えで十分満足し、わざわざマニュアルモードに切り替えてさらなる分析は行わない。答えが間違いであっても関係ない。カーネマンの著書にもあるように「思考をとめても大丈夫という安心感が厄介」なのだ。脳の怠惰のせいで、マニュアルモードに切り替えて思考することは、口で言うほど簡単にはいかない。

おそらく想像がつくと思うが、脳が初期設定の計画的な思考を抑えるモードにあるときは、非常に暗示にかかりやすい。何か極端なことが起こってマニュアルモードが必要となる状況にならない限り、初期設定モードであり続ける。

脳が知的労力最小化の法則に固執し、オートマチックでの操作を好むと考えれば、人間の行動のかなりの部分に説明がつく。検索エンジンを使うときのことを思い返してみてほしい。何かをグーグル検索していて、二ページ目や三ページ目に進むことがどれだけあるだろう？　おそらくは、一ページ目から動かないのではないか。ほとんどの人は次のページやその次のページをクリックせずに、別の言葉で検索し直して、望む答えを求めようとするだろう。最初のページですら、クリックの前に、表示される一〇件すべてに目を通しているだろうか？　いちばん上に表示される結果を必要十分だと思えば、まずはそれをクリックし、その後二番目、三番目の結果に目を通すのではないか。そうしたグーグル検索をするときの態度は、ネットを閲覧するときの一般的な態度を表している。要は、正確さでなくスピードを重視するのだ。記憶において正確さより一貫性が優先されるように、意思決定では正確さよりスピードと手軽さが優先されるのだ。こんなことでは、人間が誤りを犯しやすい生き物となるのも当然だ。

グーグル検索のときに正確さを求めると、クリックする前に、各ページに表示される検索結果を一つひとつ吟味することになる。理論的には、そのやり方が探しているものが見つかる可能性をいちばん高めてくれる。だがそのためには、脳をマニュアルモードに切り替えなければならない。脳にしてみれば、隅々まで読んで正しく推測するよりは、ざっと目を通して間違った推測を立てるほうがいい。おまけに「戻る」ボタンによって、どんな間違いも実質的になかったことにしてもう一度やり直せるので、その存在が脳の怠惰にますます拍車をかける。素早く立てた推測が間違っていたところで、その代償はほぼ皆無だ。

消費の世界は、消費者が抱く考えたくないという望みを歓迎し、考えなくても簡単に購入を決断できるようにしてくれる。それがいちばんよくわかるのはオンラインだろう。たとえばウェブデザイン。ウェブを閲覧するとき、英語が母語の人にとってはF字型に沿ってページに目を通すのが自然な動きとなる。優秀なウェブデザイナーはこのパターンを取り入れて、自然で自動的な選択傾向と一致させる。要は見てもらいたいものをFの線に沿って配置するのだ。よってウェブサイトの主な操作ボタンは、ページの上部に横に並ぶか、ページの左側に縦に並ぶかのどちらかとなる。

興味深いことに、中東諸国の大半では、左から右に線が伸びるFが反転した形が主流となっている。[2] それはなぜか？　中東で使われているファルシ語、ヘブライ語、アラビア語などの言語は右から左に読むからだ。英語をはじめとするヨーロッパで話されている言語のほとんどは、左から右に読む。読むという作業はオートマチックモードで行われるものなので、ウェブページのデザインをその自然な流れに合わせれば、閲覧のときの負荷は限りなく小さくなる。

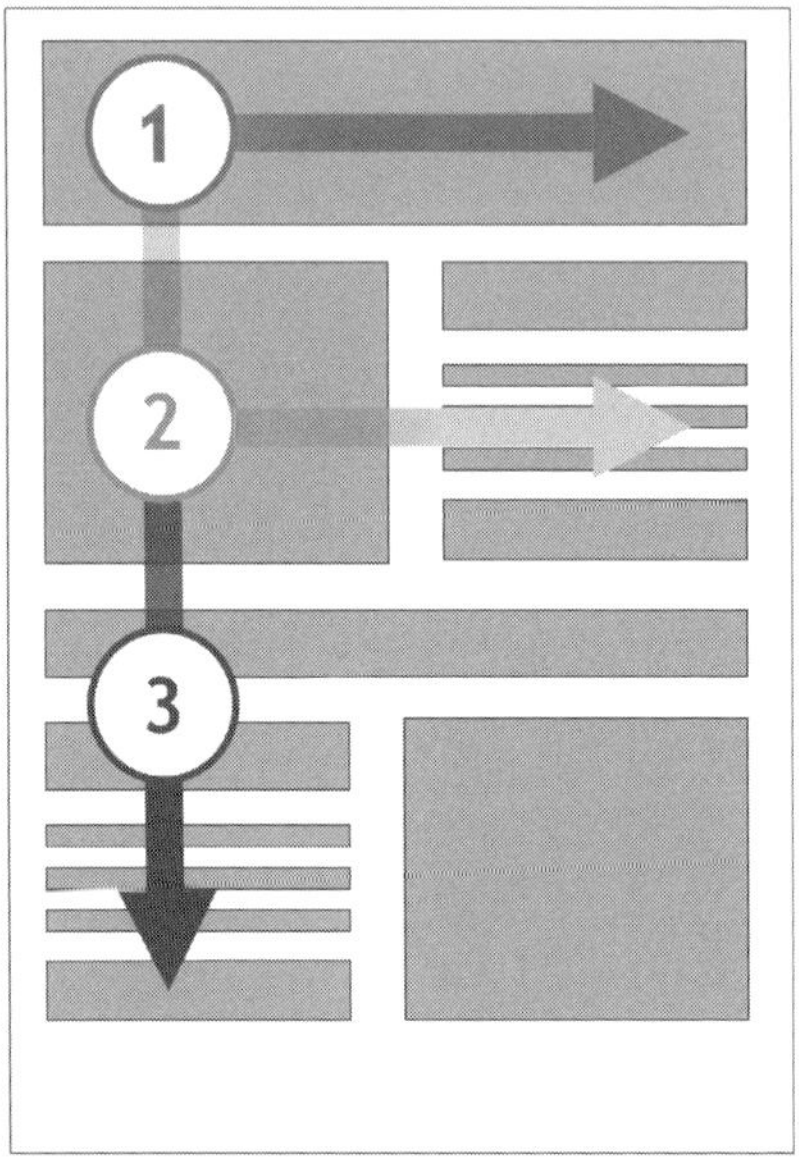

ウェブを閲覧するとき
英語を母語とする人にとってはＦ字型に沿ってページに目を通すのが自然な動きとなる

ウェブにデジタルで表示されるデザインの要素でも、見やすさが重視されている。たとえば、可能な限り文字は避けてアイコンに置き換える。「ショッピングカート」という文字を読むより、を見るほうが、知的労力は少なくすむ。言葉を使うにしても、段落は短くする。文章は、大見出しや小見出し、箇条書きを使って分割し、重要な言葉は太字にするのが定石だ。

脳があからさまにそうしたデザインの要素を好むことを、私たちはふだん意識しない。とはいえ、ウェブサイト、モバイルアプリ、ソフトウェアを使っていて「心地よさ」を感じることはよくある。使い勝手が好きなアプリがある反面、二〇一八年あたりのスナップチャットやそれで創作した作品のように、その使い勝手が嫌でまったく触らなくなるものもある。

デジタルライフを送るなかで、脳のオートマチックモード用にものづくりをする企業に対しては、不満を抱くより感謝することのほうが多い。結局、テクノロジーの価値は使いやすさで決まる。だがずる賢い一部の企業は、脳がオートマチックモードを好むという性質をわかったうえで、それを利用して負荷を取り除くどころか生み出している。知的労力最小化の法則を逆手に取って、消費者に見てほしくないことをやってほしくないことを、知的労力の壁の向こうに設置しているのだ。

お気に入りのeコマースサイトを思い浮かべてみてほしい。そのサイトはきっと、できるだけスムーズに会計に進めるようにデザインされていることだろう。では、何かを返品したいと思った場合についてはどうか？　返品に関する案内は、たいていなかなか見つからない。理論的には、返品に関する情報が見つけづらいほど返品率は下がる。

フェイスブックに関しては、プライバシーの保護に問題があるという表現ではとうてい物足りない。同社は利用者のデータで儲けている。何に「いいね！」を押し、何をシェアし、何にコメントし、何を閲覧したかを総計して広告主に販売するのだ。そうしたデータは広告のターゲット選定の向上に使われる。そういうわけで、フェイスブック上で「いいね！」を押す、投稿をシェアする、投稿にコメントする、タイムラインをスクロールすることは、負荷なくできる。どこにあるかが明確なので自動的にできる、いや、自然に行うといっても過言ではない。だが「いいね！」やシェア、コメントではなく、プライバシー設定を変更してフェイスブックに自分のデータで儲けさせないようにしようと思うと、そう簡単にはいかない。画面上のどこへ行けばいいのか？　何となくホーム画面の右上部だろうと当たりをつけても、その次はどうする？　こうなると、怠惰な脳をマニュアルモードへ切り替えざるをえなくなる。これは脳にとって好ましいことではない。

ウェブサイト上でマニュアルモードへの切り替えを求められるのは、偶然ではない。そこには、利用者に見つけてほしくないという企業の意図が働いている。

初期設定を定める

世界に一三億人以上のユーザー基盤を持つユーチューブは、インターネット全体で二番目に訪問者の多いサイトの地位を確立している。一つ下にはフェイスブック、そして一つ上には親会社のグーグルが名を連ねる。[3] 中国という巨大市場でいまだ禁止されているというのに、世界全体で一〇億時間以上がユーチューブに費やされている。テレビドラマ「ジ・オフィス」のアメリカ版には、無神経な言動で部下を振り回す主人公マイケル・スコットの「初めてユーチューブを知ったときは、五日間仕事しなかった」という有名な台詞が登場する。ユーチューブが脳にとっての標準であるオートマチックモードをどのように活用しているかを見ていくと、そうなる理由がよくわかる。

ユーチューブのサイトには、一分あたりにつき四〇〇時間以上の新たなコンテンツが投稿されるので、ユーザーにとって新しいコンテンツが足りなくなることはない。ユーチューブはユーザーの初期設定モードにできるだけ合わせようと、精度がどんどん高まる「おすすめ動画」という機能を考案した。これは機械学習のアルゴリズムで、ユーザーの検索履歴や視聴履歴、人口統計学的属性を踏まえて次の視聴に最適な動画を見つけ出し、ユーザーに視聴を続けてもらうためのものだ。[4]

たとえば、幼児が赤ん坊に指を噛まれる動画「チャーリー・ビット・マイ・フィンガー」を初めて視聴すれば、次に視聴するおすすめとして「愉快な赤ちゃん動画トップ10」が画面に表示されるだろう。それを視聴し終えたら、赤ちゃんの邪悪な顔を集めた動画がすすめられる。視聴を終えるたびに新たな動画をおすすめされ、気づいたら、お騒がせセレブで知られるキム・カーダシアンの赤ちゃんは秘密結社イルミナティの一員だと信じるようになっている。四時間前にユーチューブにアクセスしたときは、みんなが驚いたと言っていた動画を自分も観てみようと思っただけだというのに。サイトの訪問者に応じて非常に優れた精度で次の視聴に最適な動画を予測するエンジニア集団の存在を思えば、本書を執筆している時点でサイトの平均利用時間が毎年六〇パーセントずつ跳ね上がっているのもうなずける。

二〇一四年、この程度の成長ではまだ足りないと言わんばかりに、ユーチューブは公式サイトに自動再生機能を搭載した。いまでは次のネコ動画をクリックしなくても、短いカウントダウンに続いて自動的に再生される。大した違いではないと思うかもしれないが、この自動再生機能の登場により、ユーチューブは実質的に初期設定をつくりあげた。自動再生される流れは私たちの脳の性質に即しているので、脳は何もしないまま素直にそれに従う。

ユーチューブが自動再生機能を実装したすぐあとに、ネットフリックスが「次のエピソード」を自動的に再生するというよく似た機能を採用し、シリーズものを視聴すると次の回が自動で再生される流れを初期設定とした。ユーチューブ同様ネットフリックスもすでに成功を収めていたが、この機能の採用で視聴率が新たな高みに跳ね上がった。『僕らはそれに抵抗できない』の著者アダム・オルターも指摘しているように、このときに「イッキ見」という現象が誕生した。グーグルが提供する、検索トレンドを確認できるサービスによると、二〇一三年の一月から「イッキ見」や「ネットフリックスの一挙配信」という言葉が現れ始めたという[5]。「次のエピソード」機能が実装されてからほんの数カ月後のことだ。ネットフリックス独自の調査によると、二〇一三年にイッキ見したことのある成人会員の割合は六〇パーセントを上回り、そのほとんどが、わずか四〜六日で一つのシリーズをイッキ見し終えたという[6]。当然ながらアマゾンやＨＢＯも直ちにその流れに続き、自動再生は業界標準となった。

このような初期設定の影響力は大きい。というのは、安全で表面上はリスクのない現状が自然に継続されるからだ。自動再生機能があれば、視聴し続けることが初期設定となるので視聴熱が高まり、視聴をやめるには意識的な行動が必要となる。初期設定を拒むには、脳をオートマチックモードからマニュアルモードに無理やり切り替える必要があり、それはご存じのとおり、脳が嫌がることだ。

こうしたことは動画だけにとどまらない。たとえば、自動車保険に加入するときについてはどうか。保険には一般に、補償範囲を広げるさまざまなオプションがある。事故を起こした際に、相手方のドライバーへの補償だけできればいいのか。それとも、自分や自分の車に対する補償もつけるのか。実は、初期設定に何が含まれるかが、新規加入者が最終的に選ぶ保険に大きく影響する。仮に、自分が求めていない「台風補償」が初期設定に含まれていて、自分で変更しない限りはずせないとなれば、その補償を含めたままにする。だが逆に、自分であえて選ばない限り補償がつかないとなれば、わざわざつけようとはしない。

ニュージャージー州とペンシルベニア州の納税者は、一九九二年にその人体実験をさせられるハメになった[7]。その年、どちらの州も無過失保険体制に切り替えた。これにより、訴えを起こせる権利を不法行為にもとづく損害に限定すれば、保険料を抑えられるようになる。そこまでは両州とも同じだが、その設定の仕方が違っていた。ニュージャージーでは訴訟権利の限定が初期設定とされ、ペンシルベニアでは自ら権利の限定を選択しない場合は完全な権利を選んだものとされたのだ。そしてこの小さな違いが、人々の行動に多大な影響を及ぼした。ペンシルベニアでは七五パーセントが完全な権利が補償された金額を支払ったのに対し、ニュージャージーでそれをしたのはわずか二〇パーセントだった。

同様の影響が見受けられることはほかにもたくさんある。学生ローンの返済[8]をはじめ、意外にも、臓器提供の意思表示にも影響が及ぶ。オーストリアなど自ら拒否しない限り臓器提供するものとされている国々の臓器提供率は約九〇パーセントだが、アメリカやドイツのように提供する意思表示を求められる国々では二〇パーセント程度しかない[9]。

消費の世界では、人々の行動に影響を及ぼすことを目的として初期設定をつくることが可能だし、実際にそうなっている。ニューヨーク市はおそらく、いまだウーバーやリフトをしのぐ数のタクシーが走るアメリカ最後の都市だろう。二〇〇七年、クレジットカードでタクシーの支払いができるようになると、その支払いシステムには巧妙にもカードで払う際のチップの割合が初期設定に組み込まれた。二〇、二五、三〇パーセントのいずれかを選択するのだ。では、一〇パーセントや一五パーセントにしたいときはどうすればいいのか？　初期設定から離れて一歩踏み込まねばならない。要は自分でチップの金額を計算するのだ。現金で支払われていたころ、ニューヨーク市でタクシーに乗ったときに払うチップは料金の一〇パーセントが相場だった。だが新たにクレジットカードでの支払いの際の初期設定が導入されてから、相場は二二パーセントに跳ね上がった。三つの選択肢を初期設定としたことで、タクシーの売上は年間一億四四〇〇万ドルも増えたという！　同様の効果は、スクエアなどの電子決済サービスに初期設定が導入されたときにも見受けられた。[10、11]　消費者がそうした初期設定を意識することはまずないので、考案者の思い描いた方向にいとも簡単に誘導されてしまう。一度誘導されてしまったら、流されずに抵抗することは至難の業だ。

便利を初期設定にする

「コンビニエンスストア」と聞くと、セブンイレブンなどを思い浮かべる人が多いだろう。だが、筆者は謙虚に異を唱えたい。世界最大のコンビニはアマゾンだ。この二〇年、アマゾンは買い物の利便性の向上に努め、世界でもっとも価値ある企業の一つに躍り出た。そうなった理由には、脳のオートマチックモードに合わせた見事な制度設計がある。二日以内に配達、ワンクリックでの注文の確定、定期購入割引などはすべて、買い物で生じる負荷を排除して脳をオートマチックモードでいさせるための戦略だ。[12]　調査によると、楽しい買い物体験において、購入の便利さと手軽さがもっとも重要な要素となるという。製品そのものの質よりも、それらが重要なのだ。アマゾンの創設者でCEOを務めるジェフ・ベゾス〔現在は退任している〕は、このことをアマゾンを成長させる哲学としている。

スマートフォンやスマートウォッチといったテクノロジーの登場により、オートマチックモードで買い物をするのがかつてないほど簡単になった。オートマチックモードの脳は、決断したい衝動に駆られると、もっとも負荷の少ない道を探し求め、そのときにテクノロジーが潤滑油として作用する。NPR〔アメリカの公共ラジオネットワーク〕が二〇一九年に発表した報告では、アメリカ人の八〇パーセント近くがオンラインで買い物をし、[13] スタティスタ社による二〇一九年のレポートでは、オンラインで買い物をするアメリカ人の四〇パーセント以上が一カ月に複数回オンラインで買い物をすることが明らかにされた。[14] かつては車に乗り込んで目的地まで運転し、駐車して車から降り、店内を見て回ってようやく購入にいたった。だがいまでは、頭のなかで思い描いてデバイスに接続するだけですむ。

企業はいまなお、消費者にお金を使いやすくさせるための新たな道を模索し続けている。それは、脳のオートマチックモードに合わせることで、購入をやめる、ためらうといったことをさせないようにするためだ。アマゾンが導入したダッシュボタン〔この機能は二〇一九年に終了している〕は、消費者が選んだ製品専用の注文ボタンだ。その製品を買いたいと思ったら、いつでもダッシュボタンを押すだけで二日以内にそれが玄関に届く。ノートパソコンを開いてログインし、ブラウザを立ち上げてアマゾンへ行き、欲しい商品を検索してカートに入れ、あれこれクリックして注文を確定させるという負荷の高い買い物体験と比べてみてほしい（こちらはいかにも二〇一八年らしい買い物の仕方だ）。

ボタンを押すことすら億劫だという人には、謹んで有能な友人を紹介しよう。アマゾン・エコーやグーグル・ホームアシスタントといったスマートスピーカーだ。エコーに向かって欲しいものを言うだけで、「マジか！　すごい」と口にする間もなく購入は終わっている。[15] いまではマーケターがエコーやホームアシスタント上で宣伝する方法はないかと騒ぎ立てるようにもなっており、この種の「思っただけで完了する」買い物はいままで以上に簡単になるだろう。

オートマチックモードはビジネスにとってありがたい存在だ。しかし、マニュアルモードは（概して）そうではない。過去の買い物の亡霊がやってきて、昨年に「今すぐ買う」ボタンを押す瞬間に戻れと強要されたとしたらどうなる？　取り消したい買い物は何件になることやら。

マニュアルモード

これまで見てきたように、脳は基本的に流れに身を任せることを好み、オートマチックモードでいたがる。だがときには知的エネルギーを働かせ、マニュアルでの操作が必要になる。

マニュアルモードとオートマチックモードが直接衝突する状況になると、科学の世界で「ストループ効果」と呼ばれる現象を招く。この現象が起こる典型的な例として知られるのは、「文字が表す色とは違う色のインクで書かれた、文字のインクの色を口頭で答えさせる」というものだ。文字が意味する色と実際に書かれている色が同じ（例：「青」という文字が青いインクで書かれている）なら苦もなく答えられるが、そうでない（例：「青」という文字が赤いインクで書かれている）と、答えるまでに時間がかかる。それは、読むという優位に起こる反応を抑え、インクの色の名称を確認するという非直感的なことをマニュアルで行わねばならないからだ。

ストループ効果は実験的な場面にとどまらず、現実世界でもしょっちゅう起こる。たとえば英語しか話さない環境で育つと、別の言語がある程度堪能であったとしても、オートマチックモードは英語で反応する。それは英語を話せない人と会話をしているときや、非英語圏の国を旅しているときであっても例外ではない。微笑ましいエピソードを一つ紹介しよう。NBAで活躍するティモフェイ・モズコフは、ロシア出身の選手だ。彼がNBA担当のキャスターから最近のプレーについて英語でインタビューを受けたとき、彼はうっかり母語で話し始めたことに二〇秒ほど気づかなかった！　センターを務める二一六センチのロシア人選手が顔を赤らめる姿が気になる人は、動画[16]で確認するといい。

オートマチックモードを無効にするには、ゆっくりと審議するモードが必要になる。要は、何かについて意識的に深く考えるようにし、「流れに身を任せ」てはいけないということだ。

所定の状況でオートマチックモードでいるときの行動は、育った環境や時間をかけて慣れ親しんだ環境で決まる。そして、その環境から抜け出さない限り、オートマチックモードで実際にとる行動を自覚することはない。たとえば、生まれ育ったアメリカからイギリスへ移ったとたん、さまざまな困難を体験することになる。これは、クリームの脂肪分の高さやサッカーの試合でのフーリガン行為といった文化的な違いの話ではなく、もっと単純で身近なものの話だ。よく知っている町や都市で道路を渡るときは、ほぼオートマチックモードでいる。だから、歩きながら別のことを考えるのはもちろん、会話をしたり音楽を聴いたりしながら歩くこともあれば、スマートフォンに入力することだってある（あくまでもたまにだ！）。しかしアメリカからイギリスに移れば、オートマチックモードは使えなくなる。イギリスではアメリカとは逆に、車が道路の左側を通行する。道路を横断するときに車が来ないかと左を見るオートマチックモードのときの癖は、イギリスではもはや通用しない。マニュアルモードで対応する必要がある。要は、意図的にオートマチックモードの反応を無効にし、身の安全を守るために見るべき方向について自ら考えるのだ。マニュアルモードで脳を働かせることになるので、以前は簡単に感じていたことを苦労に感じるようになる。

マニュアルモードに切り替えるというのは口で言うほど単純な話ではない。切り替え自体がオートマチックにはできず、マニュアルで行う必要がある。オートマチックモードに任せたい衝動と、文字どおり闘わねばならないのだ。インクの色ではなく書いてある言葉を読み上げたい、母語で話したい、道路を渡るときはつねに左に気をつけたい、といった自然な衝動を抑える必要がある。認知の制御を行うことは、鮭が上流に向かって泳ぐようなものだ。何もかもがオートマチックモードへ向かわせようとするなかで、自らそれに逆らわないといけない。

オートマチックモード（衝動の影響を受けやすい状態）からマニュアルモード（衝動を抑える状態）への移行を可能にするものは何か。それは、神経科学の世界で「認知制御」と呼ばれるものだ。これは衝動を消すのではなく、衝動を抑制する働きのことだと思えばいい。人はみな、「あの美味しいハンバーガーを食べたい」「勉強するんじゃなくてテレビを観たい」というように、特定のことをしたくなる衝動に駆られる。それを実行する人としない人の違いは、衝動の有無にあるのではない。衝動に駆られても実行しない能力の違いによる。

マニュアルモードは衝動に対する意識の鎧だ。このモードになることで、衝動に従った場合と満足を先送りにした場合を検証できるようになる。どちらの道を選んだほうがより大きな報酬を手にできるか検討するのだ。パーティーに出かけて楽しいひとときを過ごすか、それとも、成績平均点を上げて卒業後にできるだけいい仕事に就くために家で勉強するか。ジューシーな味わいがたまらないベーコンチーズバーガーを食べるか、それともサラダにしておくか。五〇〇〇ドルのボーナスをバカンスで散財するか、それとも確定拠出年金として積み立てるか……。

こうした問いに正解はない、と言いたくなる人もいるだろう。だが衝動を抑制する力を一切働かせなかったら、目の前にあるいちばん魅力的な選択肢（パーティー、ハンバーガー、バカンス）をつねに選ぶことになる。マニュアルモードを介して認知制御を働かせない限り、先を見据えた報酬を優先して最初に生じた強い欲求を払いのけることは不可能だ。

衝動を制御する研究には目をみはるものがある。その典型的な例として知られるのが「マシュマロ・テスト」だ。これは幼い子供をラボに招いて、「ここにマシュマロが一個あります。すぐに食べてもいいですが、一〇分待つとマシュマロをもう一個あげますよ！」と告げるという単純なものだ。この実験を撮影した動画は本当に素晴らしい。マシュマロを子供の目の前に置くと、調査員はラボを出る。これでラボに残る子供と美味しいお菓子のあいだには、認知制御という薄いベールしか存在しない。子供が見せる反応は傑作だ。マシュマロを食べたくてたまらないが、我慢して椅子の上で身をよじっている。この状況で見せる反応は、当然ながら子供によってさまざまだ。数分であきらめて食べる子供もいれば、ほぼ問題なくきちんと一〇分待って、二つのマシュマロを楽しむ子供もいる。

初めて行われたマシュマロ・テストの結果は、満足を先送りできる能力と人生の後半で手にするさまざまな重要な成果には驚くべき関係性がある、と示唆するものだった。二個目のマシュマロのために一〇分間待てた子供は、十数年後の大学入試テストで優秀な成績を収め、いい仕事に就いたのだ。この結果を熱心に支持する動きも見られたが、同じ結果を再現するのは困難を極めた。その一因には、十数年かけて長期的な影響を測定しなければならないことがあげられるが、それに加えて、長期的な成果に対して認知制御が貢献したかどうかを正確に探り出すのが難しいという問題もある。[17] とはいえ少なくとも、衝動に抗う際に認知制御が果たす役割を理解するうえで、マシュマロ・テストが重要な知見を与えてくれたことは間違いない。

当然ながら、衝動の抑制は企業が消費者にいちばんやってほしくないことである。認知制御は、さまざまな商売にとってのクリプトナイト〔スーパーマンの弱点とされる架空の鉱石。転じて、「弱点」を意味する〕になりかねない。たとえば、衝動買いは非常に大きなビジネスである。クレジットカードに関する情報を提供するクレジットカーズ・ドットコムの調査によると、アメリカ人の八四パーセントが少なくとも一回は最近衝動買いをした記憶があり[18]、五四パーセントが衝動買いに一〇〇ドル以上使い、二〇パーセントが一〇〇〇ドル以上使ったという[19]。衝動買いは、企業にとってとてもありがたいものだ。そのため企業は、衝動に屈しやすいように消費者の脳をオートマチックモードにとどめると同時に、消費者がマニュアルモードに切り替えようとしてもオートマチックモードから抜け出せないようにする策を講じている。実は、認知を制御する力や制御に付随するマニュアルモードに切り替える能力を衰えさせるのに有効な方法がいくつかあるのだ。

お腹が空いた状態を狙う

認知のリソースをフルに活用しているかどうかを確かめたいなら、脳ではなく胃に意識を向けるといい。そう、しっかりとした食事（のちに詳しく説明するが、とりわけブドウ糖を多めに含んだ食事）を摂ることが、じっくりと考え、衝動に抗うカギを握るのだ。

私たちが考えたがらないのは、物理的に消耗するからだ。脳をマニュアルモードにするのは身体による処理であり、そのモードを維持するには身体的なエネルギーが必要となる。そのエネルギー源がブドウ糖だ。図書館で長時間にわたって勉強したことがある人なら、身体が疲れて空腹になった覚えがあるはずだ。ずっと座っていただけでも、なぜかそうなる。たとえじっとしていても、脳はその間ずっと忙しく働いていたのだ。

代謝エネルギーが少ないと、どんな決断をするときにも最初の選択肢が魅力的に映る。考える労力を使わずにすむからだ。仕事で帰宅が深夜になり、疲れ切っている場面を想像してみてほしい。家に入ったとたんにカバンを放り出し、ソファーにぐったりと座り込む。テレビのリモコンを探す気力もほとんどない。このような状態のときに、視聴する可能性が高いのはどんな番組か？　極めて刺激的なフランスのサイコスリラー？　それとも、映画『ワイルド・スピード　ICE　BREAK』？　ヴィン・ディーゼル演じるドミニクをはじめとする「ファミリー」や彼の友人たちを悪く言うつもりはないが、この二つの作品では視聴するのに要する気力が大きく異なる。ぐったりと疲れ切っているときは、お手軽かつ気楽に観られて、それでも楽しめる作品が好ましい。

脳が疲れた状態にあると、衝動買いをしやすくなる。だから企業は、そのための仕組みを考案してきた。平均的なスーパーマーケットの陳列を思い浮かべてみてほしい。レジに並ぶ列のところに、キャンディーなど「衝動買い」したくなる身体によくなさそうなお菓子がたくさん陳列されているのには理由がある。仮に、健康に本気で気を配っている客がいるとしよう。低糖質、低炭水化物の身体にいい食品を選び、アイスクリームやポテトチップスは素通りする。自制心を働かせて「いらない」と自分に言い聞かせることで、マニュアルモードを作用させるのだ。幸い、それで欲望を抑えることができた。見事に打ち勝った！　しかし、自制心はハマーのガソリンタンクのようなもので、あっという間に空になる。

その状態で、美味しそうなおやつが陳列されている列の前にやってくる。ふつうなら、不屈の精神で目の前の美味しそうなキャンディーバーをやり過ごせる。だが店内で買い物をしているうちに疲れてお腹が空いてくると、自制心が枯渇《こかつ》し、抗う力がなくなる。

意思決定に空腹がマイナスの影響を及ぼすことは、誰にでも起こりうることであり、実際に非常によく起こっている。[20] 社会でもっとも重要な意思決定を任されている裁判官ですら、驚くほど空腹の影響を受ける。仮釈放申請を検討する時間が昼休みに近づくほど、申請を認める割合が大幅に下がったという。[21] なぜそうなるのか？　仮釈放を許可するには慎重な精査が必要で、空腹のときは神経がすり減らない決断を下す（たとえば「却下」のスタンプを押す）傾向が高まるからだ。あなたがスピード違反の切符に異議を申し立てれば、やはり空腹の胃によって判決が左右されることになる。[22]

空腹による衝動買い狙いに特化したマーケティングを繰り返し行っている企業がある。チョコレート菓子ブランドのスニッカーズだ。スーパーマーケットのレジに並んでいるときは、ただでさえおやつを買いたくなる衝動を抑えるのは大変なのに、そこにスニッカーズが並んでいれば、そのつらさに直接訴えかける「おなかがすいたらスニッカーズ」という彼らのマーケティングメッセージとの闘いまで強いられる。そのキャッチコピーは、彼らが販売する商品と、消費者がいちばん買いたくなるタイミング（つまりはお腹が空いているとき）に嫌になるほど完璧にマッチしている。のちに新たなキャッチコピーが打ち出されたが、「ハラが減ってるキミは、いつものキミじゃない」と、オリジナルとほぼ同じ路線だ。

物理的環境で疲れさせる

私たちの自制心は、物理的環境でも消耗させられる。買い物をするときの物理的環境と言えば、ショッピングモールを思い浮かべずにはいられない。

アメリカ人読者にとって、アメリカに郊外型の大型ショッピングモールができる前の時代は遠い昔に感じる。だが、ショッピングモールは比較的新しい「発明」だ。一九六〇年代に誕生し、オーストリア生まれの建築家ビクター・グルーエンが生みの親だとされている。グルーエンは、商業の中枢としてだけでなく、アメリカ郊外に暮らす人々の生活の中心として欠かせないものとなるようにデザインした。職場や自宅を離れ、家族や友人と充実した時間を過ごせる場にすることを目的としたのだ。[23] 彼は、優れたデザインは優れた利益と同じであるという理論を立てた。楽しめるスペースをデザインすれば、人々はそこで過ごしたくなり、そこにいるあいだに自然とお金を使うはずではないか。

グルーエンの理論は半分正しい。ショッピングモールをはじめとする近代的な買い物の場は、たしかに消費を後押しするが、デザインの美しさに感心させようとはしていない。むしろ逆で、目まぐるしい、刺激が多すぎる、方向がわからなくなる、といった感覚をあえて利用者が抱くようにデザインされている。そうやって買い物環境をより疲れさせるものにすれば、モールを訪れた客は衝動を抑えられなくなり、より多くのお金を使うようになるからだ。

ショッピングモールの設計には、直感的なところが一切ない。モールに足を踏み入れたときに生じる、一瞬方向がわからなくなる感覚には、最初にモールを設計した建築家の名前をとって「グルーエン効果」という名称までついているが、彼自身はそうしたテクニックを取り入れることに抗議した（彼は晩

Photo by Victor Xok on Unsplash

ショッピングモールの迷路のような配置

年、アメリカの郊外型ショッピングモールを激しく非難するようになり、「そういうろくでもない場所では断固としてお金を使わない」[24]と主張している)。小売環境は、消費者をマニュアルモード（じっくり考えるというつらい状況）にさせ、できるだけ長くその場にとどめるようにデザインされている。そうやってマニュアルモードにして、限りある認知能力を消耗させるのだ。[25]

グルーエン効果による感覚への過負荷をやり過ごしたとしても油断はできない。モールは一見すると快適な場所だ。エアコンが効いていて、きれいで、客が来るのを待つ笑顔の人々であふれている。だがそうした表層とは裏腹に、消費者を消耗させる工夫が施されている。

ショッピングモールの設計者は、やってくる人の多くが、たとえば靴など何か一つのものを求めてくることを知っている。そして靴が一足売れれば嬉しいとはいえ、そういう人たちに靴以外のものを買ってもらうことが可能だとも知っている。靴屋が一カ所に集まっていれば便利なのに、モールの端と端に配置されることが多いのはそのためだ。靴を求めて複数の店を行き来すれば、さまざまな商品で注意を引こうとする何十もの店の前を通ることになる（その際に「無料」サンプルを差し出されれば、誰が断れるというのか？）。そうして歩かせることで、消費者を肉体的にも消耗させる。お気づきかもしれないが、ショッピングモールのエスカレーターは、客を歩かせるほどよいという思想にもとづいて設計されていることが多い。たとえば一階から三階へ行こうとすると、エスカレーターで二階に着いたら、フロアの反対側まで歩かないと三階へ上がれない。「倒れるまで買い物」というタイトルのバラエティ番組があったが、企業は本気でそれを消費者に求めているのだ！

消費者から気力と方向感覚を奪うと、どの店もできるだけ高価で利益率が大きい商品を巧妙にすすめてくる。具体的には、目線の高さにそういう商品を配置するのだ。その高さが視覚の初期設定の位置で、ストレスなくいちばんラクに目を向ける場所となる。[26] 知的労力最小化の法則に則した位置が物理的にあるとすれば、それは目線の高さに広がる視界だ。企業はその位置に商品を並べるために、小売店舗に特別料金を払っている。

小売店には発売されてすぐにお買い得価格となる商品がある。なぜそんなことができるのかと不思議に思う人もいるだろう。家電量販店大手のベストバイではたった五〇ドルでテレビが買えるし、ウォルマートでは三〇ドル出せば包丁セットが買える。そうした目玉商品《ドアバスター》だけを売っているとしたら、小売店は利益が出ない。破格の安値で商品を提供するのは、客を店内に呼び込むためだ。そういう店は、客が来てくれさえすれば、目玉商品に加えて定価の別の品も買ってもらえるという自信があるのだ。

興味深いことに、人はオンラインではなく実店舗で買い物するときのほうが衝動に駆られやすいという。二〇一三年、オンラインコミュニケーションツールを開発するライブパーソン社がグローバル調査を実施したところ、衝動的な決断はどこでも当たり前に行われているものの、実店舗ではオンラインの約二倍行われているとわかった。[27] 意図的に消費者を疲れさせる環境を整え、ブドウ糖を不足させれば、売上げアップは間違いなしだ！

感情

認知の制御にとっての最大の敵は、おそらく感情だ。激しい怒りや悲しみ、幸福といった強い感情にとらわれているとき、人は理屈に合わない行動をとることがある。冷静になると、なぜそんな行動をとったのか、自分にすらわからない。たった一度の感情的な決断で、いま現在終身刑に服している人もいる。その感情が収まるまで待っていたら、そんなことにはならなかったかもしれない。だからといって、冷徹に計算された決断が最善だと言うつもりはない。当然ながら、学歴に対するプライドが修士課程を修了する原動力となったり、子供への愛情が子供に与える環境に影響を及ぼしたりするように、感情が意思決定に大きなプラスに働くことはある。長くつきあっている恋人と結婚するべきか悩んだときは、その相手と一緒にいるときに自分はどういう気持ちになるかだけでなく、自分が下す決断によってどんな気持ちになるかも考慮するのが合理的であり、不可欠だ。

しかしながら、感情は得てして意思決定に悪い影響を及ぼしがちであり、感情的な行動を制御できるかどうかは、決断に大きな影響を与える。認知制御があらゆる場面で機能すれば、感情の衝動を自覚でき、感情に従って行動すべきかどうかを吟味してから判断できるようになる。決断の際に認知制御があまり働かないと、衝動的な行動をとりやすくなる。それにマニュアルモードでほかの衝動を抑えるときと同じで、感情を絶えず抑圧していれば、認知を制御する力を使い果たしかねない。感情を刺激されるものに絶えずさらされて、一日中それに耐えようとしていたとしたら、買い物をするときなど避けたいタイミングでオートマチックモードに戻ってしまう。

市場リサーチ会社のTNSグローバルによると、アメリカ人の半数以上が感情に対処する手段として買い物を日常的に利用している自覚があるという。要は「買い物セラピー」[28]だ。また、ほとんどの人が「自分を元気づけるために何か買ったことがある」と答えていて、お祝いという形で大きな買い物をしたことがある人は四分の一にのぼる。[29]

消費者の感情に訴えるマーケティングは、総じてとりわけ効果が高い。それは、感情はいとも簡単に認知制御に打ち勝って、人を行動に導いてしまうからだ。ACLU（アメリカ自由人権協会）はそのことをよくわかっている。二〇一七年、ドナルド・トランプの不動産会社が、一九七〇年代から物件の賃貸や分譲で目に余る人種差別を行っていたと報道された。そうした行為に憤るタイプの人なら、すぐにも行動を起こしたくなる。そういう強い感情が生まれると、認知制御を回避してオートマチックモードに戻ってもおかしくない。ACLUは次頁にあるような画像を使って寄付を募ることで、人々に衝動的な行動を促した。

その結果、わずか四八時間で二四〇〇万ドルが集まった。

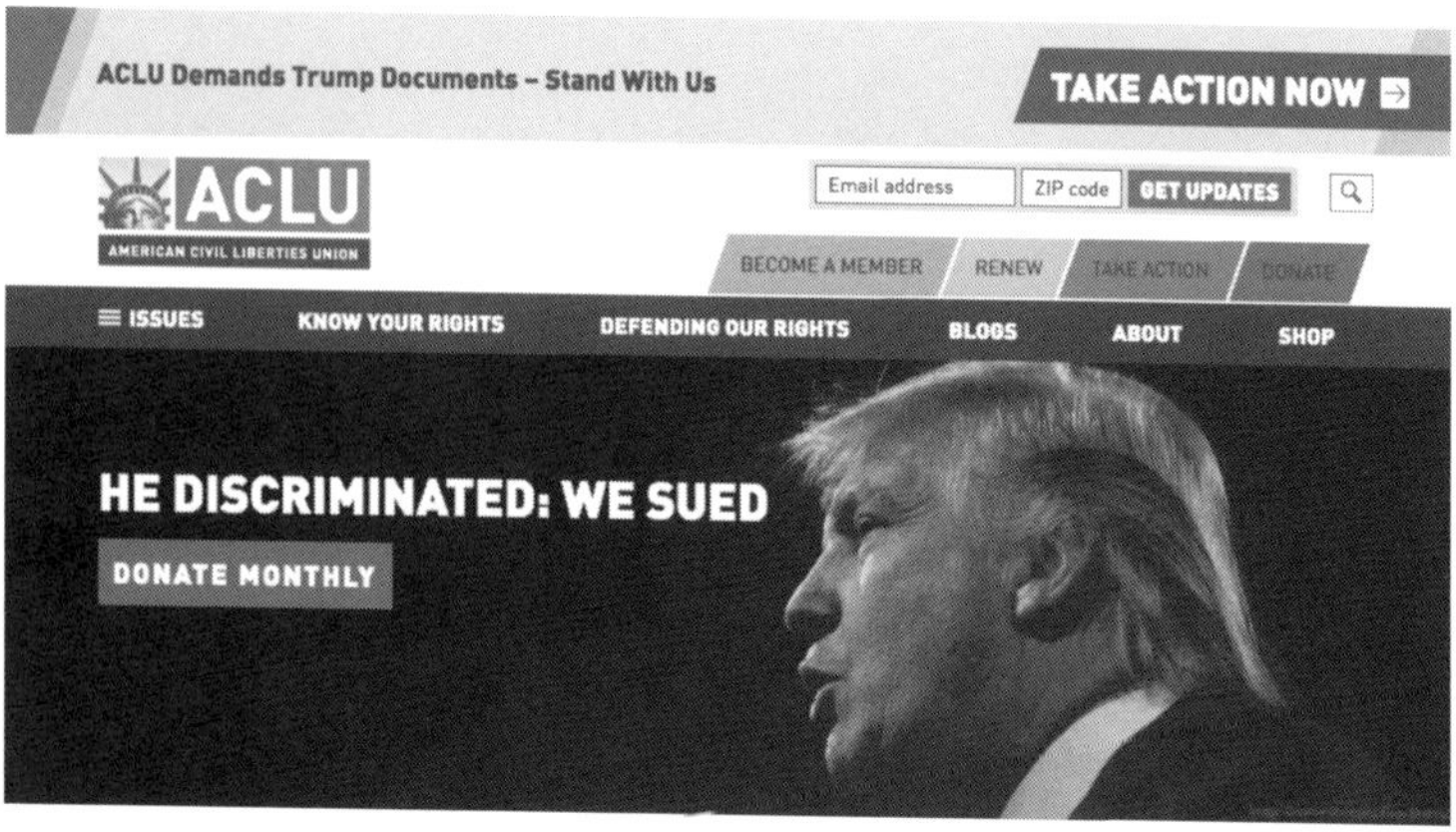

「彼は差別した。だからわれわれは訴えた」と呼びかけるACLUの広告

感情を伴う広告はとてつもなく多く、またとてつもなく効果的だ。ＩＰＡ（広告に関するイギリスの業界団体）の調査員たちは九〇〇近いケーススタディを見直し、「感情」と「合理性」それぞれに訴えた広告キャンペーンの説得力について調べた。結果は一目瞭然だった。広告を通じて消費者が受け取る感情が多いほど説得力が高いと、はっきりと結果に表れたのだ。おまけにいちばん効果の高かった広告キャンペーンには、合理的な要素がほぼ皆無だった[30]。人間が持つ合理的な能力をあまり過信しすぎてはいけないのだ！

二つの意識――Kファクター

言うまでもないが、人生は二択ではない。すべての決断が、衝動のままか衝動に抗うか、オートマチックかマニュアルかというように、どちらかに二極化されるわけではない。その二つはむしろつながっているというのが現実で、認知制御を使って両極のあいだを行き来していると思えばいい。そして衝動に抗える力のことを、脳科学の世界では「Kファクター」という尺度で表す。

行動科学者が「異時点間選択」と呼ばれるものについて調べた実験がある。具体的に言うと、お金に対する心理的な価値に、時間がどの程度影響するかを調べたのだ。要は大人版マシュマロ・テストであり、これには子供版と違って少々の計算が必要になる。もらえる金額とタイミングを変えて、実験参加者の反応を試すのだ。参加者は、「いま一〇ドルもらうのと、二日後に一二ドルもらうのとどちらがいいか？」といった二択のどちらかを選ぶ。このような質問が、金額ともらえるタイミングをわずかに変えて延々と出題される。すると五〇問を過ぎたあたりからパターンが顕著になり、その人が、将来得る見返りより目先の報酬をどの程度重視するかが見えてくる。そうやって回数を重ねるなかで平均となったそのパターンから、Kファクターが明らかになる。

Kファクターは人それぞれ異なる。この尺度により、衝動と制御が両極にある「ものさし」のどこに自分が位置するかがわかる。Kファクターが高い人は、目先の報酬を先送りできるので、長期的な利益を最適化できる。一方、Kファクターが低い人は即時的な衝動に屈し、長い目で見たときの利益を犠牲にすることが往々にしてある。Kファクターは、オートマチックモードとマニュアルモードに置き換えて考えるとわかりやすい。Kファクターが高い人はマニュアルモード指向が強く、Kファクターが低い人は初期設定のオートマチックモードに流されやすい。

Kファクターが低いと、長期的な利益の最大化を考慮しなくなる。有名な最後通牒《つうちょう》ゲームを例にするとよくわかる。これは、一定額のお金（例：一〇ドル）を二人の参加者間で分けるというもので、無作為に指名されたどちらか一人が金額の配分を決める（例：自分に七ドル、相手に三ドル）。ただし、あまり強欲になりすぎないよう気をつける必要がある。というのは、もう一方がその配分を受け入れなければ、両者とも一切お金をもらえないからだ（協力関係や戦略の構築を防ぐため、二人の参加者がゲームを行うのは一度だけとされる）。

論理的に考えれば、ゼロよりはマシなので、誰だってどんな金額でも受け入れると思われる。しかしこうしたゲームを行うと、三ドル以下の配分を提示された人は、一貫して拒絶の意思を示す！　頭のなかで、「三ドルはあんまりだ！　よし、目にもの見せてやる」と思わずにはいられないのだ。そうして、実験で初めて会い、今後二度と会わないであろう人を困らせるためだけにお金をあきらめる。その相手がコンピューターのアルゴリズムであっても、同じ選択をして相手を困らせるという！　最後通牒ゲームでとる選択は、Kファクターに大きく左右される。ゼロではないが不公平な配分が提示されると、たいていの参加者は拒絶し、相手が自分より多い額を受け取ることを許さず、何も受け取らないことを選ぶ。ただし、この選択は文化によってばらつきが見受けられるようだ。[31]不公平な配分を反射的に拒絶したくなるのは、一般的な反応だ。目の前にいる強欲な人（またはやりとりしているコンピューター）を罰したいという衝動は、人間しか抱かない。だが興味深いことに、最終的にどういう反応をとるかは、結局のところ罰したいという衝動を抑える能力の度合いで決まる。なぜそれがわかるかというと、個々の参加者の自制心の度合いが、提案された配分を（たとえそれが不公平なものであっても）拒絶しない意思と高い相関関係にあるからだ。さらに、よりわかりやすいと思われる証拠もある。最後通牒ゲームを行う前に参加者にアルコールを提供すると、不公平な配分を拒絶する確率が格段に高くなるのだ。[32]バーで唐突にケンカが始まった場面を目撃したことがある人なら、アルコールは認知制御を無効にする

「クリプトナイト」だとわかるはずだ。

どんなときでも、人が認知を制御する力は、Ｋファクターの高い状態（抑圧的でじっくりと考え、システム１の思考が中心）から低い状態（衝動的で流れに身を任せ、システム２の思考が中心）を表す範囲のどこかにある。本来の状態（Ｋファクターの初期設定）は人それぞれ違うものの、感情、満腹度、環境といった状況によって生じる要因により、その位置がどちらかの方向に移動する恐れがある。そのときどきのＫファクターの位置（認知を制御できる度合い）は、消費者としての決断に重大な影響を及ぼす。Ｋファクターが低いときには買いたくなっても、高いときは、それほど買いたいとは思わないこともあるのだ。

Ｋファクターが低い状態向けの販売戦略

マーケターは消費者が弱さを見せる瞬間、つまりはＫファクターが低い瞬間をとらえることで優位性を得る。Ｋファクターが低い状態でなかったら拒むかもしれない商品を売りやすくなるからだ。絶えずＫファクターが低い消費者は、マーケターにとって理想の存在だ。だから彼らは、消費者のＫファクターが低い状態に合わせた戦略を展開する。それは、消費者がもっとも敏感な瞬間をとらえたうえで、主に意思決定を強く促すことで衝動性を高めるというものだ。

企業による「期間限定セール」は、消費者のＫファクターを下げてオートマチックモードにするための餌だ。ファッション通販サイトのギルトは、いち早く期間限定で衣料品セールを行うようになった。同社のセールには決まったパターンがある。セール価格に有効期限を設け、残り時間を示す時計が画面

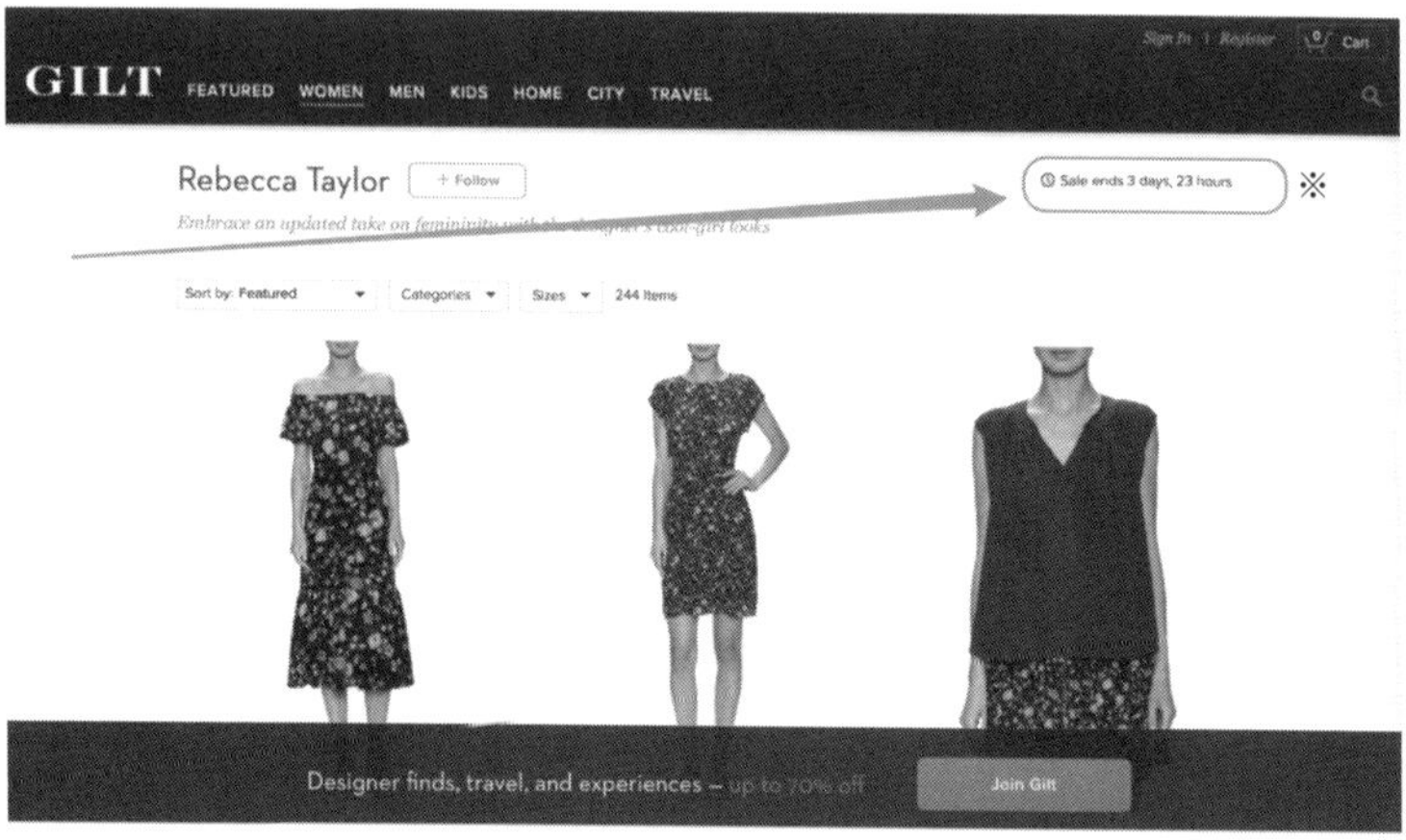

※「Sale ends 3 days, 23 hours（セール終了まで3日と23時間）」

に目立つように表示され、秒単位でカウントダウンされるのだ。安く買えるのは「限られた期間だけ」となれば、消費者に機会を逃すことを恐れる強い感情が生まれやすくなる。その結果、消費者の脳はオートマチックモードでの決断へと追いやられる。

調査によると、一三〜二四歳の年齢層における衣料品購入の四二パーセントが衝動的で、予定にない買い物だという[33]。年齢が上がれば賢明になるかというとそうではなく、二五〜三四歳の調査でもティーン世代と同様の衝動買いが見受けられた。理論的にもっとも賢明な年齢とされる五六〜七〇歳の人々ですら、衣料品購入の三分の一は衝動買いだ。期間限定セールはKファクターを下げるための販売戦略の典型であり、消費者に衝動を生じさせたうえで、できるだけ迅速かつスムーズにその衝動を行動に移せるようにしている。

アマゾンの場合は、「特選タイムセール」という名称で一日限りのセール、「数量限定タイムセール」

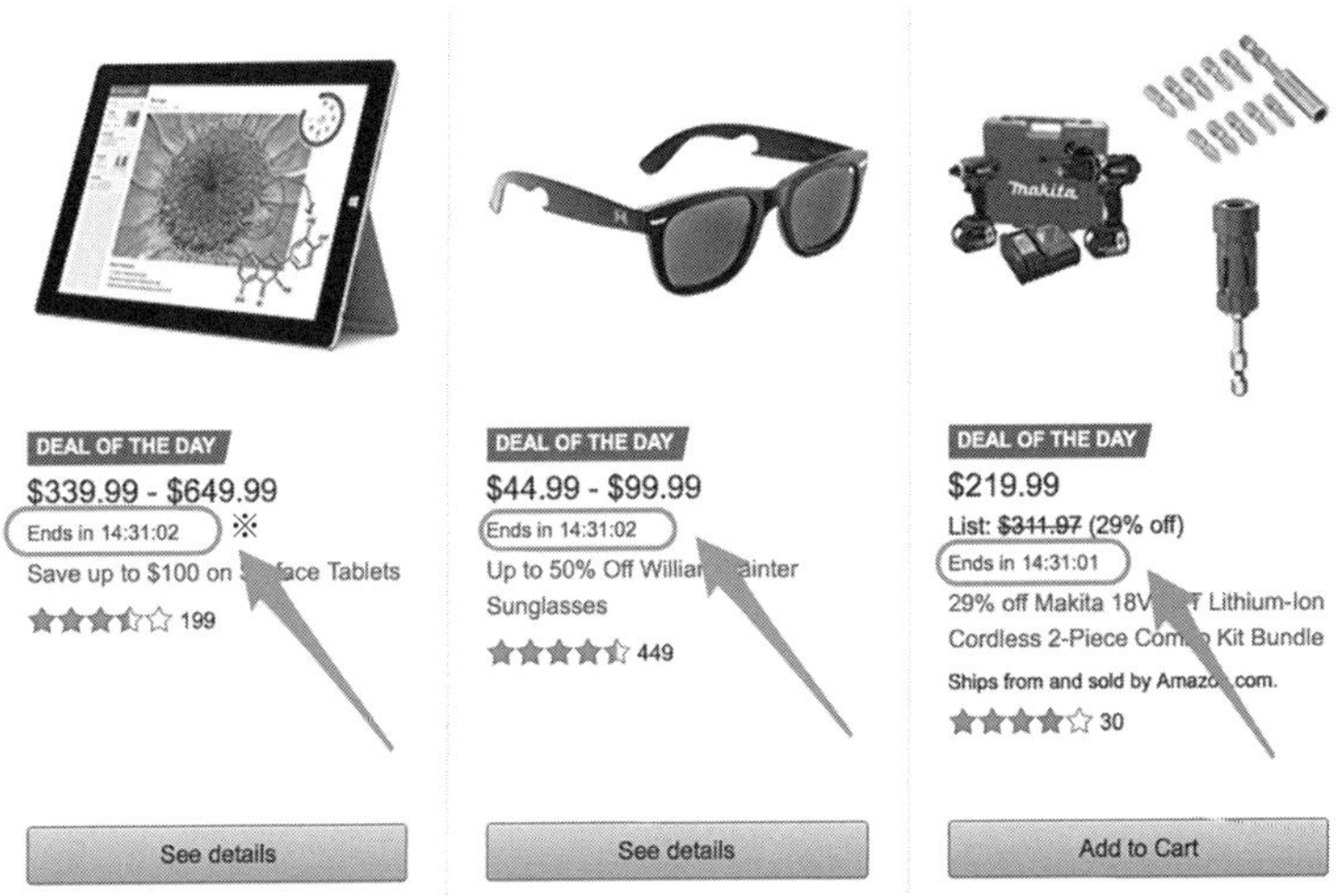

※「Ends in 14: 31: 02（終了まであと 14 時間 31 分 2 秒）」

という名称で数時間だけ数量限定でセール価格で販売するという独自の期間限定セールを行っている。また、「プライムデー」に限られた商品を激安価格で販売するというのも同じで、このときに販売されるのは、いわばeコマースにおける目玉商品《ドアバスター》だ。「数量限定タイムセール」の画面には、終了までの時間をカウントダウンする時計に加えて、その商品を購入した人が増えるにつれて一〇〇パーセントに近づいていく表示もある。これらの表示によって消費者の焦燥感を煽り、オートマチックモードへ切り替えさせる狙いだ。

「送料無料」や「返品送料無料」もKファクターを下げるマーケティング戦略の一つだ。一見すると消費者に利があるように思えるが、消費者により多くの商品を買うように促す作用もある。[34] こうしたプロモーション戦略は、買いたい衝動を抑えつけさせないことを目的としている。試したところでお金はかからない、と消費者に思わせるのだ！

何かに気を取られているときもKファクターは下がる。サラ・ゲッツ率いる研究チームは、参加者を募って典型的な異時点間選択（例：いま一〇ドルもらうのと、二週間後に一二ドルもらうのとではどちらがいいか？）に答えさせる実験を行った。[35] ただし、一部の参加者には別のタスクも課した。桁数の多い数字（例：648912）を提示し、実験の最後に暗唱してもらうと告げ、調査員から二択の問題を出題される合間にその数字を頭のなかで復唱せざるをえないようにしたのだ。すると、タスクも課された参加者は、すぐに手に入る報酬を選ぶ傾向が高かった。計画的な思考と直感的な思考について論じたときにも説明したが、直感的な思考が抑制されると脳の負担が増す。思考に使うエネルギーには限りがあるため、タスクが増えれば、すぐに満足感を得たいという衝動を抑えるために割くエネルギーが減ってしまう。

消費者の知的負担を増やすもののわかりやすい例と言えば、何といってもカジノだ。カジノには時計がなく、店内も「迷いやすく」してあえて人々を混乱させるつくりにしていることはよく知られている。混乱を招くつくりが心理的に大きく作用するのはなぜかというと、ショッピングモールなどと同じで知的な負荷がかかるからにほかならない。カジノの店内はどこに何があるかを覚えづらい配置になっているため、トイレやバーカウンター、特定のゲームが行われているテーブルを探すといった空間把握に関するタスクはすべて、記憶に負荷がかかるのだ。そうして知的エネルギーが徐々に失われていくと、衝動的に選びがちになる。衝動的な判断で対決すれば、勝つのはきまってカジノ側だ。

とりわけ衝動的に決断しやすくなる属性が一つある。貧しい人々だ。貧困ラインを下回る生活を送る人々は、予防医療にはあまりお金をかけず、[36] 収入に見合わない贅沢な品に散財する傾向がある。[37] たとえば野菜などの食品ではなく、すぐに満足できるハンバーガーを買うのもその一つだ。こうした傾向（潜在的にKファクターが低い傾向）がそもそも貧困を招く一因となったのではないか、と推測したくなった人もいるだろう。だが、カナダのブリティッシュ・コロンビア大学で心理学を研究するジャイン・ジャオ博士率いるチームによると、それは事実ではないという。[38] 根本的な原因は、貧困に伴う心理状態（ストレスが大きく、精神的に消耗する状態）にある。貧しい人は当面の資金繰りについて考えざるをえないせいで、長い目で見て経済的にいちばん得になる決断を下す能力が低下していたのだ。こうした結果は、毎年必ず作物に関するストレスに苛まれる農業従事者にも見受けられた。収穫の直前というもっとも貧しい時期と、蓄えが増える収穫後で比べると、前者のときのほうが認知能力は低かった。

要するに、世間の思いとは対照的に、貧しい人々は安いからファストフードを買うのではないということだ。少なくとも、そういうケースは数少ない。貧しい人々がファストフードを買うのは、経済的なストレスにより、脳の意思決定機能が目先の喜びを優先し、長い目で見た解決策を避けようとするせいなのだ。ジャオはこう説明する。「貧しい人が貧しいままなのは、不適切な決断を下すから貧しい状態から抜け出せないのだと長年にわたって考えられてきました。ですが、われわれの発見はその逆が真であると証明するものです。不適切な決断を下すようになるのは、貧しい状態そのものが原因なのです[39]」。そして不幸にも、その悪循環は繰り返される。貧しい人々は慢性的にストレスと飢えを味わい、その結果、衝動的に誤った決断を下し、貧しい状態から抜け出せない。

ならば、貧しい人々にお金を与えれば、衝動的な買い物を抑えられるようになるのか？　実験の初期段階の結果ではそうなっている。ジャオはバンクーバーの自治体と連携し、過去最大の規模でユニバーサル・ベーシックインカムの有効性を模索する実験を行った。一〇〇人のホームレスに、使いみちに一切制約を設けず八〇〇〇ドルずつ配ったのだ。これを聞いて、皮肉屋ならきっと、彼らはお金を手にしたとたん、出かけて楽しい時間を過ごしたに違いないと考えるだろう。だが、結果はそうした推測とは程遠い。これを執筆している時点で実験はなおも継続中だが、ここまでのあいだに頼もしい結果が見て取れる。貧しいという精神的な負担から解放された結果、経済的な決断を健全に下せるようになった参加者は、実際に健全な決断を下した。

Kファクターが高い状態向けの販売戦略

当然ながら、Kファクターが高い人はいる。ではそういう人はどうなるのか？　Kファクターが高いとマーケティングに影響されないかというと、まったくそんなことはない。単純に戦略を変えればいい。Kファクターが低い人に向けたマーケティング戦略は、消費者に決断を急がせるものだが、高い場合は反対に、決断のスピードを遅らせるものとなる。

そもそも、Kファクターが低い状態に対するマーケティングが非常に効果的であるなら、なぜ高い状態に向けてのマーケティングを行うのか？　それは、マニュアルモードで考えざるをえない類いの購入の決断には、Kファクターが低い状態向けのマーケティングにあまり効果がないからだ。買いたいものが高価なものや複雑な要素が絡むものだったり、購入が完了するまでに時間がかかるものだったりすると、消費者はマニュアルモードにならざるをえない。Kファクターが高い状態に向けたマーケティング戦略を展開するなら、消費者が追加情報やさらなる正当な理由を必要とする複雑な決断を下すタイミングを狙うのがもっとも効果的だ。

保険会社のプログレッシブは、その名のとおり実に進歩的《プログレッシブ》だ。同社は比較プログラムを公開した。自社の保険商品だけでなく他社商品の見積もりも出せるようにしたのは、大手の保険会社では同社が初だ。なぜそんなことをしたのか？　加入する自動車保険を選ぶ行為は、かなり分析的な決断になると言える。というのは、複数の保険契約について、リスク、確率、カバーされる範囲、自己負担費用、保険料などの要素を検討しなければならないからだ。また、高価に分類して差し支えない買い物でもあるので、消費者はいつもにも増して正しい選択をしたいと望む。おまけに、保険は長期間にわたるものなので、一二五ドルの最善な使いみちを決めるというより、毎月一二五ドルを払うに値する保険会社はどこかと考えることになる。プログレッシブは、複数の見積もりが一度にとれる店という位置づけをすることで、複数の保険会社を比較したい消費者に、自社のサイトを優先的に訪問する理由を与えた。

見積もりを比較するとなれば、決断を下す前にデータを手に入れて検討することになるので、決断のスピードは鈍る。価格を比較すれば、購入者は賢明なことをしている気分になり、最終的に選んだ保険に論理的な正当性が生まれる。この状況下の消費者にとってもっとも自然な思考モードに合わせることで、プログレッシブは成功を手に入れた。比較しながら購入できるツールの導入後、同社の株価は一年で倍になった。[40] プログレッシブは、顧客がすでにあちこち見て回っていることを把握し、ならば顧客のために透明性を提供し、自社サイトにいながらにして決断に必要となるシステム2の思考のすべてをできるようにすればいいと考えたのだ。

状況に応じてKファクターが高い状態で購入したいという欲求を消費者が抱くことを思えば、複数の

「プログレッシブなら、料金を簡単に比較してお得にご利用いただけます」

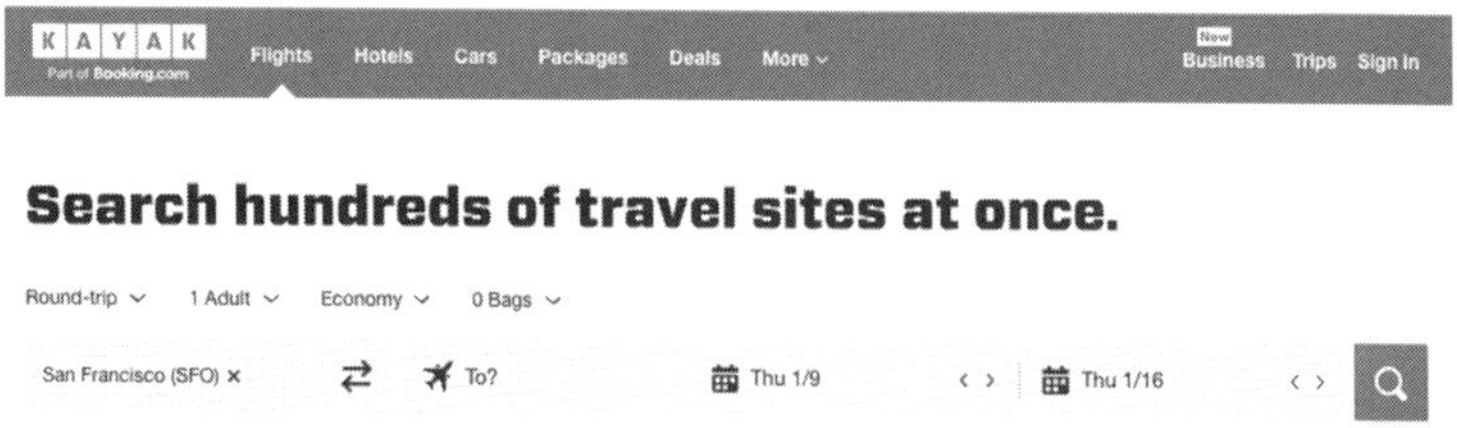

「お得な格安航空券予約サイトを一括検索」

項目を一度に検索できる旅行サイトが多いのもうなずける。その点、旅行サイトのKAYAK《カヤック》は実に優秀で、航空券、レンタカー、ホテルの予約がすべて一カ所で行えるように、何百もあるサイトの見積もりを自社サイトでまとめて提示し、マニュアルモードで考えやすくしている。考慮の対象となるデータが増えれば、顧客は時間をかけて考え、比較して合理的な決断を下せるようになり、すべてのサイトを個別に見て回ることに比べたら、かかる時間も手間もはるかに少なくすむ。

　Kファクターが高い状態に向けた戦略は、期間限定価格や数量限定といった策を講じて消費者の意思決定を急かすのではなく、意思決定に時間をかけさせ、消費者がこの種の商品を購入するときにすでに自ら行っているであろう熟考の類いに合わせるものとなる。それによって企業は何を得るのか？　システム2の思考への対策として、企業は「長いものには巻かれろ」の方針を採用する。顧客が自社商品についてじっくりと考えるとわかっていれば、それを逆手にとり、顧客が「的確な」事柄について考えるように導くことができる。要は、自社での購入につながることについて考えさせるのだ。それにはウェブサイトの特性を活かして、熟考や検討の対象となるものを提示すればいい。

　メモアプリで知られるエバーノートの購入ページがいい例だ。エバーノートは顧客ベースを熟知していて、PCに詳しいユーザーは、単なる思いつきでメモをとるアプリの有料会員にならないし、払ったお金でできることのすべてを把握したがっていると知っている。よって、同社の購入ページは縦に利用可能な一六の機能、横に料金プランを並べて表示している。プランは、「フリー」「プロ」「エンタープライズ」の三つだ（エバーノートは上記に加え、消費者に真ん中を選ばせるという63頁で紹介した戦略も採用している）。

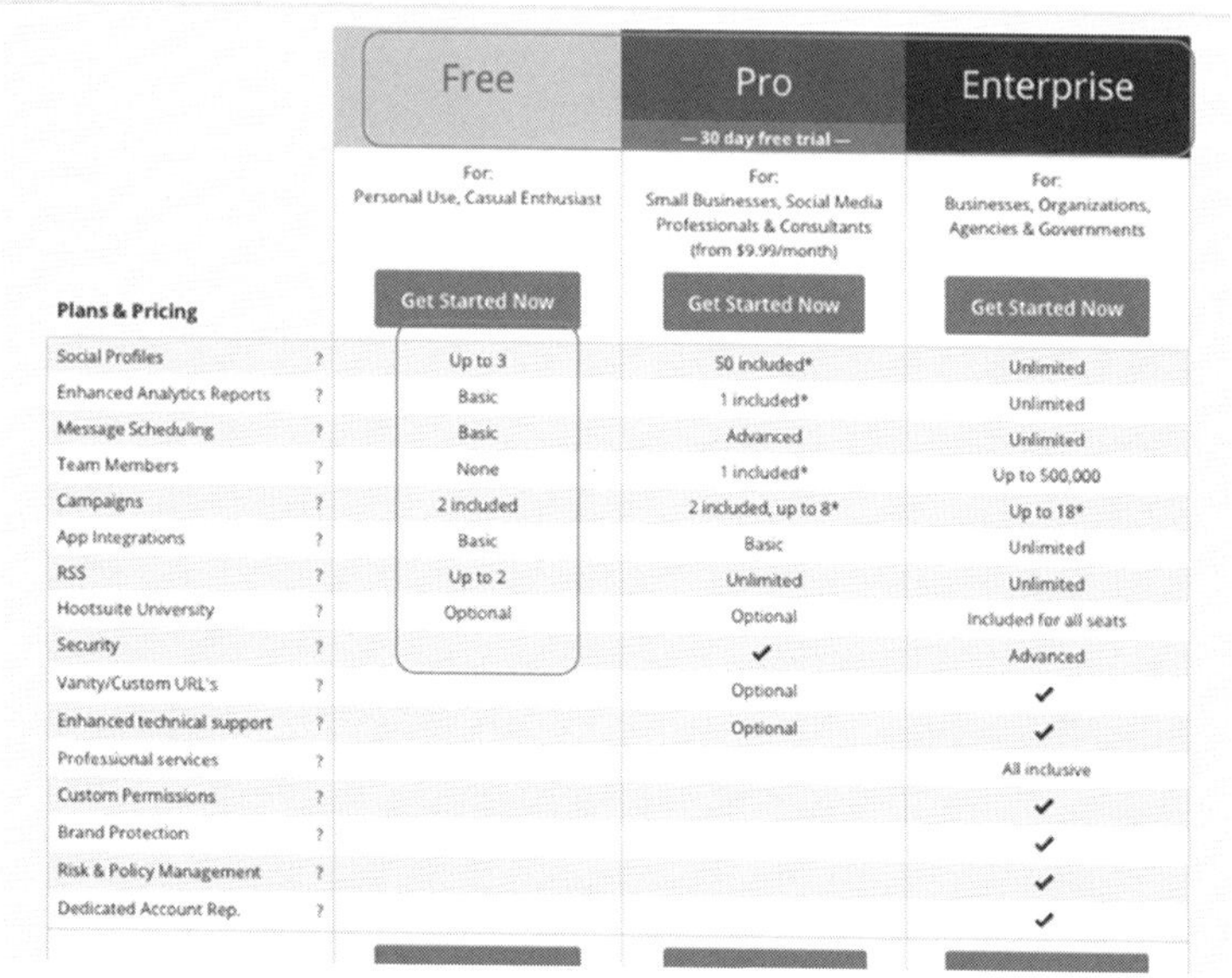

Plans & Pricing	Free	Pro	Enterprise
		— 30 day free trial —	
	For: Personal Use, Casual Enthusiast	For: Small Businesses, Social Media Professionals & Consultants (from $9.99/month)	For: Businesses, Organizations, Agencies & Governments
	Get Started Now	Get Started Now	Get Started Now
Social Profiles ?	Up to 3	50 included*	Unlimited
Enhanced Analytics Reports ?	Basic	1 included*	Unlimited
Message Scheduling ?	Basic	Advanced	Unlimited
Team Members ?	None	1 included*	Up to 500,000
Campaigns ?	2 included	2 included, up to 8*	Up to 18*
App Integrations ?	Basic	Basic	Unlimited
RSS ?	Up to 2	Unlimited	Unlimited
Hootsuite University ?	Optional	Optional	Included for all seats
Security ?		✔	Advanced
Vanity/Custom URL's ?		Optional	✔
Enhanced technical support ?		Optional	✔
Professional services ?			All inclusive
Custom Permissions ?			✔
Brand Protection ?			✔
Risk & Policy Management ?			✔
Dedicated Account Rep. ?			✔

エバーノートが提供する主な３つのプラン
〔上記のプランは 2021 年７月改定以前のものである〕

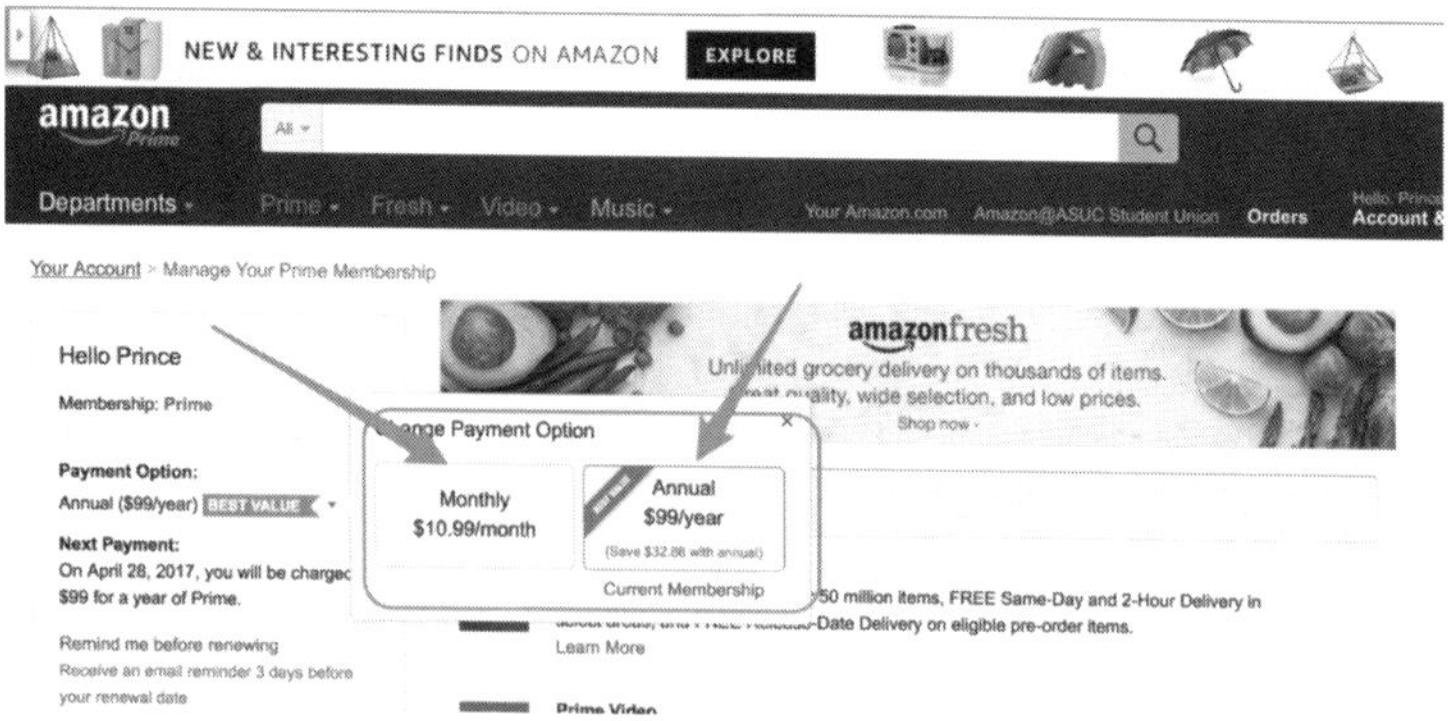

アマゾンが提供する月額制（左）と年会費制（右）の２つのプラン

Kファクターについて説明したときにも述べたが、システム1、システム2のどちらかだけを使う人は一人もいない。あらゆる種類の人を取り込んで、買いたい衝動と熟考の両方が必要となる商品を売りたいサイトは、あらゆる顧客ベースを網羅しようとする。その最たる例がアマゾンで、彼らはオートマチックとマニュアルどちらのモードにも対応する形をとっている。アマゾンが提供するプライム会員サービスは、当初は年会費制だったが、のちに二つの選択肢の提供に切り替えた。月額制（オートマチックモードですぐに決断する人向け）と年会費制（マニュアルモードで熟考して決断する人向け）だ。アマゾンは、すべての人に対して何かを用意している。

認知を制御しやすくするには

思考についての考察はどれも興味深いが、自分で何かを決める際に、自らを制御して熟考するタイプの思考をもっと思いどおりにできるようにならないものか。これまでに紹介したさまざまな要因を意識し続けること以外に（ブドウ糖が豊富な食べ物でお腹を満たしておくこともお忘れなく！）、認知制御を強くするために自分でできることはあるのか？　自制心の問題は本書で扱うテーマの範疇《はんちゅう》からははずれるが、意思決定の質を高めるうえでとりわけ有効に思えるのは事前の計画だ。[41]　たとえば、「アイスクリームの誘惑に負けそうだとわかっているなら、冷蔵庫にアイスクリームを常備しない」というように、衝動にできるだけ負けづらくするための計画を事前に立てればいい。誘惑に自分で抗う状況を避けるべく、誘惑される前にマニュアルモードに切り替えて未来の自分がとる行動の道筋をつくることで、認知制御をあまり使わずにすむようにするのだ。その助けとなるためにつくられた商品の最たる例が、キッチンセーフという名の「禁欲ボックス」だ。つくりは単純で、お菓子やiPhoneなど誘惑されてしまうものをしまっておけるようになっている。触れないようにしたいものをなかに入れて蓋を閉め、タイマーをセットする。そうすれば、時間がくるまで絶対に蓋は開かない。

先ほど、貧困が人をオートマチックモードでの決断に大きく傾かせると説明した。銀行口座が空っぽ、もしくは残高がマイナスの人は、家計について事前に計画したくてもなかなかできない。ところが、ある実験を通じて、電話でじっくりと考えるように促すといった単純なことでも、お金の使い方が変わると判明した。[42] その実験では、クレジットカード会社の電話による債権回収の仕組みを変更し、未払金を抱えた実験参加者にその金額を読み上げるだけでなく、返済予定日についても尋ねた。この単純な変更により、未払金が完納される確率が劇的に向上し、大多数が電話で明言した期日をきちんと守った。こういうちょっとしたひと言を添えるだけで、相手はマニュアルモードに切り替わり、オートマチックモードでの思考が抑えられ、慎重な行動をとるようになるのだ。

しかし、家計の長期的な見通しを立てるとなると、社会経済的な立場がどうあれ簡単にはいかない。大手金融グループ系列のING銀行は、顧客をマニュアルモードに変える優れた業務手順を考案した。それは、自らと顧客の両方に利するものだ。INGは一部の顧客に対し、自動積立で毎月貯金する金額を決める前に、もっと貯金があれば将来起こりうる素敵なことをすべて思い描いてみてくださいと告げるようにした。すると、ほかの条件はすべて同じ場合、そうしたことを思い描いた顧客が確定拠出年金に積み立てる金額が、そうでない顧客に比べて二〇パーセント増えたという。

つまり、自分でできる最善のことは、Kファクターの高い正しく判断できる状態、すなわち認知に使うリソースを存分に生かせる状態のときに長期的な計画を立てることなのだ。そうして計画を立て（例：クッキーを食べない、老後に備えて収入の一〇パーセントを毎月蓄える）、実行に移すが、その際は、つねにそのことを考えなくても実行できるようにする。たとえば収入の一〇パーセントを毎月貯金すると決めたなら、自動引落にする。そうすれば、入金のたびにシステム２の思考に使う認知のリソースをかき集めずにすむ。皮肉にも、システム２を使ってできる最善のことは、システム２の思考を必要としない行動をすると決めることなのだ。思考は認知のリソースを消耗し、衝動性を高める。だからこそ、じっくりと考え、自分にできる最善の決断を下したら、実行に関しては外的なシステムを頼りにし、そのことについて二度と考えなくてもすむようにしよう。

衝動に抗うにせよ、満足を先送りにするにせよ、買い物時に分別を保つにせよ、カギとなるのは認知の制御だ。認知を制御する力の強さとそれを維持できる度合いが、結局はさまざまな場面でどう行動するかを決める。自らを制御している状態なのか、それともオートマチックモードに身を任せているのか。そこが問題だ。

オートマチックモードは、意思決定のときであっても必ずしも悪いものであるとは言えない。決断の速さが、じっくり検討することのメリットを上回ることはある。これはほかの場面と同じく、消費の世界にも当てはまることがある。それでもやはり、買う決断をするときに認知を制御する力が大きいほど、利益、それも長い目で見た場合の利益を最大化しようとする傾向が高いようだ。

現実という非SFの世界では、カーク船長のようにKファクターが低い買い物客はマーケターの夢だ。一方、スポックのようにKファクターが高い買い物客は、消費者にとっての理想の消費者だと言えそうだ。自ら計算して容赦なく合理性を優先し、衝動を抑制する。買い物のときにスポック的な要素を少しばかり多めに組み込むことが、**長生きと成功**の秘訣なのかもしれない。

第6章

快－不快＝購入
快・不快が購入にどうかかわるのか

あなたの所有物をすべて集めたらどうなるだろう。これまでに買ったもの、プレゼントとして受け取ったもの、自宅の家具、クローゼットに入っているもの、壁にかかっている絵。これらに加えて、古い手紙やラブレター、卒業証書、ポストカードといった思い出の品も含むすべてだ。所有物はいくつあるだろうか。そして、すべてを数えるのにどれほどの時間がかかると思う？

二〇〇一年の時点で、マイケル・ランディの所有物は七二二七個あった。彼は三七年間で積み重なった、煩わしいレシートにいたるすべてを数カ月かけて数えたのだ。

ランディが所有物を数えたのには明確な目的があった。破壊である。すべてを破壊するためだった。二〇〇一年二月一〇日から二四日にかけて、彼個人に属するもの（車、コンピューター、父親から贈られた羊革のコートなど）すべてが公衆の面前で破壊された。所有物は大きな倉庫に運び込まれた。タグが付けられ、黄色いコンテナに入れられたのち、ベルトコンベアーでランディと一二人のアシスタントの元へ流されると、彼の所有物は引き裂かれ、粉砕され、分解され、廃棄された。この一連の行動は、

「ブレーク・ダウン」という名のインスタレーションアート・プロジェクトとして執り行われたものだ。[1]プロジェクトの終了後にランディの元に残ったのは、彼が身に着けていた作業用の青いつなぎだけだった。

ランディの作品で何よりも関心を集めたのはおそらく、その作業を見ていた見物人たちの反応ではないか。このプロジェクトが彼らに引き起こした感情は、恐怖にほかならない。プロジェクトの管理を担ったキュレーターのジェームズ・リングウッドは、BBCの取材に対してこう答えている。見物人たちは「ひどく不安を感じていて、ときには驚愕することもあった。（中略）個人の思い出の品や手紙、写真、芸術作品が破壊されるのを見ると、ひどく心をかき乱されるものだ[2]」

ランディとは対照的に、価値のない所有物を文字どおり何トンもため込んで、自宅に持ち帰ったものを何一つ手放せない人もいる。そこまでものをため込む「ためこみ症」は意外にも多く、アメリカの成人の二～五パーセントが相当すると言われている。[3]家全体を無意味に思えるものでいっぱいにする人もいるのだ。山積みになったものに生活が支配されているのは事実だが、そういう人たちは、一度も箱から出したことがないペン一本であっても、手放すと思うだけでたまらなく不安になる。

ランディのような人もいれば、ものをため込む人もいる。このように、ものを所有することに対してひどく両極端な姿勢や行動をとる人がいることは、どう理解すればいいのか？　それには相反する二つの基本的な動機づけが関係する。その二つとは、快と不快だ。人は、快を最大に、不快を最小にする決断を下しながら人生の舵取りをしている。それを消費の世界に当てはめると、「快－不快＝購入」というシンプルな方程式になる。

スタンフォード大学で神経科学を研究するブライアン・ナットソンのチームは、fMRIを使った優れた実験を行い、主に脳の快楽中枢（側坐核《そくざかく》）と不快をつかさどる領域（島皮質《とうひしつ》）の活動の違いを通じて、人がものを買うかどうかの予測が可能になると実証した。[4] 快は実験の参加者に商品を提示したときに測定され、不快は価格を提示したときに測定された。すると、快をつかさどる領域の活動が不快をつかさどる領域より強いとき、購入にいたる確率が非常に高くなった。反対に不快が快を上回れば、購入にはほとんどいたらなかった。つまり、快－不快＝購入となるのだ（厳密には「快－不快＞0であれば、購入」となるが、この方程式ではあまり印象に残らない）。

これをもっと広くとらえると、何かに対して期待される快が、それを得るための不快を上回れば、人は行動を起こすと言える。ランディの場合は、ものを所有しない人生（あるいはインスタレーションアートの舞台）で得られる快が、所有物を捨てる不快に勝った。ものをため込む人の場合は、所有物を手放すことの不快のほうが、家を片づけることで得られる快に勝るのだ。

優秀なブランドは、快を最大にして不快を最小にしようとする私たちの習性を利用している。ただし、それは簡単ではない。なにしろ、快や不快を体験する過程は単純とは程遠く、おまけにそうした体験を通じて生まれる行動もまた、必ずしも単純明快とは言えない。その結果、消費の世界は摩訶不思議なものとなる。

快を追い求める

快というのは直感的だ。体験すれば、それとわかる。快は心地よく、もっと欲しくなる。だが実のところ、長期的な気分、行動、幸福感に対して快が持つ影響力を意識することは驚くほど少ない。ここからは、快の奇妙な性質について詳しく見ていくとしよう。

快の奇妙な性質1：あっという間に消える

ウィリー・ウォンカ：でもチャーリー、忘れないで。欲しかったものを突然すべて手に入れた男の身に起きたことを。
チャーリー・バケット：何が起きたの？
ウィリー・ウォンカ：末永く幸せに暮らしたのさ。

人がみなそういうふうにできていたら、どんなに幸せだろう。残念ながら『チョコレート工場の秘密』に登場するウォンカ氏の話には根拠がない。

快はあっという間に消え去ることで有名だ。美味しいケーキを食べたときのことを思い出してほしい。艶《つや》やかな砂糖衣をまとったケーキを目の前にすると、味への期待が味蕾《みらい》を刺激する。フォークをケーキに刺してひと口目を口に運ぶ。そこに生じるのが快だ。期待したものすべて、いやそれ以上だと感じる。味を堪能しようと目を閉じる人もいるだろう。そのときのことを思い出せたら、自分にこう問いかけてみてほしい。実際に快を感じていた時間はどのくらいだったか？　もっと具体的に言うと、快を感じてから次のひと口について考え始めるまでに、どのくらいの時間があったか？　一秒？　二秒？　人は、快を感じるとほぼ同時に、次の快を求め始める。

脳の生物学的な観点からすると、快は徐々に上昇し、何かを初めて体験する直前にピークに達する。チーズケーキのひと口目、新車での初ドライブ、新しいランニングシューズでの初ジョギング。初めてのときに生じた快は、食べる量、運転する回数、ジョギングの回数が増えるたびに減少していく。二回目のときに生じる快は減り、三回目になるとさらに減るという具合だ。

一見すると、それは奇妙なことに思える。脳はなぜ、何かを求めることに対して報酬を与えておきながら、その何かを手にしたとたんに報酬を取り去るのか？　これを進化の文脈に当てはめると、脳は私たちを生存に向かわせようとしているということになる。人に快を与えるものの多くは、生存のカギを握るものでもある。生き延びるためには、セックスや食べ物など生きていくのに不可欠なものを絶えず追い求める必要がある。欲しかったものを手に入れたとたんに満たされてしまえば、それ以上を探し求めることも、得ようとすることもなくなってしまう。ニンジンはつねにぶら下げておかねばならない。（少なくとも長続きするタイプの）満足と充足は、生存と相容れないのだ。こういう理由から、脳は満足や快の体験をごく短いものにする。もっと正確に言えば、満足を得た瞬間の快を、得る前より下げるのだ。このメカニズムが進化によって構築され、人はさらなる快を絶えず求めるようになった。

これについて、英国のニューカッスル大学で行動科学を研究するダニエル・ネトルが、著書『幸福の意外な正体』で実に見事に言い表している。「ここでは、幸福は進化の目的の下僕であり、現実的な報酬としてはあまり機能せず、自らに方向性や目的を与えてくれる想像上の目標として機能する。［トーマス］・ジェファーソンが提唱した基本的人権も、結局は幸福になる権利ではなく幸福を追求する権利だった」。人は、快を得られると未来に期待するように仕向けられているのだ。

人が持つ、新しい何か、より多くの何か、違う何かに対する欲求が尽きることはない。そうした終わりのない欲求があるので、消費の世界では消費者に何かを売る機会が無数に生まれる。しかし、あっという間に消えてしまうという快の奇妙な性質のせいで、何かを買っても長い目で見れば不満を抱えた状態になってしまう。

たとえば、親に新しい自転車を買ってほしいと何カ月も頼み込んでいる子供がいるとしよう。クリスマスが訪れて、その子は自転車を手に入れる。その子はこれで完璧だと感じる。だが、その自転車を数日乗り回したらどうなるか？　世界はまた不完全なものに戻る。自転車を思い描いて得られる快は、手に入れた日にピークを迎えた。子供の目はもう次のおもちゃを探し始めている。こうした現象のことを、心理学の世界では「ヘドニック・トレッドミル（快楽の踏み車）」と呼ぶ。人は何かを追求して達成しても、それによる最初の爆発的な快の高まりを味わったら、次の何かの追求に移行する過程を繰り返すのだ。

この現象自体は大人になっても変わらないが、親に自転車のお金を出してほしいと頼み込むヘドニック・トレッドミルは不要になる。大人なら自分で買えばいい！　そして消費の世界は、所有したとたんに快の感覚が消えるという事実を嬉々として強調し、あなたが持っているものは古く時代遅れで、「次にくるもの」はこれだと絶えず消費者に言い聞かせてくる。

例をあげるなら、アップルがｉＰｈｏｎｅの最新モデルを発表するスケジュールは快楽主義にもとづいている。二〇一五年までは、二年のサイクルで次のような計画で発表されていた。最新モデルが発表された年は、そのモデルの何もかもが最新で、外見のデザインもこれまでとは違うものとなる。だが年が変わって二年目を迎えると、外見は同じだが機能は前年に比べて向上したモデルが発売される。つまりどんなｉＰｈｏｎｅを手にしても、一年以内に中身か外見のどちらかが最新ではなくなってしまうのだ。三年目ともなれば、ｉＰｈｏｎｅのデザインは一新され、快楽を得る過程をまた一からやり直すハメになる。

興味深いことに、財布の紐を緩める手だけでなく、手元の注意力までもがこのスケジュールに同調するとわかった。コロンビアビジネススクールで実施された興味深い調査から、改良された新しいバージョンが発売された、もしくは発売間近である場合、自分の持っている電話に無頓着になる傾向が高まると判明したのだ。[5] 調査員が三〇〇〇個以上のｉＰｈｏｎｅの落とし物について調べたところ、最新モデルが発売される直前に落とし物の数が急増したというおもしろい結果が見て取れたという。また、ｉＰｈｏｎｅの紛失や破損を自己申告した六〇〇〇件以上のケースに関する調査でも、最新モデルが発表された直後の報告件数がひときわ多いことがわかった。要は、ｉＰｈｏｎｅを落とした、タクシーに置き忘れた、とがっかりする素振りを見せていたとしても、最新モデルを買う理由を無意識に自分に与えているのかもしれないということだ！

スポーツゲーム業界も快楽主義を満たす機会を計画的に提供している。エレクトロニック・アーツによるＦＩＦＡ（国際サッカー連盟）公認のサッカーゲームは、世界でもっとも人気のあるスポーツゲームであり、これまでに販売した数は二億五〇〇〇万本を上回る。[6] アメリカで二〇一七年と二〇一八年に売れたゲームは、上位五作品のうち三つがスポーツゲームだ。アップルの二年戦略と違い、スポーツゲームは新製品を毎年発表する。前作から登録選手の変更といった極めて小さな修正しか施されていないにもかかわらず、ゲーム体験が変わると大々的に広告を打つ。そして、そのごく小さな変更に対し、ヘドニック・トレッドミルにとりつかれた人々が、毎年かかさず六〇ドル支払う（筆者のマットもまさにその一人だ）。期待によって快楽を促すドーパミンが放出されるが、それはゲームを始めたとたんに消えてしまう。

快の奇妙な性質２：偶然性を好む

すぐに消えるという快の性質は、最新の光り輝くガジェットを無意識に欲するだけにとどまらず、ほかにも大きな影響をもたらす。スティーブ・ジョブズが初代ｉＰｈｏｎｅを発表する五〇年前、サンフランシスコのベイエリアで、ジョブズと同じく禅に傾倒した人物が頭角を現していた。彼の名はアラン・ワッツ。英国生まれのこの哲学者は博識で機知に富み、東洋の思想を西洋社会に持ち込んだことで知られる。一九六〇〜一九七〇年代にかけて、ワッツは大規模な夕食会を主催したほか、さまざまな大学で講演やワークショップを行った。ある晩、彼が集まった人々からの質問に次々に答えていると、「人生の意味とは何ですか？」との質問があがった。答えに窮する質問に思えるが、ワッツの回答は見事なものだった。

人は、自分が求めるものを見つけようと努力しなければならない。だから私はじっくりと考えた。私の身に起きてほしいことは何か？　当然ながら、自問したとたんに空想が始まる。目をみはるテクノロジーは人間の欲求の表れだ。力への欲求、成し遂げたいことへの欲求が表れる。ならば、自分はどこまで行けるかと考えてみた。するとすぐに、ボタンがある広大な場所にいる自分が見えた。そこは私が空想した場所で、ボタンを押すと自分の望むことが何でも叶う仕組みになっている。私はそこでかなりの時間を過ごした。あるボタンを押したらクレオパトラが現れる。（中略）別のボタンを押したら、一六チャンネルステレオサウンドで交響曲が流れる。そこでは快楽を得られるありとあらゆるものが手に入るのだ。（中略）そして唐突に、「驚き」と書かれたボタンが目に入る。それを押したから、私たちはここにいるのだ。

この答えでワッツが巧みにあぶり出したものこそ、人間に行動を促すもう一つの根本的な動機となる、心の奥底に秘められた偶然性を愛する感情だ。快は、偶然という形で生まれるものが最高となるのだ。偶然を好むという性質は、脳にはっきりと見て取れる。二〇〇一年、神経科学者のグレッグ・バーンズが、予測可能の可否が快楽体験に与える影響についてｆＭＲＩを使って調べた[7]。仕組みはとてもシンプルで、実験参加者にスキャナーに横たわってもらい、口内にチューブを固定して小さな快楽が生まれる量のジュースをタイミングを変えて与えるというものだ。一方のグループには一〇秒おきにジュースを与え、もう一方のグループには、与えるジュースの総量は同じだが、タイミングは無作為にして予測できないようにした。すると、一定間隔でジュースを与えられたグループに比べて、予測できない形で与えられたグループの側坐核の活動が目に見えて活発になった。また、予測できる間隔でジュースを与えられた場合にのみ、ジュースをもらうほど快楽の反応が弱くなった。どんな報酬をいつもらえるかがわかっていると、快はどんどん小さくなっていく。毎回新鮮に感じる快は、私たちが予測できないものなのだ。

偶然得られる快を消費体験に意図的に焼きつければ、大きな効果が期待できる。調査によると、マグカップを割引価格で購入できる権利を偶然獲得したと告げられた場合、実際に購入する人の数が三倍に増えたという[8]。急速な成長を遂げているサンドイッチチェーンのプレタ・マンジェでは、無作為に選んだ顧客に無料で商品を提供できる権限と予算を店員に与えている。同社のCEOは、このプランのことをいい意味で「きまぐれな親切」だと呼ぶ[9]。業界の垣根を越えてトップクラスの顧客サービス評価を得ているザッポス社は、顧客に嬉しい驚きを提供することで有名だ[10]。ニューハンプシャー州のハノーバーという町に住む顧客を一軒ずつサプライズで訪ねて、手袋やスカーフを配ったこともある[11]。

人は、無理をしてでも思いがけず生じる偶然の快を手にしようとする。一〇〇パーセントの確率で五〇パーセントの割引を受けられるのと、〇から一〇〇の数字が書かれたルーレットを回して出た数字の割引を受けられるのとでは、あなたならどちらがいい？　買い物自体に対する期待値は同じだとしても、ほとんどの人は間違いなく偶然で割引を得られるほうを選ぶ。こうした考察から、宝くじに似た独特な貯蓄口座[12]も生まれた。その口座に入金すると、一パーセントの利息が必ずつくのではなく、リターンの額が無作為で決まる。よって、得られるのは〇ドルかもしれないし、一万ドルかもしれない。これは本質的には貯金の利回りを利用したギャンブルと同じだが、偶然手に入る快には、多くの消費者に伝統的な貯蓄計画を見送らせるだけの魅力がある[13]。

快の奇妙な性質3：人が未来に得られる快を予測する能力はとても低い

三〇日間タダでアイスクリームをもらえるとしたら、どのくらい嬉しいものだろう？ ダニエル・カーネマンはこの問いの答えを探すべく実験を行った。要は、参加者に三〇日にわたって毎日アイスクリームを（タダで）食べてもらったのだ。実験が始まると、参加者は当然大喜びした。アイスクリームから得られる快は日を追うごとに増し、三〇日後には快が最高潮に達すると誰もが予測した。だが、現実はそれとは程遠いものだった。一〇日もすぎないうちに実験から離脱する人が現れ、最後まで参加した人は憂鬱な気持ちで実験を終えた。「アイスクリームを毎日食べる」と聞くと最高に思えるが、実際にはそうでもないのだ。

こうした誤算が生まれた一因ははっきりしている。ふだんはたまのご褒美であるアイスクリームによる「快」が、予測できるものになってしまったからだ。しかし、人は何かを手に入れたときより何かを求めるときのほうが、より多くの快を得ることができるため（脳は追いかけているときにだけ快が生じるようにできているため）、何かを欲しているときに感じる欲求は、それを手に入れた未来に実際に味わう快よりつねに大きくなる。だが、人間にはその大きさを測定できない。だから、自分を本当に幸せにしてくれるものの予測を大幅にはずしてしまう。行動経済学の世界では、将来的に自分がどう感じるかを予測できる能力は「感情予測」と呼ばれるが、その能力は目も当てられないほど低い。

快の奇妙な性質4：選択肢が多いほど快が増えるとは限らない

人間が未来の幸福の予測に苦労する最たる例が選択だ。本来、何かを選択するときは、選択肢が多いほど欲しいものが見つかりやすくなるはずだ。そうだろう？

選択肢が複数あれば、最初の選択に後悔しても選び直せる自由があると思うかもしれない。だが実は、選択肢が多すぎると、不幸なためらいが生じる道に迷い込むことになりかねない[14]。

これは「選択のパラドクス」として知られ、二〇〇〇年に発表された「ジャムの調査」と呼ばれる実験を通じて世間に広く認知されるようになった[15]。ある日のこと、高級スーパーで買い物をしている客が、ジャムが展示されているテーブルに目をとめた。美味しそうなジャムが二四種類並んでいる。別の日にそのスーパーへ行くと、似たようなテーブルがあるものの、ジャムは六種類しか並んでいない。すると、二四種類のジャムを見た人と六種類のジャムを見た人とでは、前者のジャムを購入する割合のほうがかなり低かった。また選択肢が多いからといって、快が強くなることもなかったという。事実、二四種類あったテーブルから実際にジャムを買った人のほうが、六種類から買った人に比べて満足度は低かった。

いまの時代、「新しいジーンズを買わないと」や「BMWを買いたい」といったシンプルな欲求を抱いても、いざ買うとなると膨大な選択肢の山から選ぶことになる。たとえばリーバイスのジーンズを買おうとすれば、八種類のシルエット、六種類の色、三種類の素材といった選択肢がある。これは一四四パターンから選ぶということだ。BMWを買おうとすれば、一〇のモデルから一つを選び、マニュアルとオートマチック、FRと4WD、最低でも二種類あるエンジン、一二の色、六種類のタイヤ、五パターンの内装仕上げ、八種類のレザーなどを選ぶほか、八種類の追加可能なオプションパッケージまである。これらを組み合わせると、全部で一八〇万パターンもある。

ジャムの調査で判明したことが初めて世に出たとき、当然ながら選択のパラドクスに対する期待が膨らんだ。しかしながら、同じ結果を再現しようとしても、必ずしもそうはならなかった。選択肢の数を増やしたからといってためらいが増えるとも限らず、また数を減らしても快楽体験が増すとも限らない。昔からの格言にもあるように、悪魔は細部に宿るのだ。

五〇を超える研究のメタ分析[16]から、人の気分に影響を及ぼすのは、実のところ選択肢の数そのものではないと判明した。影響するのは選択という行為のほうだ。とりわけ自分が欲しい商品になると、必需品を買うときと違って選択は骨が折れる。[17]メニューに一〇の商品と三〇の商品が並ぶのとでは、どちらのほうが思考に負担がかかるかは一目瞭然だ。先の章でも述べたように、選択という行為になると、脳は初期設定のオートマチックモードからマニュアルモードへ追いやられる。知的労力最小化の法則を思い出してほしい。ほかのすべての条件が同じ場合、脳は労力が少なくすむほうを好む。選択という行為は、怠惰な脳に労働を強いるのだ。

おそらく想像がつくと思うが、選択肢が豊富で検証に余分な労力がかかれば、意思決定にまた別の影響が生じる。よりリスクの高い決断を下すようになるのだ。投資の世界で言うと、比較的安全だが利回りの低い優良株より、リスクは高いが利回りの高いジャンクボンドを好むようになる。ある実験によると、選択肢の数が多いと、一つひとつの選択肢をあまり吟味しないばかりか、最終的にリスクの高い選択肢を選ぶようになったという。人は選択という行為に容易に圧倒される。その結果、不安を感じながら質の低い意思決定を行ってしまう[18]。これではとても幸福は望めない！

人は、自分が持つ権力を実感したくて選択肢を求め、企業はそれを提供したがっている。しかし実際に選ぶとなると、精神的な負荷がかかる恐れがある。この矛盾を解消すべく、企業は選択で生じる不快を、選択肢の豊富さで快が生じるように変えることにした。

そうして購入対象の選択肢が増え続けた結果、企業も消費者も、簡素化された手間のかからない買い物体験に向かうようになった[19]。手間をかけずに選べるようにした企業が得ている恩恵は莫大だ。調査によると、消費者が決断するときの手間を上手に減らした、たとえば、全商品を誰でも簡単に確認できる方法を提供するようになったブランドは、消費者が自発的にブランドのサイトを閲覧したり、友人にすすめたりする確率が一一五パーセント高くなるという[20]。

書店として創業したアマゾンはいまや「何でもそろう店」となったわけだが、そもそもアマゾンが大きな成功を収めたのは、選択肢を集約させる卓越した機能のおかげだ。アマゾンは、店舗の棚ではなく倉庫に書籍を保管した。それにより、幅広い種類の書籍の在庫を確保しやすくなった。ただし、選択肢の多さが活きるのは、探しているものがそこで見つかる場合に限る。この問題に対し、アマゾンが出した解はA9だった。A9は検索アルゴリズムの名称で、このアルゴリズムは、書籍だけでなく「書籍の中身」も検索できる機能や、書籍以外の商品に関するアマゾンのおすすめ機能を支えている。導入が始まった二〇〇三年、世界ではまだ検索エンジンが使われ始めたばかりだった。そんななか、A9の導入により、検索や選択といった行為が驚くほど簡単になった。

アマゾン同様、膨大な数の商品を抱えるネットフリックスもまた、選択で生じる不快を選択の豊富さで生じる快に変えている。二〇一八年、ネットフリックスで配信されたタイトルの数は一万三〇〇〇に及ぶ。[21]そして数年もたたないうちに、検索が二の次になるほど優秀なアルゴリズムの開発に成功した。膨大なタイトルのなかから気に入るものを検索して探さなくても、観たいと思う作品が（アルゴリズムにもとづいて）ホーム画面に表示されるようにしたのだ。

消費の世界で何かを選ぶ方法は、人生の選択全般にも当てはまる。ハーバード大学で心理学を研究するダン・ギルバート教授は、大学生を対象に選択が幸福に与える影響を幅広くテストした。彼は学生に複数の白黒写真を見せ、気に入ったものを二枚選ばせたうえでどちらか一枚を自宅へ持ち帰らせ、もう一枚を実験に参加した証明として研究室に寄贈させた。その際、一方のグループには一度決めたら変更はできないと告げ、もう一方のグループにはいつでも好きなときに写真を交換してよいと伝えた。一カ月後、実験に参加した学生全員に対し、写真の選択にどの程度満足しているかと尋ねた。結果は圧倒的だった。変更できないと告げられたグループの満足度は、いつでも変更できると告げられたグループのほぼ二倍に達していた。

こうした結果は、チョコレートを使った実験[22]などほかの研究にも現れている。結局のところ、自分の決断に従うほかない人のほうが、逃げ道が用意され自らの決断に「幕引き」しない人に比べてはるかに自分の決断に満足しているのだ。

消費者体験という観点から見ると、この事実には重大な意味が隠されている。たとえば返品が許されていると、選択を長引かせる猶予の時間が生まれる。だがそういう時間が許されていないほうが、自らの決断への満足度が高くなる（ならば、なぜ企業は返品保証を設けるのか？　長い目で見れば不満が残るとしても、顧客がそれを求めるからだ）。

この理屈を人間関係に当てはめてみるとおもしろい。調査[23]によると、見合い結婚（強制ではない）で離婚にいたった人の割合は六パーセントと、全体の離婚率四四パーセントに比べてはるかに低い[24]。おそらく、見合い結婚にはいわゆる返品保証はないが、恋愛結婚にはそれが許されることも一因にあるだろう。とはいえ、見合い結婚をした夫婦は幸せなのか？　パメラ・リーガン博士がアメリカで恋愛結婚をした人と見合い結婚をした人を比較調査した結果、意外にも、見合い結婚した人の愛情、満足感、添い遂げる気持ちは、恋愛結婚をした人と同等だった[25]。

快から不快へ

快とひと口に言ってもいろいろあるし、行動の促し方も一つではない。おまけに、快は章の冒頭で提示した方程式「快－不快＝購入」の左辺の半分を担うだけにすぎない。消費者の生活に不快が混ざると、滑稽なことが起こる。

支払いの不快を麻痺させる

購入でもっとも不快な部分はどこか？　ラッパーのリル・ウェインが何と歌おうと、札束はそう簡単に撒き散らせない。購入でもっとも不快な部分は支払いだ。

人は総じてお金を手放したがらない。購入時の脳内の活動を神経科学者が調べたところ、支払いはまさに不快と呼べるものだった。fMRIを使った実験から、商品の価格について考えるとき、それも価格が高いときはなおのこと、島皮質の活動が活発になることが明らかになったのだ。島皮質は、身体的に痛みや不快感を味わったときに活動を起こす領域でもある[26]。

購入時の不快を和らげたいなら、もちろん価格を下げればいい。手放す額が五〇ドルから五ドルになれば、不快はかなり和らぐ。だが企業にとっては、それでは意味がないし、売上も生まれない。値下げは収益の減少を意味する。おまけに第1章で述べたように、高級品市場では、値下げはブランド価値の低下を招きかねない。そこで、企業は不快を和らげる別の方法に注目している。不快を認識する際の人間の特異な癖に働きかけることで、支払いのプロセスで生じる不快を和らげようとしているのだ。

第5章でも述べたが、マーケターは消費者にできるだけ素早くラクに決断させたい。これは支払いについても同じで、素早くラクに（つまりは不快を伴わずに）できるほうがいい。「考えさせるな」が商品を選ばせるための戦略なら、支払いについては「感じさせるな」をスローガンに掲げることになるだろう。企業は消費者の支払う額をできるだけ大きくしたいものの、支払いのプロセスではできるだけ不快感を与えたくないと考えているのだ。

お金を手放すときのいちばんつらい形は、紙幣を物理的に手渡すやり方だ。お金を手に持ってその力を享受したと思ったら、次の瞬間には消え去り、自分のものではなくなっている。恋人から別れを切り出されるときとは反対に、お金は電話やメールより目の前でなくなるほうが傷つく。金銭を喪失する体験が現実的であるほど、不快感は増す。

となれば当然、支払い体験が非現実的であるほど痛みは少ない。こういう意味でも、ラスベガスはとても危険だ。カジノでは現金をチップに両替する。これは取引なので、何かを失ったという感覚はない。ただし、現実の紙幣に比べると、チップへの思い入れは少ない。チップを失うことの痛みはどんどん麻痺し、その結果、どんどん賭け続ける。

チップよりもさらに現実味が薄れるのがクレジットカードだ。消費者がクレジットカードで買い物をすると、現金に比べてはるかに多くの金額を使う。[27] それに買い物の頻度も上がる。クレジットカード会社のVISAは、毎年一〇〇〇億件以上の取引を処理している。一秒につき約三五〇〇件の計算だ！[28] クレジットカードを使う感覚は、単純にお金を使うという感覚ではない。カードを機械に通したら、カードは手元に戻るので、何かを物理的に手渡すことはない。金銭の喪失を実感する要素は何もないのだ。

それ以上に実感が薄くなるものはあるのか？　デジタルでの取引だ。それを思えば、デジタル取引が急成長を遂げていることには何の驚きもない。二〇二〇年には、その数は七二八〇億になると見込まれている。[29] この数字は取引の件数であり、ドルの金額ではない。いまから二〇年前の二〇〇〇年に、決済サービスのペイパルが財布を取り出す不快感をなくし、オンラインにクレジット情報を書き込むようにした。ペイパルにクレジット情報を入力するのも不快？　大丈夫。アップルのタッチIDなら、ノートパソコンやiPhoneに親指を当てるだけで支払いが完了する。これでもまだカロリーを消費しすぎる？　大丈夫。アップルのフェイスIDなら、iPhoneを見るだけで支払いが完了する。企業が思い描く「次」は何か？　アマゾンはきっと、アルゴリズムを使って支払いの手間を一切なくし、注文する二日前に荷物を届けてくれるようになるだろう。プライム・ショッピングならぬ、時間を超越したプライム・シッピング（出荷）の実現をぜひともベゾスにお願いしたい！

そういえば、時間は支払いに伴う不快感を大幅に補正してくれる。たとえば、公衆の面前でリック・ジェームズの《スーパー・フリーク》に合わせて踊ったら一〇ドルあげると言われたらどうする？　カーネギーメロン大学で経済と心理学を研究するジョージ・ローウェンスタインは、まさにそれ（曲に合わせて踊ること）を人々にさせようとする実験を行った。[30]だが、その場ですぐに踊ってほしいという要請に同意する人はほとんどいなかった。数日後に踊ってほしいという要請には多くの人が同意したが、その日のうちに撤回する人も多かった（撤回すればお金を返さねばならないというのにだ！）。尋ねられなければ考えることもなかった、少なくとも自分の性格に少々合わないと思うことでも、それを未来にやってほしいと言われると、人はたいてい合意する。それはなぜか？　未来に起こる何かを想像しても、感情に何の影響も生まれないからだ。カーネマンが行ったアイスクリーム実験の反対（美味しい思いをしないバージョン）だと思えばいい。人は未来の快だけでなく、未来の不快についても恐ろしく予測が下手なのだ。目の前に人がいるところで何かをすれば、簡単に恥ずかしさを感じるが、頭のなかで恥ずかしさを想像するのはそれよりもはるかに難しい。

同じことは支払いにも当てはまる。クレジットカードの利用は、カードそのものを使うにせよ、スマートフォンに情報を登録してアップルペイで払うにせよ、究極のタイムワープとなる。クレジットカードにはカジノのチップのように非現実的な側面があるが、利便性ではチップと現金の両方を上回る。支払いをする前に買い物ができること以上に、便利なことがほかにあるだろうか？　マシュマロ・テストになぞらえるなら、クレジットカードの利用は前もってマシュマロを二つとも手に入れるようなものだ。

購入の支払いを終えるまで満足を先送りにするのではなく、満足は前倒しになる。商品はいま手に入るのに、支払いは未来になるからだ。「いま買ってあとで支払う」方式には、購入に対する金銭的なやりとりが覆い隠されるので、支払いで生じる不快を和らげる効果がある。金銭的な負担を大きく感じるのは、あとになってカードの支払いを迫られるときであって、カードを機械に通しているときではない。

この原理は民泊サービスを提供するエアビーアンドビーの支払いオプションを選ぶときにも作用する。宿泊費の支払いは、予約したときに全額を支払うのが常識とされてきたが、エアビーアンドビーがそれを変えた。いまでは予約時に半額を払い、残り半分は数週間後に自動的に請求されるという支払い方法を選ぶことができる。これはレイアウェイシステム〔頭金を払って商品を予約し、残りの代金を分割で払ったあとに受け取るやり方〕と違って、半分の支払いを遅らせても手数料はかからない。では、半分遅らせることで何が変わるのか？　先に払うのが半額だけなら、全額払うときほど不快に感じない。

不快という側面から支払い方法の歴史を探るのは実に興味深い。毛皮を運ぶのが大変だったことから、人間は銀貨や金貨を通貨として使い始めた。金は最終的に厄介ものとなり、人々は約束手形を使って銀行で金と交換するようになった。そうして時間がたつにつれ、約束手形は現金に変わり、金本位制は完全に見放された。現金は持ち運びに不便だとなると、今度は小切手を使い始めた（いまだに使っている人は、どうか使用をやめていただきたい）。そして小切手からプラスチックのカードに変わった。その後、機械に通して署名する苦痛から逃れるべく、チップ化されたクレジットカードが導入された。その次は、タップでクレジットカードが使えるようになった。機械にカードを押し込む不快はなくなり、タップするだけでいい。つまり、カードを機械にスライドさせる方式から、機械に押し込む方式に変わり、

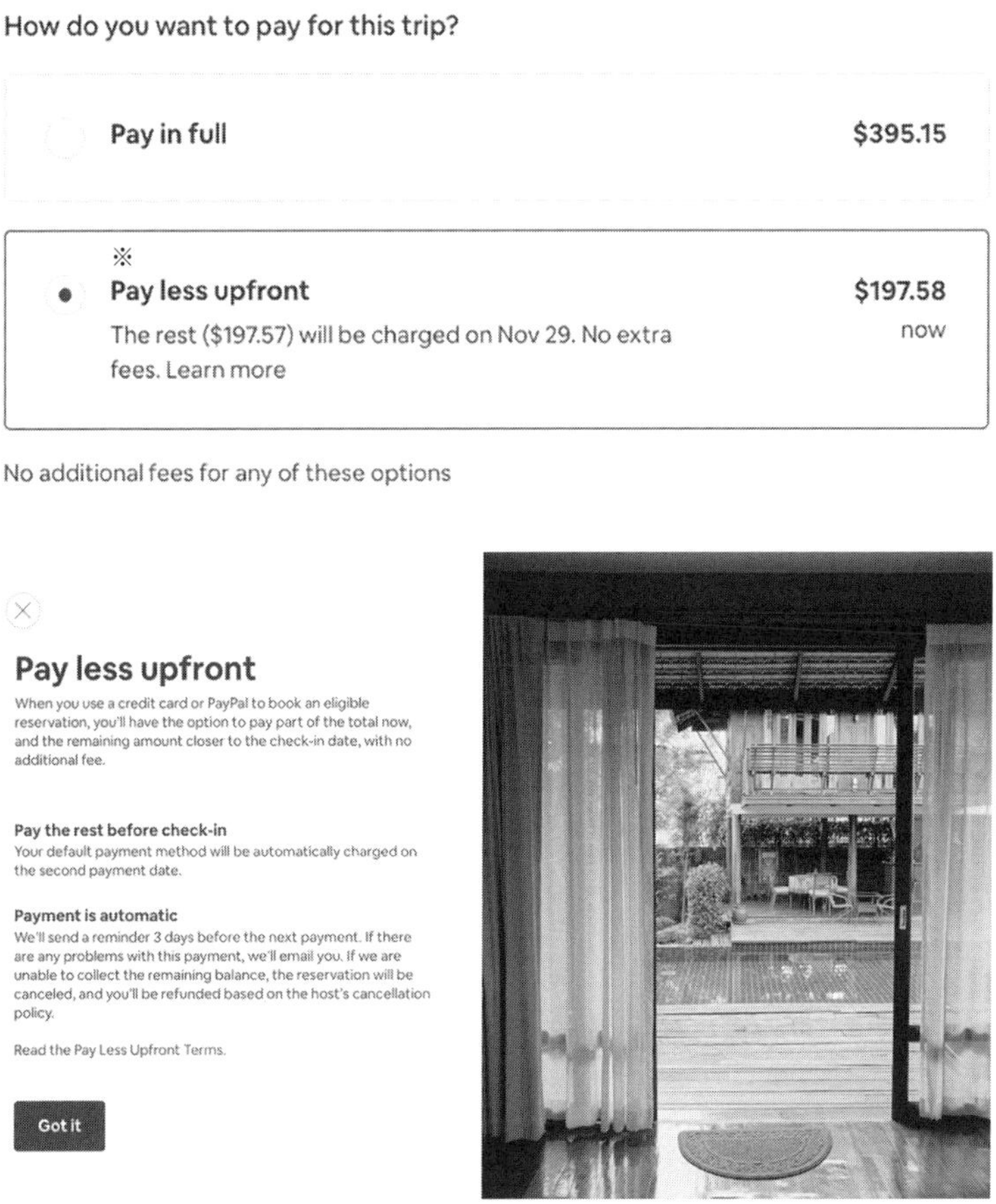
How do you want to pay for this trip?
Pay in full
$395.15
※
Pay less upfront
$197.58
now
The rest ($197.57) will be charged on Nov 29. No extra fees. Learn more
No additional fees for any of these options
Pay less upfront
When you use a credit card or PayPal to book an eligible reservation, you'll have the option to pay part of the total now, and the remaining amount closer to the check-in date, with no additional fee.
Pay the rest before check-in
Your default payment method will be automatically charged on the second payment date.
Payment is automatic
We'll send a reminder 3 days before the next payment. If there are any problems with this payment, we'll email you. If we are unable to collect the remaining balance, the reservation will be canceled, and you'll be refunded based on the host's cancellation policy.
Read the Pay Less Upfront Terms.
Got it

※「料金の一部を前払いする　$197.58（今支払う金額）」
エアビーアンドビーが提供する支払いの苦痛を遅らせるシステム

最終的にはタップするだけになったのだ。いまでは指紋で認証するだけ、もしくはちらっと顔を向けるだけで支払いができる。どのテクノロジーの革新も、支払い自体を簡単で現実味のないものにし、最終的に不快感を減らした。そして結果的に、企業の収益増にも貢献することとなった。

不快に感じる部分を強調して購入の動機づけに活用する

支払いに伴う不快感によって、購入ボタンを押す前にためらいが生じる恐れがある反面、不快というのはそもそも、購入を促すうえで重要な役割を担う。不快感や喪失感という人間ならではの感覚にマーケターが訴えかければ、消費者を彼らの思いどおりに動かすことが可能になるのだ。

何かを失うことと何かを得ること、どちらの影響が大きいか？　実は、不快の苦痛のほうが、快で感じる喜びに勝る。快を予期する感情も強い動機づけとなるものの、すでに持っている何かを失う苦痛は何よりも大きな動機づけとなる。ランディが意図的に行った、所有物をすべて破壊するという行為は、ほとんどの人が大金を払ってでも避けたいと思うものだろう。いや、実際にそういう行動に出ていると言っていい。保険業界は、失うことを恐れる消費者の気持ちのうえに成り立っている。

苦痛から逃れようとする現象を、行動経済学者は「損失回避」と呼ぶ。これについては、お金の扱い方に関する研究が具体的でわかりやすい。五〇パーセントの確率で一五〇ドルもらえ、同じく五〇パーセントの確率で一〇〇ドル失うギャンブルに、あなたは参加するだろうか？　数学的な観点からすると、このギャンブルには毎回賭けるべきだ。マニュアルモードの見本であるスポックなら、必ずそうするに違いない！　計算すると、（五〇パーセントの確率で一五〇ドルもらう＝七五ドル）－（五〇パーセントの確率で一〇〇ドル失う＝五〇ドル）＝二五ドルとなり、二五ドルの儲けになる。

しかしながら、脳はこういうシミュレーションを行わない。得る可能性より失う可能性のほうをはるかに重視するのだ。損失への恐れから、それを避けるための決断を促す。進化の観点からすれば、そうなるのは理解できる。狩猟採集をしていた人類は、食事を得ることの喜び以上に食事を失うことの苦痛を強く感じていたはずだ。

ダニエル・カーネマンと彼の研究のパートナーを長年務めたエイモス・トベルスキーの調査から、先ほどのギャンブルに手を出す人はほとんどいないことが明らかになった。人がギャンブルをするのは勝つためではない。失わないためなのだ。サッカーの世界では、イングランドのプロサッカーリーグに属するチェルシーフットボールクラブもそうだ。このチームは「パーク・ザ・バス」と呼ばれる戦略で知られる。これは、チェルシーがリードしたら、選手たちは相手の得点を防ぐことに専念し、攻撃をほとんど行わないという意味だ。全力でリスクをかけて激しく争う試合を好むファンにとっては残念だが（そういう試合が観ていていちばん盛り上がるのも否めないが）、その戦略は有効だと証明され、この一五年におけるチェルシーの勝利の多くを支えてきた。

リスクの回避は、（スポーツでも人生でも）いちばん盛り上がる指針ではないかもしれない。だが生存のうえでは、リスクをとるのはもっとも予期しうるケースだけにとどめるのが理想なのだ。リスクを冒しさえしなければ、失うことは絶対にない。進化の観点からすれば、自分と自分の所有物を守るほうが、どんなものを得る可能性よりも重要になる。

消費の世界では、ある作戦を通じて損失回避の科学がビジネスに持ち込まれている。ブランドが用いているこの作戦のことを、筆者は「不快の切り取り」と名づけた。要は、損失を嫌がる人々に向かって損失回避の重要性を強調し、回避を選ぶように仕向けるのだ。

この作戦は「恐怖の利用」であるとも言えるだろう。政治と呼ぶ人もいる。不快を説得の材料としてあからさまに利用する人は、恐怖を煽る。賢い政治家やそのキャンペーンチームは、不快を生じさせる部分を切り取ることで、いま持っているものを失うことへの恐怖を最大限に利用している。CMで特定の候補者に投票しなかった場合に失われるものを強調すれば、視聴者の恐怖を煽り、その候補者に投票することが「安全な選択肢」だと思わせることができる。この種のマーケティングは、勝者がすべてを牛耳るアメリカの二大政党制のようなゼロサムゲームにとりわけ有効だ[31]。

不快を生じさせる部分を切り取る露骨な例は、古き良き時代にも見受けられる。一九六四年のアメリカ大統領選挙を控えた当時現職の大統領であったリンドン・B・ジョンソンは、「デイジー」と名づけられたテレビCMで恐怖を宣伝に利用した。そのCMは、三、四歳の少女がデイジーの花びらをちぎりながら、「一、二、三」と数えていく場面から始まる。一〇を数えたところでメガホンを通した男性の声に代わり、今度は一〇から一へカウントダウンしていく。そしてゼロになったとき、映像が核爆発に切り替わる。爆発のあとに何という呼びかけがあったか。「一一月三日はジョンソン大統領に投票しよう」だ。

一見すると、このCMは恐怖を煽っているように思えるが、実際に与えているのは一定量の不快だ。愛する人を核戦争で失うことの不快感を与えているのだ。消費者に不快を感じさせ、その直後に商品という形の対抗手段を提示する。このCMの商品は候補者なので、「一一月三日はジョンソン大統領に投票しよう」という呼びかけが直後に続いたというわけだ。

二〇一六年のアメリカ大統領選挙と、二〇一六年のブレグジット（英国のEU離脱）国民投票のころは、とりわけ不快の切り取りが顕著だった。勝者が掲げたスローガンを見ていこう。大統領選でのドナルド・トランプは、一九八〇年の選挙でロナルド・レーガンが掲げた「アメリカをもう一度偉大にしよう」を再び利用した。英国の国民投票での離脱派は、「コントロールを取り戻そう」というスローガンだった。どちらも喪失（厳密には喪失を取り戻すこと）を語っている。トランプ陣営の主張は、アメリカから偉大さが失われたので、もう一度偉大になろうというものだ。英国の離脱派は、英国から自国の命運をコントロールする力が失われてしまったので、それを取り戻そうという主張だ。どちらのスローガンも、何かを失うことの不快を土台として利用している。

不快の切り取りVS獲得の切り取り

不快の切り取りの作用について理解を深めるために、それとは別の「獲得の切り取り」についても見ていこう。まずは次の二つの問いを見てほしい。

1. 現在の収入の八〇パーセントで生活できますか？
2. 現在の収入の二〇パーセントをあきらめられますか？

二つの質問は、基本的には同じだ。現在の収入額はともかくとして、どちらも同じ額で生活していく意思があるかどうかを尋ねている。ただし、問われたときの感じ方は同じではない。それは、切り取り方が異なるからだ。「収入の八〇パーセントで生活できるか」という問いは、手にできるものを切り取っているのに対し、「二〇パーセントをあきらめられるか」という問いは不快を切り取っている。後者は喪失感のようなものを生むが、前者はそうではない。その結果、二番目の質問より一番目の質問をされたときのほうが、「イエス」と答える可能性が高くなる。[32]

商品が市場に展開される場合もまったく同じで、獲得と不快のどちらかを切り取る。次のメッセージのうち、あなたはどちらに感銘を受けるだろう？

1. このマルチビタミンを飲めば、体力や持久力が向上します
2. このマルチビタミンを飲めば、体力やエネルギーの消費を防止できます

商品の効果は同じでも、切り取り方が違えば、消費者の商品のとらえ方や買うかどうかの最終判断に与える影響はまったく変わる。とくに、損失回避を第一とする人が不快に感じる部分を切り取って提示されれば、どうしてもそれに従ってしまう。道教の教えにもあるように、「すべてあることと何もないことは、呼び方の違いにすぎない」のだ。[33] 消費者の商品の受け止め方は、それがどんな切り取り方をされるかで大きく変わってしまう。

FOMOの威力

何かを失えば、尋常ではない不快が生じてもおかしくない。この種の不快、そしてそれを避けようとする気持ちからは、「機会損失」という考え方が生まれる。要は、手に入ったかもしれないものを失うことを恐れるようになるのだ。そしてこれもまた、マーケティングの糧《かて》となる。

これについては、リトアニアにあるＩＳＭ経営・経済大学のダーガーダス・ジャンカスの調査で実証された。[34] ジャンカスのチームは、ｅコマースウェブサイトを使い、一時的な値下げという形で「(機会を) 逃すことへの恐れ」を切り取って提示する場合、バンドワゴン (「この商品はすでに二五〇人が買っています」との表示) や獲得の切り取り (「注文が早ければ、受け取る時期も早まります」との表示) によってほかの心理的な作用が生じる場合、上記のどちらも提示しなかった場合の三つを比較した。すると、逃すことへの恐れを最大にする形で提示したときに売上は最高となり、何の提示も受けなかったグループの購入がダントツで低かった。

逃すことへの恐れは、その頭文字で表すとＦＯＭＯ (Fear Of Missing Out) となる。何かを逃すという損失を切り取って提示するマーケティングは、ＦＯＭＯマーケティングと呼んで差し支えないだろう。マーケターは逃すことへの恐れを呼び覚まそうと、次のようなオファーやメッセージを投げかける。

- 「期間限定でご提供！」
- 「いますぐお買い求めください！」
- 「このチャンスをお見逃しなく！」

これもあって、前章で紹介したファッション通販サイトのギルトの期間限定セールやアマゾンの数量限定タイムセールは非常に効果的なのだ。こうした企業はオートマチックモードで考えさせようとするばかりか、損失を切り取ってFOMOを増幅させている。

とりわけFOMOマーケティングを賢く利用した「ブランド」が、スウェディッシュ・ハウス・マフィアだ。世界的な人気を博すこのDJグループは、アメリカでEDM（エレクトロニック・ダンス・ミュージック）を広めた第一世代として活躍した。そんな彼らは、二〇一一年に解散を発表した。解散で金儲けしなかったビートルズと違い、彼らは解散ツアーを計画した。ツアーは世界規模で行われ、ロシア、インド、南アフリカ共和国、ストックホルム、ブエノスアイレスなど多数の国や都市でコンサートが予定された。チケットは数分で完売した。

彼らの解散ツアーは結局二年に及んだ。計画的にコンサートの日程が追加されたのだ。ツアーの完結まで一年を切ると、解散ツアーを追ったドキュメンタリー映像が発売された。ほどなくして、彼らは再結成ツアーを行うと発表した。彼らに比べれば、NBAからすでに二回引退していた（!）マイケル・ジョーダンの引退発表のほうが、まだ説得力があったと言わざるをえない。こうした事情を聞くと、スウェディッシュ・ハウス・マフィアの解散の信憑性を疑いたくなるだろうが、機会を逃すことへの恐れがチケットの売上に拍車をかけたことは疑いようがない。

損失を強調して提示すれば、失敗に終わった商品すら成功に導くことができるのか？　マクドナルドのマックリブに限って言えば、答えは紛れもなく「イエス」だ。マックリブを季節商品だと思っている人は多いと思うが、以前は違った。最初に登場したときは、定番商品のラインナップに加わる予定だった。だが売上が芳しくなかった。それどころか売上が低すぎて、すぐさまラインナップからはずされた。ところが期間限定商品として復活すると、マックリブは爆発的な売上を記録した。この商品は秋になると売り出されるが、マクドナルドは季節商品として宣伝しないように気をつけている。季節商品のレッテルを貼られてしまうと、機会を逃すことへの不快があまり生じなくなるからだ。だから、「マックリブが期間限定で帰ってきた！」という表現を使い、逃すことへの恐れをうまく煽っている。

マーケティングコースの入門講義ではきまって、価格（Price）、製品（Product）、場所（Place）、プロモーション（Promotion）というマーケティングの四つのPを叩き込まれる。だがそれ以上に重要なのが、消費の新たなPだ。それは、不快（Pain）、快（Pleasure）、購入（Purchase）の三つとなる。

消費者の購買行動は、自分にとっての快と不快、さらには快と不快それぞれの関係によって大きく左右される。この章で見てきたように、それらの関係は単純とは程遠い。快は見つけづらい。いちばんの快は、自ら追い求めながらも偶然手に入ったものなので、予期することは難しい。また、人は快を得られるという期待にもとづいて購入するものの（その期待は間違っていることがほとんどだが）、それ以上に、不快を避けたいという思いで購入するケースが多い。恐れや不安を引き起こすことを直接的に吹き込むにせよ、損失を強調して商品をアピールするにせよ、不快を避けようとする人間の動機に訴えかける戦略は、マーケターの手持ちのツールのなかでもよく使われるものだ。

快と不快の役割をこのような視点から見ていくと、現代の消費の世界はかなり不穏だと思われても無理はない。狩猟採集の時代に役に立ったものは、スワイプや検索が当たり前になった現在の環境ではあまり役に立たない。いまの消費者は、一台のｉＰｈｏｎｅを手に、アップルの奇術師たちが年に一度爆発的な快をもたらしてくれるのを待ちわびながら生きている。選択肢の山は毎年増え続け、消費者はその山を登り続けている。だがそれと同時に、その山から一つでも失われることを恐れてもいる。

もしかすると、ヘドニック・トレッドミルから足を下ろすという選択が、不快と快の究極の組み合わせになるのかもしれない。そう考えるとたんに、マイケル・ランディの行った所有物の破壊がそれほど奇妙とは思えなくなってくる。

第7章

依存2・0

デジタル時代における強迫行動を収益化する

カフェインを定期的に摂取する四人に三人が、カフェインに依存している。[1] 世界で八人に一人が、ニコチンに依存している。[2] 依存はビッグビジネスだ。訴訟が起きても、社会の認識が高まっても、公衆衛生局長官が衝撃的な警告を発しても、二〇一八年におけるタバコ産業の年間収益は世界全体で五〇〇億ドルを上回る。[3] とはいえ、タバコは依存製品の第一世代のほんの一つにすぎないし、ある意味フェアな製品だと言える。なにしろ消費者は、ニコチンが含まれる製品を触って感じて味わうことができる。依存に陥る可能性があると事前にわかっているのだから、その情報に応じて判断を下せばいい。

いまは、そうした配慮のない依存製品の新たな波が生まれている。テクノロジーの発展により、企業はもはやニコチンなどの物質を使わずとも消費者を依存させることができる。また、コーヒーやタバコを販売する企業と違い、第二の波に乗る企業は製品で儲けようとしない。少なくとも、製品にお金を払わせるつもりはない。彼らが消費者に使わせたいのは、時間と集中力だ。いままでは、消費者が向ける注意そのものが通貨となったのだ。ようこそ依存2・0の世界へ。

時は金なりというのは事実だ。インスタグラムやフェイスブックといった人気のプラットフォームは、昔ながらの意味では無料だが、ユーザーは「注意を向ける」という形で間接的に対価を払っている。イッキ見やスワイプや最新情報のチェックに奪われた三時間に対し、返品保証はない。サイトやアプリを通じてオンラインにとどまる時間が長くなるほど、消費者の思い入れ《エンゲージメント》が強くなり、サイトやアプリはより多くの広告を販売できるようになる。この「サイトに時間を費やさせる」ビジネスモデルでは、ユーザーがプラットフォームを利用する時間が増えるほど、プラットフォームの広告収入が増える。

この分野を生業とする企業は「エンゲージメント」という言い方を好んで使うが、これは依存を遠回しに表す言葉にすぎない。ユーザーが向ける注意のおかげで成功している企業にとって、ユーザーを文字どおり依存状態にさせるプラットフォームほど理想的なものがほかにあるだろうか。ユーザーが向ける注意は文字どおり売買されており、それには何十億ドルもの価値がある。

こうしたプラットフォームは、デジタル広告を通じてユーザーの注意を収益化している。企業は、スナップチャット、インスタグラム、ピンタレストといったプラットフォームにお金を払い、ユーザーにリーチしている。新聞や雑誌にお金を払って広告を載せるのと同じだ。二〇〇〇年代に入ってからデジタル広告は急増し、巨大産業となった。二〇一六年にはアメリカだけで七二〇億ドルがデジタル広告に費やされ、そのうちの一〇〇億ドルはフェイスブックが手にした。フェイスブックのユーザーの利用時間は、平均して一日に約五〇分だ。プラットフォーム業界で現状はトップだが、人々が向ける注意を熾《し》烈《れつ》に奪い合うこの関心経済《アテンションエコノミー》において、際立った存在はほかにもある。アテンションエコノミーでしのぎを削るプラットフォーム（コミュニケーション要素を持つもの、持たないもののどちらも含む）は、消費者が向ける注意（関心）とそれを目当てにした広告収入を得るために競い合っている。

アメリカ人が一日にスマートフォンを使う時間は三時間を超え、スナップチャットのユーザーがアプリを開く回数は、平均して一日に一八回にもなる。その結果、この分野の企業は消費者が物理的な製品を買って家に持ち帰ることがないにもかかわらず、人類史上もっとも利益をあげる企業の仲間入りを果たした。二〇一九年一〇月の時点でアメリカでもっとも訪問数の多かったウェブサイト上位五社は、グーグル、ユーチューブ、フェイスブック、アマゾン、レディットだった。このなかで、消費者が物理的な製品やサービスにお金を払うサイトはアマゾンだけだ。[4] 顧客はいまや製品となり、企業は私たち消費者を売り買いするようになったのだ。

とりわけソーシャルメディア企業は近年になり、アテンションエコノミーであまりにもうまくやりすぎていると強い圧力をかけられるようになった。彼らは心理的な弱みを利用するのに適したテクノロジーの機能を集約し、見事に利益に結びつけている。オンラインプラットフォームという業界は独特で、もっとも影響力の強い創設者がもっとも声の大きい批評家にもなる。こんな業界はほかにない。フェイスブックの初代CEOを務めたショーン・パーカーや、グーグルのGチャットを生み出したジャスティン・ローゼンスタインをはじめとする多くの技術畑出身の専門家たちが、「消費者の注意を奪い、消費者の心理を乗っ取っている」という警告をプラットフォームに発している。テクノロジー業界で神のように崇められているあのスティーブ・ジョブズですら、iPhoneやiPadを自宅で使うときに制限を設けていたことは有名な話だ。セールスフォース・ドットコムのCEOマーク・ベニオフも、「テクノロジーに依存をもたらす性質があるのは間違いなく、われわれはそれに対処する必要がある。また、製品デザインを通じて製品への依存を高めようとしている点についても抑制する必要がある」[5]と公式に述べている。

今日の依存を引き起こすテクノロジーのすべてに共通することがある。それは、快そのものの体験という私たちに欠かせないものに入り込み、プラットフォームが求める行動をユーザーにとらせるという点だ。依存について理解するために、ここからは快についてさらに掘り下げていく。快を得たときにどう感じるかだけでなく、快が人をどう形づくるかについても知っておく必要があるのだ。

快と行動の関係

前章で、快という体験は意思決定を左右すると述べた。また、快は行動と切っても切り離せない関係でもあり、最悪の場合、そこには強迫行動も含まれる。

まずは基本的なことから見ていこう。快体験を通じて行動が誘発されるもっともシンプルな道筋は、「行動強化」と呼ばれる。たとえば、初めて訪れたレストランでの食事が美味しかったら、脳はそのレストランに行くことと快には関係性があると学習するので、再訪する機会をすぐに自然と探し求めるようになる。食事を楽しんだという事実が、レストランを訪れるという行動を強化するのだ。

強化の学習に関する研究の先駆者となったのは実験心理学の分野で知られるB・F・スキナーで、彼は一九六〇年代にハーバード大学で研究を開始し、強化学習を「オペラント条件づけ」と名づけた。その大まかな仕組みは驚くほどわかりやすい。イヌを飼っている人ならわかると思うが、子イヌに行動を教え込むときは、美味しいおやつを隠し持つことがカギとなる。子イヌのローバーが室内ではなく外で用を足したら、美味しいおやつを与える。ローバーが指示に従っておすわりをしたら、美味しいおやつを与える、という具合だ。時間がたつにつれ、ローバーは徐々に行動と美味しい強化要素の関係を学習する。

アップル、フェイスブック、グーグルといったテクノロジー企業はいわばイヌの飼い主と同じで、できるだけ長くサイトにとどまるという行為をユーザーに教え込もうとする。とはいえ、そういうサイトに依存を生む性質があるだけで、ユーザーの行動を強化できるものなのか？　フェイスブックのニュースフィードを再読み込みするのは、楽しい気晴らしや他者とかかわる喜びという美味しいおやつを得るためなのか？

モバイルアプリのモーメントが公開したデータを見ると、決してそうとは言えないようだ。モーメントはスマートフォンでのアプリの利用を追跡しているほか、ユーザーがもっとも時間を使っているアプリについての記録もとっている。また週に一度、使っていていちばん楽しいアプリをユーザーに尋ね、その回答と実際の利用状況を比較している。単純な強化要素によって行動が誘発されるのであれば、いちばん快を引き起こすアプリの利用時間と加入率がもっとも高いはずだが、現実は反対だ。二〇一七年のデータの総合報告を見ると、ユーザーが多くの時間を割くアプリはきまって「不快」に関係していた。つまり、いちばん楽しめず、使う時間を減らしたいと思っているアプリをいちばん頻繁に使っているのだ。だが正直にいって、バスや地下鉄でスマートフォンをずっと凝視している人を見たことがあれば、この結果は誰でも容易に想像がつくのではないか。いまでは当たり前に見受けられる「無心にインスタグラムをスクロールする」ときの表情は、純粋に夢中になっている人のものとはとても思えない。となれば当然、人の行動を強化する仕事は、単純に行動強化を促す以上に複雑なものとなる。これは意外でも何でもない。行動の形成に何十億ドルと使う組織にとって、単純なオペラント条件づけは子供の遊びにすぎない。フェイスブックがイヌの訓練士だとするなら、どんなイヌでもしつけることで有名なドッグトレーナーのシーザー・ミランがやっていることは、幼稚園児のお遊び同然ということになってしまう。それに、日々イヌの世話をする飼い主と一流の動物訓練士の違いは、与える強化要素の数にあるのではない。違いは与え方にある。

快とドーパミン

第6章で、快には奇妙な性質があると述べたことを思い出してほしい。快体験は本質的にすぐに消え去るうえに、得たときではなく追求しているときに最高潮に達する。また、偶然思いがけず得たときのほうが快を強く感じる。快の感覚は私たちに不可欠だというのに、自分が得られる快の度合いの予測は総じて下手だ。さらには、快による行動形成にもいくつか奇妙な点がある。こうした奇妙なことはすべて、脳による快体験の処理の仕方が関係している。

脳内での快の状態については、科学的にもかなり明らかになっている。これは第1章でも触れた、脳の中心部に近い側坐核《そくざかく》という部位のおかげだ。この部位に脳深部用の電極を使って直接刺激を与えると、「いい気分」になるという。この電極を介して側坐核に刺激を与えるボタンを押すかどうかの選択をサルにさせると、クタクタになるまでボタンを押す。食べ物や水はおろか、セックスよりも、このボタンを通じて自分で自分に刺激を与えることを選ぶのだ。また、深刻なうつ病（薬物治療が効かないレベル）が原因で笑顔がなく、顔の筋萎縮を抱えている人であっても、側坐核を刺激すると笑顔が生まれる。

つまり、側坐核は快をつかさどる部位に限りなく近い存在なのだ。それだけでなく、側坐核は未来の予測にも長けている。エモリー大学で神経経済学を研究するグレッグ・バーンズ率いるチームが、ポップソングのヒットを側坐核が予測できるか確かめる実験を行った[6]。実験にあたり、彼らは実験参加者に初めて耳にする未発表曲を聴かせ、そのときの脳の活動を調べた。すると、どうやら快は、曲のヒットを当てる予測因子として信頼に足るらしいと判明した。視聴中に側坐核のニューロンの発火が増えた曲ほど、世間に発表されたときに高い人気を得たのだ。興味深いことに、視聴した曲をどれだけ楽しんだかについての参加者の主観的な報告は、曲のヒットと相関性を示さなかった。だが、側坐核の動きを見れば、人気はあるが、好きだと言うのははばかられるイメージのある《デスパシート》や、ニッケルバック、バックストリート・ボーイズ、ドレイクといったアーティストの曲を、心の底では楽しんでいるのがわかってしまうのだ。

側坐核にはドーパミンを介して情報を伝達するニューロンが集まっていて、その数は数百万に及ぶ。このことから、ドーパミンは「快楽分子」とよく呼ばれるのだが、ドーパミンの役割はそれだけにとどまらない。第6章で、脳はつねに何か（快）に向かうか、何か（不快）を避けるかのどちらかを行っていると説明した。その何かに向かわせるカギを握るのがドーパミンだ。つまり、ドーパミンは「欲求分子」でもあるのだ。期待の喜びを感じたときのことを思い出してほしい。そのとき脳はドーパミンを放出している。おまけにドーパミンは厳格だ。何かを求めて（具体的には何かを期待して）いるときには放出されるが、それを手に入れたとたん、放出されなくなる。ドーパミンが反応するのはステーキが焼ける音であって、ステーキそのものではない。

欲求と快楽が生物学的に異なるのも、いちばんの理由はドーパミンにある。これについては、ドーパミンの科学について語ったダニエル・Z・リーバーマン博士とライターのマイケル・E・ロングの共著『もっと！』に次のような素晴らしい記述がある。「ドーパミンの作用による興奮（つまりは期待の興奮）は永遠には続かない。未来はいずれ必ず現在になるからだ。未知の謎への興奮は、退屈なよくある日常となる。そうなった時点で、ドーパミンの仕事は終了し、失望がやってくる」[7]

エレクトロニック・ミュージックという音楽のジャンルに目を向けてみよう。ダブステップやエレクトロ・ハウスもその一つで、ドロップ（サビ）とドロップに向けて盛り上がるビルドアップが何度も出てくるのが特徴だ。ビルドアップは、緊張感があるとも言えるし、楽しいとも言える。コメディ番組「サタデー・ナイト・ライブ」は、「ベースのドロップはいつ？」というタイトルのコントでその特徴をデフォルメして笑いを誘った。クラブで踊る客に永遠にサビにたどり着かないのではないかと思わせ、そうして期待を引っ張りに引っ張ったあげく、ついにドロップがきて緊張が一気に解放される。これぞまさに、ドーパミンの働きそのものだ。未来に起こることへの期待が大きく膨らむほど、ドーパミンの数値は高く上昇する。脳にとって、快への期待は本質的な報酬だ。ドーパミンは正確には「未来分子」と呼ぶべきだが、「ベースのドロップ分子」と呼んだほうが楽しいかもしれない。

この原理を食事に当てはめるとどうなるか。舌を介しての味は、美味しい食事で生じる快の、いわゆる氷山の一角にすぎない。その背後には、予測や期待がある。とりわけ食べたことのない料理とワインのペアリングを行うときがそうだ。どんな料理にもワインは合うと心から思っていても、味わったことのない組み合わせに関しては確信が持てないだろう。この、前向きな気持ちはあるが実のところはよくわからないという感情は、未来の快に対する期待を生む。たとえば、骨付き羊肉のローストにコート・デュ・ローヌのワインをソムリエから提案されたら、頭のなかで期待のスイッチが入る。料理とワインのどちらも口にしなくても、すでに快の体験は始まっている。

ドーパミンは期待にもとづいて生じるとはいえ、期待を上回ることが起きると、ドーパミンはさらに増える。偶然生じる快が最高の快となるのはそのためだ。赤ワインと赤身肉の組み合わせはある程度想像がつく。では、これまでにない食材の組み合わせ、たとえばヌテラ入りラザニアを注文したらどうなるか？　料理にワインを組み合わせるのと違い、ヘーゼルナッツのチョコレートスプレッドをラザニアに加えることは一般的ではない。単純に自分にとって未知のものであるというだけで、それに対する期待から生じる快は、料理とワインの組み合わせに対する期待よりも高くなる。脳もその料理に対して期待する。そして、そうした期待を軽々と超えられれば、体験する快はいっそう強くなる。ヌテラ入りラザニアに関する背景知識がない状態で思いがけず美味しい思いをしたら、脳内に放出されるドーパミンの量が急増し、快が増幅される。これが予期せずに得られる快であり、人は口のなかにもっとも強い幸福感をもたらしてくれるものを何よりも待ち望んでいる。

こうした事情がわかると、本質的にすぐに消え去るという快の性質についても説明がつく。何かを体験し、その体験がどういうものかがわかったとたん、体験を通じて得た喜びは薄れていく。南国で休暇を楽しんだことのある人ならよくわかるはずだ。ビーチに寝そべってマイタイカクテルを味わっていると、最初のうちは天国に感じるが、世界一美しい白浜のビーチですら、数日たてば色褪せる。遅かれ早かれ別の何かを体験しないことには、ビーチを再び楽しめるようにならない。ここで生じる現象は「減《げん》衰《すい》」と呼ばれるもので、感情や注意といった心理体験には時間の経過とともに自然と薄れていく傾向があるのだ。快に目を向けると、この現象は進化の過程で私たちに組み込まれたのではないかと思える。要は、至福の状態は長くは続かないということだ。繰り返し食べ続ければ、ベーコンだって飽きる。

快、予測、驚き

人は絶えず次にくるものの予測を立てている。レストランに行けば、料理の味はどんなだろうかと予測する。そして、「まずくはないだろう」くらいに思っていた料理が、食べてみたら驚くほど美味しかったとしよう。これは科学者が呼ぶところの「肯定的な予測誤差」だ。間違いはしたが、いい意味で間違っていたということだ。この嬉しい誤算が起きると、これまでに見てきたように、ドーパミンが行動を起こす。人は嬉しい驚きが大好きなのだ。

この種の嬉しい驚きを盛り込みたい企業は、消費者の期待を入念に管理するという手段を用いる。玄関先で無料ギフトの手袋を持ったザッポスの社員を見つけて嬉しいと感じるのは、そんなことが起こると期待していなかったことが大きい。実際、体験したことが自分の期待を上回らなければ、消費者は新たな快を求めて次へ進もうとする。かくして、「約束は控えめにして、約束を上回る結果を届ける」という格言がビジネスで使われるようになった。

ザッポスの成功はこの格言の上に成り立っており、とりわけ設立当初の出荷方針に顕著だ。アマゾンに買収される前のザッポスは、闘志あふれるスタートアップ企業だった。ネットショッピングで靴を買いたがる人がいると、世界にいち早く証明した企業の一つでもある。eコマースが台頭し始めたころ、オンラインの買い物には商品がすぐには届かないというイメージがあり、「四～五営業日」かかるのが当たり前だと思われていた。ところがザッポスは、あえて顧客に伝えずに二日で商品を届けることを選んだ。それはなぜか？　顧客は、注文したナイキのシューズが届くのは一週間後だと思い込んでいるからだ。そんな顧客の期待を裏切って二日で商品が届けば、新品のナイキを受け取るときの喜びは驚きによって増幅される。

期待を利用して顧客体験にプラスを生み出しているのはザッポスだけではない。たとえばあなたの乗った飛行機が、午後二時三〇分にサンディエゴに到着する予定だとしよう。ところがインターコム越しに、機長から「目的地への到着が午後二時になる」とさらりと発表された。機内の乗客はみな大喜びだ。あなたはこれまでに、飛行機が予定より早く到着することが多すぎるのではないかと不思議に思ったことはないだろうか？　ケロッグ・スクール・オブ・ビジネスの研究者たちも同じ疑問を抱いた[8]。そうして調べてみると、公表されている飛行時間がこの二〇年で八パーセント以上長くなっていることがわかった。ただし、飛行時間が延びた理由は、目的地までかかる時間が変わったからではない。増えた時間は「戦略的な水増し」だった。航空会社は所要時間をあえて想定より長くすることで、到着時刻が早まったと発表できるようにして、乗客に嬉しい驚きを与えていたのだ（早まった到着時刻は、そもそも想定されていた時間である）。定刻通り、もしくは定刻より早く到着すれば、顧客は喜ぶ。乗客にとっての、何時が定刻で、何時が定刻より早いかは、航空会社が定める想定ですべて決まる。

ただし、このやり方には限界がある。航空会社が毎回必ず、きっちり一〇分早めることで顧客を驚かせれば、顧客はその意味を悟る。そして次に飛行機に乗るときには、航空会社に対する期待が変わっている。期待値が上がったことで、顧客の予測誤差は小さくなり、ひいては喜びの度合いも小さくなる。期待値の修正を促すのはドーパミンだ。快に対する期待と実際に得た快に関するデータが増えるたびに、予測誤差の幅は狭まっていく。ドーパミンは快への期待だけでなく、快体験とそれを期待できるタイミングの学習にも深くかかわっている。

オプラ・ウィンフリーが届けた観客の期待を超えるプレゼント

「約束は控えめにして、約束を上回る結果を届ける」という格言は、水準が極端に高い人にはどう適用すればいいのか？　たとえば、オバマ夫妻やオプラ・ウィンフリーといった著名人のためにパーティーを開くとしたらどうすればいい？　オプラには「楽しいパーティーになると思うけど、あまり期待しないで」と伝えつつ、密かに彼女を驚かせる計画を進めればいいのか？　イベントプランナーのデビ・リリーは、まさにこうしたシナリオに何度も直面している。彼女はオプラが注目を浴びるイベントを数々手がけていて、そのなかにはオプラの五〇歳の誕生日パーティーをテレビで生配信するという企画もあった。そのパーティーには、あのジョン・トラボルタとティナ・ターナーがゲストに含まれていた。

「こういう場面では、その格言の意味はなくなります」とリリーは言う。とはいえサプライズの価値は健在だ。「意外にも、ちょっとしたサプライズの演出が大きな効果を発揮することがあります。たとえば、イベントの主役の目の前に、その人のことを思いやったプレゼントや驚かせる何かを持った誰かを登場させるとか。イベント限定で特別につくった紙袋で驚かれることもあります」[9]

リリーのチームは、二〇〇四年にオプラがテレビ番組の企画として行った大規模な自動車プレゼントにも携わった。これほど話題になった番組は、おそらくほかにないと思う。オプラが「あなたも、あなたも、ここにいる全員に車が当たったのよ！」[10]と観客に伝えるシーンはあまりにも有名だ。何度観ても胸が躍る。なぜそうなるのか？　そこには歓喜、期待、驚きが詰まっていて、事あるごとにそれらが最大化されるようになっているからだ。

番組では最初、オプラが無作為を装って観客から一一人を選んでステージに上げ、あなたたちは教師だからこの舞台に上がれたのだと説明する。企画がそこで終わっていたら、その一一人がこの体験に満足して帰るだけの話となる。ところがそれは始まりにすぎなかった。「私はみなさんに嘘をつきました」とオプラは一一人に告げ、「いまここで認めます。みなさんには、夢みていることがあるでしょう。欲しくてたまらないはずですよね（ここでドーパミンに合図が伝わる）。新しい車が！」[11]。一一人は興奮状態になる。会場の観客からは拍手喝采《かっさい》が起こり、一一人と喜びを分かち合う。だが、これもまだ前フリでしかない。

拍手喝采が静まると、オプラはまた嘘をついていたと告白し、プレゼントの車はもう一台あると伝える。観客は歓喜の声をあげ、期待に胸を膨らませて息を呑む。そしてここから、リリーのチームが素早く行動に移る。スタジオの脇からリボンのかかった小さな銀色の箱を大量に持って現れると、オプラがすかさず観客に向かって「箱をもらってもまだ開けないで。そのなかの一つにポンティアックG6の鍵が入っていますよ！」と説明する。そして、観客の誰もが「その一人は私かも！」という期待を抱く。

オプラは音響担当者にドラムロールを流すようにと指示を出し（これでドーパミンがさらに増える！）、観客に「開けてください」と告げる。もちろん、サプライズとしてすべての箱に鍵が入っている。箱を開けた人はみな、「自分が唯一の当選者だ」と思う。つまり、G6を手にできる喜びに加えて「驚き」を体験し、さらには自分は幸運な当選者に偶然選ばれたという特別感まで味わったのだ。

この、偶然自分だけが選ばれたという特別感を全員が味わうのだから、その場は純粋な喜びに包まれる。そうして観客が徐々に周囲に目を向け始めると、車の鍵を全員が持っていると気づく。このあとに、オプラのあの有名な、「あなたも、あなたも、ここにいる全員に車が当たったのよ！」という台詞が続く。車の幸運な当選者になることに勝るものがあるとすれば、テレビ史に残る一世一代の瞬間に自分がいたという実感くらいかもしれない。

それでは、この見事な快体験を振り返りながら、快を何層にも重ねることの大切さを見ていこう。オプラがスタジオにやってきて、すぐさま「あなたも、あなたも、ここにいる全員に車が当たったのよ！」と発表していたとしても、観客はみな間違いなく大喜びしたと思う。だが、驚きをいくつも重ねてドーパミンの反応を最大限に引き出したことで、番組は異次元とも言えるレベルの体験を生み出した。

期待が自然に高まるような状況（オプラの番組で行われた自動車プレゼントのような状況）であっても、驚きを組み込むことはできる。優秀なイベントプランナーは、このことを直感的に理解している。その第一歩として思いがけないプレゼントを用意するのは素晴らしいが、大事なのはプレゼントそのものではない。プレゼントの与え方だ。喜びは、予期せぬことが起こったときだけでなく、期待が次々に裏切られるときも倍増する。要するに、偶然という要素が人々の行動に大きな影響を与えるのだ。

偶然と行動の関係

人の行動を誘発する際に偶然性が重要になるという事実が最初に知られるようになったのは、一九六〇年代のことだった。行動心理学者のマイケル・ツァイラーの研究が影響したのだ。彼は、報酬のタイミングを変えた場合のハトの反応について調べた[12]。ハトはイヌと同様に物覚えがよい。スイッチをくちばしでつついて食べ物が出てくれば、すぐにそれを覚えて何度も繰り返す。ハトの食欲はほぼとどまることがないので、トウモロコシの粒だけで立派な報酬となる。

ツァイラーの実験では、ハトに二種類のスイッチが用意された。一つはくちばしでつつくと必ず食べ物が出てくるもの。もう一つもつつけば食べ物が出てくるが、その確率は五〇～七〇パーセントで、頻度も一定でない。結果は簡単に予測できそうに思える。ハトは当然、つつけば必ず美味しいご褒美が出てくるほうのスイッチを選ぶはずだ。ところが、ハトの意志は固かった。食べ物がいつ出てくるかわからないほうのスイッチをつつく回数が、もう一方の約二倍にものぼったのだ。

この結果はその後、さまざまな種で何百回と再現されている。そのなかには我らが人間も含まれていて、結果はいずれも驚くほど一貫している。人は異様なまでに一貫性のなさに惹かれるのだ[13]。行動を強化するには、報酬を与えるタイミングが変則的な（報酬があることは確実だが、いつもらえるかはわからない）ほうが、決まったタイミングで与えるよりはるかに効果が高い。

楽しいと思うことがあると、それを変則的に与えられるほうにより魅力を感じるのはなぜなのか？前章で紹介した、グレッグ・バーンズのタイミングを変えてジュースを与えた実験でもそうだったように、変則的に与えるほうが、規則的に与えるより脳内レベルでの喜びは大きくなる。人にとっては期待そのものが報酬になるという事実を思い出してほしい。また、変則的になることで期待値が下がれば、喜びが生じたときに驚きも生まれる。「今回はジュースが口に入るかな。入らなかったか。よし、今度はどうだ？　いや、次こそは。やった、とうとう入ったぞ！」という具合だ。

変則の度合いがこれほど高いと、繰り返し求めずにはいられない。自分のとった行動に対して何が起こるか予測できないと、その行動を繰り返す回数が増える。そのつかみどころのない関係を無意識に理解しようとするのだ。それが強迫行動を生む。なかには、この行動を依存と呼ぶ人もいるだろう（この章のタイトルを見てわかるように、筆者もそう呼ぶ人々に含まれる）。

ドーパミンのその奇妙な働きのせいで、ラスベガスのカジノでスロットマシーンに夢中になる人があとを絶たない。ギャンブルに興じる人たちは、いくらやってもほとんどお金は出てこないにもかかわらず、ツァイラーの実験で使われたハトのように、ドーパミンがもたらす「今度こそ」当たるという希望とともに繰り返しレバーを引く（ボタンを押す）。その結果、彼らが手にするのは大きな代償だ。

依存の観点からすると、ソーシャルメディアという プラットフォームは、ニコチンなどの依存物質よりギャンブルとの共通点のほうが多い。フェイスブックのニュースフィードを確認する行為は、ソーシャルメディアでスロットマシーンのレバーを引くようなものだ。そうすることで、新たな動画や友人の結婚報告などの報酬を得ることを期待できる。ただし、それによって得られる快の度合いは変則的で予測はできないし、すべての投稿で驚きが得られることもない。つまらないものやイラつくものもあれば、嫌な思いをさせられるものまである。にもかかわらずスクロールし続けるのは、次の投稿こそ甘いご褒美かもしれないと思わずにはいられないからだ。

フェイスブックが誕生した当初に出資し、初代CEOを務めたショーン・パーカーは（映画『ソーシャルネットワーク』ではジャスティン・ティンバーレイクが演じた）、そのことを十分に理解している。フェイスブックは、ユーザー体験にドーパミンが作用することを目指していた。彼によると、投稿した写真や記事に、誰かが「いいね」を押したりコメントを書いたりすることで、ときどきユーザーに少々のドーパミンを与えるようにする必要があったという。[14]その体験にはユーザーを動かす力があるうえ、快がいつどうやって生まれるかもわからないので、フェイスブックを何度もチェックしに戻るというわけだ。ツァイラーの実験のハトと同じで、人は変則的な快を前にすると、次はくるはずだと期待せずにはいられない。それにより、ドーパミンが絶えず放出され続けるのだ。

ニュースフィードという悪魔の誕生

フェイスブックのニュースフィード機能はいまや世間にすっかり定着し、影響力も大きいので、それなしの世界はもはや想像できない。悪名高い誕生秘話で知られるように、フェイスブックは二〇〇四年にハーバード大学の学生だけが使用できる交流サイトとして誕生し、じわじわと他大学やカレッジにも広がっていき、最終的に誰もが使えるようになった。フェイスブックは初期のころから短いスパンで改良されるプラットフォームであり、素早く進化を遂げていた。個々のプロフィールページは徐々に洗練されていき、新機能が次々に搭載された。まずはブログが書けるようになり、次に写真を投稿できるようになり、その後友達のタグ付けができるようになった。フェイスブックのユーザー数は着々と増えていき、二〇〇四年の終わりに一〇〇万人に達した。ハーバード大学の学生専用サイトとして始まってから、一年もたっていない。そのわずか二年後、フェイスブックの時価評価額は一〇億ドルを超えた。

こうした急速な進化を遂げたものの、サイト自体の構造は現在のものに比べると極めて単純で、ウォールという個人ページだけで成り立っていた。ウォールを通じて生まれるユーザー体験はいまとはまったく違い、ほかのユーザーとの交流には手間がかかった。「友達」になるのもやめるのも自分の意思でできるが、友達の近況を知りたければ、野蛮人のように相手の個人ページにずかずかと入り込んでスクロールしないといけなかった。人口がまだ一〇〇〇万で、ニュースフィードが導入される前のフェイスブック村は、単純にあちこち覗いて回ることしかできなかった。そして本当に運に恵まれたら、誰かが自分のウォールに書き込んでくれた。

だが二〇〇六年九月六日にすべてが一変する。フェイスブックに過去最大の変更となるニュースフィードが導入されたのだ。マーク・ザッカーバーグはフェイスブックを誰でも見られてやりとりできる電子メールにしたいというビジョンを持っていて、そのビジョンの集大成がニュースフィードだった。ザッカーバーグは以前から、インターネットの未来はキュレーションされた配信の集合体になると予測していた。そのコンセプトを、ニュースフィードという初めて世に出たソーシャルストリームで体現したのだ。

フェイスブック村の住人はこの新機能を当然歓迎したと思うだろう。だが、その反応は総じて否定的で、怒りの声による大混乱を招いた。そして、ニュースフィード開発の責任者だったルチ・サングビがデジタル上で火あぶりにされた。ニュースフィードが導入されたのち、「ルチは悪魔」というフェイスブックグループに参加する人が急増したのだ。導入から一夜明けると、シリコンバレーのメンローパークにあるフェイスブック本社前に怒れる報道陣やユーザーが抗議に集まった。

そうした敵意があるなか、サイトの利用時間を分析すると特筆すべき事実が明らかになった。ニュー

2004年（上）と2005年（下）のフェイスブック

スフィードに対して否定的な意見ばかりだったにもかかわらず、ユーザーはこれまで以上に多くの時間をフェイスブックに費やすようになっていたのだ。これについて、サングビ本人が自身のフェイスブックページに次のように投稿している[15]［強調の太字は筆者がつけた］。

ニュースフィードを停止してほしいと多くの人から要望があった。たいていの企業ならそのとおりにしただろう。なにしろ、ユーザーの一〇パーセントから製品をボイコットすると脅迫されたのだから。でも私たちはそうしなかった。だって、ニュースフィードは間違いなく機能していた。あらゆる混沌、怒りが生まれるなか、私たちは奇妙な発見をした。誰もが嫌だと主張していたというのに、**エンゲージメントが倍増していたのだ**。

そう、ユーザーのエンゲージメントは倍増したのだ。かくして、ツァイラーの実験でハトの行動を強化したような変則的な強化要素が、ソーシャルメディアに正式に導入された。

ユーザーがニュースフィードに慣れるにつれ、過剰な嫌悪反応は収まっていった。そして、エンゲージメントとユーザーの活動時間は上昇の一途をたどった。機能を更新するたびにニュースフィードが改良され、消費者の注意に鮮やかに侵入する現在の形が整った。二〇〇九年、ニュースフィードが時系列順に表示されなくなった。新たなアルゴリズムの魔法によって、ユーザーが閲覧したいであろう投稿やタイミングが決められることになったのだ。この更新は、偶然性の大勝利を意味した。要は、ユーザーが投稿に対して持っていた、投稿の順序という自分でコントロールできる最後の要素まで奪われてしままったのだ。

この「ニュースフィード」モデル（総じて喜ばしい体験を変則的に提供する仕組み）は、いまやソーシャルメディアの世界では当たり前になった。インスタグラムとスナップチャットはほぼ同じ仕組みを採用している。古臭く堅苦しくてつまらない、と昔から言われていたビジネス向けSNSのリンクトインですら、ニュースフィードモデルを導入した結果、ユーザーのサイトの滞在時間が劇的に増加した。『アドウィーク』誌が二〇一二年に実施した調査[16]では、リンクトインユーザーの平均サイト滞在時間は、一カ月あたり一二分という散々な数字だった。ところがニュースフィードを導入した翌年に、ユーザーのエンゲージメントが四五パーセント上昇し、ユーザーの半数近くが週に二時間もサイトに滞在するようになったという。

終わっていないという感覚

快の感覚が行動に与える影響については、何かが完了することについての心理からも考察できる。人間は本来、ものごとを終わらせたがる生き物だ。ハラハラする話を語っていた親友が、最後にどうなったかを言わずに立ち去ったとしたらどうか。誰だって不満に思うだろう。最後まで聞かないことには、気になって何も手につかなくなる。

このように、中途半端になっていることに心がとらわれる現象を「ツァイガルニク効果」と呼ぶ。現象を発見したリトアニアの心理学者、ブルーマ・ツァイガルニクの名前をとったこの現象は、人は何かに夢中になって最後までやり遂げたくなると、途中で邪魔が入るのを嫌がる状態になることを意味する。取り組んでいることを最後までできなかったり、気になる答えが得られなかったりすると、その人の行動に特定の影響が生まれる。具体的に言うと、最後までできずに不満に思っているタスクが完了するまで、それに注意を奪われるのだ。ストレスはたまり、そのタスクに固執し、途中になっている部分ばかりが想起される。

ツァイガルニク効果を早々に実証した実験のなかには、学校の教室で記憶について確かめたものがある。[17]学生に単語の一覧を渡して暗記させるというものだが、一方のグループには途中で別のタスクを与えて暗記を中断させた。すると、中断なく暗記を「完了させることができた」グループに比べて、中断させられたグループのほうがしっかりと単語を覚えていた。そればかりか、単語を覚えるというタスクを最初は退屈に感じていた学生も、別のタスクで中断を余儀なくされると、再び覚える機会が与えられたときには、それを完了させようという強い意志を見せたという。

一度始めたことを終わらせたがるのが人間の性なので、それができないと不満に感じる。そのため、できるだけ早く完了させたいというニーズが生じる。消費者の注意で儲けるプラットフォームは、そうしたニーズを生み出すことに熱心で、完了させる機会を探したくなるように仕向けつつも、絶対に完了しないように仕組んでおく。なぜなら、終わらせたい欲求を満たすことに時間を費やすほど、そのプラットフォームの儲けが大きくなるからだ。

クリックベイトの世界でツァイガルニク効果はどのように利用されているか

ツァイガルニク効果を利用して消費者の注意を向け続けさせる手法は、依存2・0の時代になって隆盛を極めるようになった。ただし、それ以前に利用されていなかったということではない。地方テレビ局は、何十年も前からニュース番組でこの手法を利用している。CMが入る直前に、「ある一人の住民は、なぜドローンと親友になったのか。詳細はCMあけにお伝えします」というような言い方で視聴者の興味を引き続けるのだ。また、「スポーツセンター」のようなスポーツ情報番組も同様に、CMが入る前にちょっとしたクイズを出題してツァイガルニク効果を利用している。クイズを出して答えを教えないというのは、ツァイガルニク効果を利用する典型的な手法だ。続きが気になるところで視聴者を置き去りにすることで、チャンネルを変えさせない確率を高めている。

ネットフリックスのポストプレイ機能は、とりわけツァイガルニク効果が高い。この機能をオンにしてドラマを観ると、エンドロールが流れ始めたとたんに次のエピソードに関するアナウンスが画面下の小窓で表示され、自動で再生が開始される。そのため「ストレンジャー・シングス」の第一話を観終えたところでやめようとすれば、八時間の映画の途中で映画館を出るような気持ちになる。とはいえ、HBOがジョージ・R・R・マーティンのシリーズ小説を原作として製作したドラマ「ゲーム・オブ・スローンズ」は、ポストプレイ機能なしでツァイガルニク効果を発揮し、大ヒットを記録した。では、どうやって成し遂げたのか？　このドラマでは十数名のキャラクターのストーリーが描かれ、軸となる物語がいくつもあった。つまり、まだすべては明らかになっていない物語がたくさんあったおかげで、視聴者や読者が先を求め続けたのだ。

ツァイガルニク効果を大規模に利用した傑作と言えば、マーベル・スタジオのMCU（マーベル・シネマティック・ユニバース）があげられる。MCUは、マーベル・コミックに登場するヒーローの実写映画を中心に、コミックや短編映画、テレビシリーズなどへ展開された作品の総称だ。MCUの映画シリーズだけで、二〇一九年後半の時点で二二八億ドルの興行収入に達し、映画シリーズにおける過去最高金額を更新した[18]（その記録はいまも伸びている！）。ツァイガルニク効果は、個々の作品の中盤や最後はもちろんのこと、（本書を執筆している時点で）三二のヒーローと二三の個別の作品が絡み合う物語全体に対しても発揮される。単純に、キャラクター、あらすじ、伏線の数が多ければ、次の作品が公開されないと明らかにならないことも当然多い。

ツァイガルニク効果は現代のテクノロジーが登場する前から利用されているとはいえ、今日のデジタルマーケティングでそれは妙技に進化した。「クリックベイト」と呼ばれる手法は、消費者をじらす（情報の一部を見せて残りを知りたくなるニーズを生み出す）形態をとっている。扇情的なタイトルを餌《ベイト》にして、サイトを訪問する消費者にクリックを促すのだ。

ごくふつうにネットサーフィンをするだけの人は、アウトブレインもタブーラも聞いたことがないかもしれないが、これらの社名が下部に表示される、スポンサードコンテンツと呼ばれる記事は絶対に目にしたことがあるはずだ。「この女性がいまでは驚きの姿に！」といったタイトルは誰もが見覚えあるだろう。その記事がシリア内戦の記事の下に表示される不適切さについては、ここでは言及を避けたい。アウトブレインとタブーラは、そうしたスポンサードコンテンツ広告の静かなる二大巨頭であり、ツァイガルニク効果を露骨に乱用している。「J・クルーの撮影で使用されたアムステルダムの散歩道三選」

や「男性がこの下着の虜《とりこ》になる理由」は氷山の一角だ。

二〇一四年、メディア企業のタイムがアウトブレイン社と一億ドルの契約を結んだ。[19] 同社のクライアントはほかにも、CNN、ブリーチャー・レポート、ニュースメディアのスレート、ESPNなどがある。これを書いている現在、タブーラとアウトブレインは合併を模索中で、実現すればその企業価値は一〇億ドルを上回る。彼らを嫌いたい人は好きなだけ嫌えばいいが、シリアの現状を語った記事の下に「野球選手の美人妻たち」といった不適切な広告が消えることはない。

ツァイガルニク効果を利用することで有名なメディアと言えば、バズフィードもその一つだ。ジャーナリストの多くは、バズフィードのことを「まがいもののメディア」と呼ぶ。だが、彼らが出す結果には文句のつけようがない。バズフィードは月に九〇億ビューを獲得し、月間ユニークビジター数（重複訪問を数えない実訪問者数）は二億五〇〇〇万にのぼり、会社の評価額は一七億ドルだ。[20] どのようにして、それだけの成果をあげているのか？　バズフィードの記事のタイトルには、最後まで読みたいという気持ちにさせるちょっとしたツァイガルニク効果が発動する仕掛けが施されている。その欲求を満たすには、記事をクリックするしかない。ジャーナリストの矜持《きょうじ》を守りたいなら、「トム・ハーディ以外目に入らなくなる二四枚」や「世界一怖い登山道と思しき道は、とんでもない場所にある。私は目を疑った」といった見出しを目にしても、クリックせず我慢してもらいたい。

やめられないのか、やめたくないのか

クリックベイトによる広告は、まだ途中であるという感覚を生み出すことで作用する。そのため、消

費者は広告をクリックして完結せざるをえない気持ちになる。クリックすればたいていは完結させられるが、昨今のオンラインプラットフォーム、とりわけソーシャルメディアでは、必ずしもそうはいかない。その依存性を生むテクノロジーは完結を拒むつくりになっているので、利用者は完結したという実感を得られず、再訪のニーズが何度も繰り返し生まれる。インスタグラムやフェイスブックのスクロールが物理的にやめがたいのはそのためだ。明確な「終わり」を与えないことで、利用者を完結することのない箱に文字どおり閉じ込めるというわけだ。まさにデジタルの地獄だ。いや、より正確には、ツァイガルニク効果の苦行と呼ぶべきかもしれない。利用者たちはそこで強迫行動の種を植えつけられる。

日常生活のなかでは、完結のニーズはたいてい調整できる。作業を満足のいく「まとまり」で区切ればいいからだ。たとえばカフェで本を読んでいるなら、章の区切りがついたところでカフェを出ればいいし、仕事中なら、書きかけのメールを書き終えたら昼休憩に出る、といったことができる。しかし、ティンダーを延々とスワイプしたり、ニュースフィードをいつまでもスクロールしていると、心理的にやめようと思うポイント（区切りとなるポイント）や、「よし、これで終わりだ」と言って立ち去れる心理的なゴールに到達しない。ニュースフィードのように延々とスクロールできる場合は、タスクを完了したという実感が生まれるときがないので、利用者は永遠に満たされない。

この、ソーシャルメディア業界に広まる「延々とスクロールさせる」というビジネスモデルはほかの業界にも広まっている。たとえばタイムは二〇一五年にウェブサイトを改良し、延々とスクロールできる仕様を取り入れた。そのとたん、サイトのエンゲージメント率は向上し、最初にたどり着いたページだけを閲覧してサイトを去った人の割合を示す直帰率は一五パーセント減少した[21]。スポーツに特化したウェブサイトのブリーチャー・レポートも、従来型のフロントページをスクロールスタイルに変えてタイムと同様の直帰率の低下を実現した。二〇一二年、デジタルメディア最大手の一つでポップカルチャーとテクノロジーに関するニュースを提供するマッシャブルは、モバイル向け、PC向け両方のサイトデザインを一新し、四角の枠で囲った記事が延々と表示されるスタイルで新着記事を表示するようになった。実際にマッシャブルのサイトへ行って、ページの最後までたどり着けるか試してみるといい。そのときは、息をとめたまままスクロールしないように。また、その四角の枠が流れていく画面を見慣れていると感じたなら、ピンタレストをよく閲覧している証拠だ。ピンタレストは、偶然性とツァイガルニク効果を見事に組み合わせて画像を表示している。表示される四角（画像）の大きさも間隔も、完璧に利用者が快を得られるようになっていて、延々とスクロールできるのだ。過去最速で一〇〇〇万ユーザーを獲得し、すぐさま株式公開できたのもうなずける。同社の時価総額は、現時点で一三〇億ドルに迫る勢いだ。次にあなたがお気に入りのウェブサイトやアプリを利用するときは、ぜひとも確認してみてほしい。そこは従来型のホームページのままだろうか。それとも、コンテンツを延々と流してツァイガルニク効果を最大限に利用しているだろうか。

デジタル・ウェルビーイング

変則的という強化要因とツァイガルニク効果について理解すると、オンラインプラットフォームが何に着想を得て行動し、世界でもっとも利益をあげる影響力の強い企業の仲間入りを果たしたのかがよくわかる。だが、それがわかったところでどうすればいいのか？　私たち消費者は、インスタグラムのスクロールやスナップチャットのスワイプに、これからも膨大な時間を使い続ける運命にあるのか？

この疑問について頭を悩ませたのがトリスタン・ハリスだ。三三歳のハリスは、最近のプラットフォームが消費者の注意を乗っ取っていると公然と批判していて、「シリコンバレーでもっとも良心に近い存在」と評されている。[22]彼はアテンションエコノミーの仕組みを実地で理解している。なにしろ彼自身、数々の著名なオンラインプラットフォームにポップアップ広告をインストールするアプリケーションを販売した経験があるからだ。その会社は二〇一一年にグーグルに買収され、ハリスはグーグルでそのアプリケーションをグーグルの広告製品ラインナップに統合する仕事を任された。

ハリスはシリコンバレーという天国にいた。ほとんどの人にとって、シリコンバレーは夢を叶えてくれる場所だ。だがハリスはそのような人間ではなかった。自分のいる業界はずるをしているという思いを払拭《ふっしょく》できなかったのだ。そしてバーニングマン〔荒野に集まった人々が共同生活を営み、自分を表現しながら生き抜く大規模なイベント〕から戻ってすぐ、彼はとうとう自分の殻を打ち破り、映画『ザ・エージェント』でトム・クルーズが演じた主人公よろしく自分にとっていちばん大事なことに気がついた。二〇一三年、ハリスは一四一枚のスライド集[23]を作成し公開した。その内容は、大手テクノロジー企業には「消費者が向ける注意に対して倫理的な取り組みを始める責任がある」と主張し、ユーザーを引っかけるだけなく、ユーザーの長期的な幸福も視野に入れてプラットフォームを構築すべきだと訴えるものだった。そのスライドは直ちに五〇〇〇人のグーグル社員に拡散され、そこには経営陣も含まれた。ハリスは意外にも、グーグルを解雇されなかった。それどころかCEOのラリー・ページと面談する機会が生まれ、

「倫理担当責任者」という肩書きをもらった。

ハリスは「倫理にもとづく設計を原則として採用するように」とテクノロジー企業に働きかけているが、それと同時に消費者に対しても、テクノロジー企業が生み出す誘惑や強制をもっと警戒するようにと呼びかけている。また、アプリケーションのモーメントを公開している企業を創設したジョー・エデルマンと組んで、タイム・ウェル・スペントという非営利団体を結成した。その目的は、「注意」に注意を向けてもらうことにある。具体的には、テクノロジーを使う消費者に、深く考えることなく強迫行動をとらないようにする力を与えることを目指している。彼らの提案は、アプリの通知をオフにする、スマートフォンのホーム画面をカスタマイズする、一日の始まりと終わりにスマートフォンをチェックするルーティンを組み込まない、というもので、小さなことに思えるがその効果は極めて高い。また、PCやモバイルのさまざまなアプリケーションを通じて、共通するプラットフォームに費やしている時間を確認することも推奨している。それにより、特定のサイトに使う時間の長さを認識し、利用を控えさせる狙いだ。

タイム・ウェル・スペントは一定の支持を獲得した。さらにトリスタン・ハリスとフェイスブックに出資したショーン・パーカーにならって、自らが開発に携わった製品についての思いをカミングアウトするテクノロジー企業の創設者が次々に現れた。ローレン・ブリッターもその一人で、彼はスロットマシーンのように「画面を下に引いたら更新できる」機能をモバイル機器用に考案したが、「下に引いたら更新する機能には依存性がある。ツイッターにも依存性がある。これはよくないことだ。そうしたものの開発に携わっていたときの僕は未熟で、ものごとをしっかりと考えていなかった。いまは成熟しているというわけではないが、少しは成長したので、この負の側面について後悔している」と発言している。

フェイスブックがニュースフィード機能を導入してから一〇年近くがたつと、世間はテクノロジー企業のプラットフォームがいかに影響力の強い存在になったかを認識し始めた。そして二〇一八年、ついにダムは決壊した。その契機となったのはおそらく、スマートフォンで写真を撮ると実際に目にしているものを記憶する能力が低下することを示すスタンフォードの研究[24]や、ペンシルベニア州立大学による、若者のソーシャルメディアへの依存とうつ症状に強い関連性を見いだした研究[25]だろう。あるいは、テクノロジー企業の創設者や第一人者たちが次々に懸念を表明し、その声がもはや無視できないほど大きくなったとも言える。理由は何にせよ、二〇一八年を境にテクノロジーへの依存に対するアメリカ国民の認識が変わったのは間違いない。人々はスマートフォンから顔をあげ、自分はテクノロジーに依存させられ、不幸になったのだと自覚した。

市場はこの流れに機敏に反応した。デジタルデトックスのパイオニアとなったモーメントに続き、ユーザーに依存のリスクを啓発し自律を促す商業ツールもいくつか現れた。ロサンゼルスを拠点とするスタートアップのバウンドレス・マインド社もその一つで、同社はテクノロジーがもたらす依存性を利用して、ユーザーに健全な習慣を身につけさせる取り組みを行っている。「これはマインドコントロールです。こう言うと、とんでもないことを言っていると思いますよね」と、同社の創設者の一人であるラムゼイ・ブラウンは『タイム』誌のウェブサイトで語った[26]。「でも、そのマインドコントロールするツールが、麻薬をやめる一助になるとしたら？　もっと有意義なやりとりを促すとしたら？　なりたい自分になるためなら、脳を操作してもいいのではないでしょうか？」

デジタルに頼らず依存を克服しようとする人もいる。最近増えつつあるデジタルリハビリ施設は、テクノロジーが持つ依存性に対抗するもっとも極端な例だろう。施設の形態はさまざまで、リゾート地で「テクノロジーを遮断して人間関係を取り戻す」ことを推奨し、滞在中はスマートフォンの使用を断つ協力をしてくれるものもあれば[27]、正式なリハビリテーションセンターもある。いずれも要は物理的に引きこもることを意味し、たいていは人里離れた場所で過ごし、そこが回復施設となる。スマートフォン、ノートパソコン、タブレットなどのデジタル機器の使用は固く禁じられ、チェックインや入所のときにすべて預ける決まりになっている。ワシントンを拠点とするリスタート社には六週間と一〇週間のプログラムがあり、数名のカウンセラーが施設に常駐している[28]。

これを書いている時点で、フェイスブックはまだユーザーの利用に対して責任ある行動を示していない。だがアップルとグーグルは、二〇一八年に起きたテクノロジーの利用に企業が責任を持つべきだという議論に対し、次に売り出すｉＰｈｏｎｅやグーグルピクセルでは「デジタル・ウェルビーイング」を促進するアプリを利用できるようになると発表した。どちらのアプリもテクノロジーとのつきあい方を見直して使いすぎを防止するためのものだが、ｉＰｈｏｎｅ版は利用状況データが提示されるという点で勝っている。そのデータがあれば、どのアプリにいちばん時間を使っているかだけでなく、どのアプリが一日に平均して何回通知を送ってくるかもわかる。

悲観的な人なら、そういうスマートフォン向けのアプリは応急処置のようなものでしかないと嘆きたくなるかもしれない。たしかに、この意見には一理ある。車を運転中に、速度を緩めさせる目的で設置された速度感知表示（「あなたの速度は時速75キロです」）を見たことがあるだろう。この表示が効果を発揮するのは、社会が以下の条件を満たしている場合だけだ。

1．スピード違反は悪いことであり、ドライバーや周囲の人の安全に影響を及ぼすという共通認識がある。

2．速度制限に違反すると、法的かつ金銭的な問題に直面する。

デジタル・ウェルビーイングのためのアプリは、スピード違反は悪いことだと思っておらず、それに対して法的制限のない国に設置されている速度感知表示のようなものだ。もちろん、それによって減速する人は多少はいるだろうが、ほとんどの人は無視して通り過ぎる。とりわけ、テクノロジーの利用の話となると、その依存性の高いつくりを認識していない人がいまだ大多数を占め、立法府の議員たちには、ようやくｉＰｈｏｎｅの製造元はグーグルではなくアップルだと理解できた程度の知識しかない[29]。テクノロジーを利用することの影響を認識しているのは、消費者にアプリを習慣的に使わせることで生計を立てている人たちだけだ。

結局のところ、デジタル・ウェルビーイングのアプリに効果があるかどうかは、時間がたってみないことにはわからない。現状のデジタル業界でお金を稼ぐには、消費者が向ける注意を獲得するしかない。それを見事に実現させた企業は財政面で潤っている。製品の依存性を下げることは、製品を通じた利益を下げることに等しい。消費者が注意を向ける時間が一分減るごとに、生まれる収益も減っていく。それに消費者も少なくともいまは、依存性のない製品を求めていないし、それにお金を払う意思もない。

消費者が自らの時間と心身の健康を重視し、「無料」で使える依存性の高いプラットフォームの誘惑に打ち勝てるようにならない限り、現状のビジネスモデルが真に変わることはないだろう。グーグルやアップルといった大企業には、「消費者がサイトに費やす時間」といった眼前の目標を犠牲にして競合他社より倫理を優先していることをアピールする（文字どおりの）余裕があるが、アテンションエコノミー業界に生きるほかの規模の小さいブランドには、それをする余裕もなければ意思もない。それにグーグル（正確にはグーグルの持株会社であるアルファベット）やアップルが、しだいにそうした同業他社に市場シェアを奪われ始めれば、同社の株主たちから再考を促す声があがるだろう。

いずれにせよ、選ぶのは消費者だ。自分が求めるものにお金を払うか、注意を払うかを選ぶことはできる。いまのところ、注意で払うのが初期設定となっている。古き良きドルに戻るといいのだが。

依存性のあるテクノロジーは今後どうなっていくのか

依存は物理的な製品だけに起こるものではない。デジタルの世界における依存は「エンゲージメント」と呼ばれ、ユーザーが集中的に注意を向けることを意味する。ギャンブルに年齢制限が設けられているのは、それが強迫行動を誘発しうるとわかっているからだ。しかしながら、ソーシャルメディアにそうした制限はない。音楽や映画のように、保護者の監督が必要だという警告すらない。地球上でソーシャルメディアを使う人が増えるにつれ、広告主にとっての消費者が向ける注意の価値はますます高まっていき、プラットフォームは注意を乗っ取るのがうまくなっていく。ハリスの言葉を借りるなら、「私たち消費者よりもはるかに強力で包括的なシステムが存在し、その力は強大になるばかり」だ。[30]

2Dの画面でも依存性は十分高い。それがいまや、3Dやそれ以上のメディアにVR（仮想現実）やAR（拡張現実）が導入され、消費者の「エンゲージメント」をさらに高めようとする動きが広がりつつある。依存3・0では、VRやARを使ってより深く説得力のある体験が提供されるようになるだろう。フェイスブックがVRゲームを製造開発するオキュラス・リフトを二〇億ドルかけて買収したのもうなずける。ほかにも二〇一六年だけで、同社はVRやARの開発を手がけるスタートアップに一九億ドル近くを投資している。[31]ARゲームの「ポケモンGO」が二〇一六年の夏に一億ダウンロードを達成し、社会現象を巻き起こしたのは象徴的な出来事と言えるが、ARには、アテンションエコノミーを変える可能性がまだまだ秘められている。

翌朝目が覚めたら、テクノロジーやオンラインプラットフォームを使う必要を感じなくなっているという世界は想像がつかない。また、巨大なテクノロジー企業が自社プラットフォームの依存性を下げ、何十億ドルもの広告収益をふいにする世界もやはり想像がつかない。

テクノロジー製品ほどわかりづらいものはない。手に取ることもできないし、パーツを品定めすることもできない。靴と違って、どのように機能するかを確かめることもできない。この種の製品のビジネスモデルは、一様に暗闇で覆われている。靴を買いに行って「一足買えばもう一足無料」と書いてあれば、文字どおり一足買えばもう一足が無料になる。だがテクノロジー製品の場合は、「無料」と謳っていても本当の意味で無料であった試しがない。しょせんはビジネスなのだ。そういう製品、とりわけ

「無料」とされている製品は、消費者の注意の矛先や行動を自社の利益に沿うようにすることができて初めて成功となる。

テクノロジーの進化に後押しされる形で、消費者の注意を巡るバトルはこの数年で激化するだろう。しかも、注意を奪われるリスクは極めて高い。自分の時間と自分が意識的に向ける注意は、誰にとっても何より貴重な財産だ。それらを投じる先をどう選ぶかによって、私たちの生き方は決まる。ブッダやソクラテスなどの古《いにしえ》の哲学者は、その財産を慎重に扱うようにと諭している。注意の矛先につねに気を配り、邪魔が入ることを許してはならないと彼らは言う。アリストテレスが著作物の出現に対し、人々の思考が乗っ取られ、貴重な注意を消費させられ、道を踏みはずしてしまうのではないかと憂いたのは有名な話だ。[32] 彼がティンダーを知ったら、その効力についてどのような反応を見せるだろうか。結局は、ストア派の哲学者だったエピクテトスの言葉を心にとめておくのが賢明なのかもしれない。

「人は、自らが注意を向けたものになる」

第8章 人はなぜ特定の何かを好きになるのか
好みという奇妙なものを探る

「ユネスコ（国際連合教育科学文化機関）のモットーは、『戦争は人の心の中で生れるものであるから、人の心の中に平和のとりでを築かなければならない』であり、戦争を体験した私にとってはこのモットーだけで、未来の戦争を防ぐことに貢献しうる科学的な取り組みに従事するのに十分だった[1]」

これはロバート・ザイアンスの言葉だ。彼は二〇世紀に大きな影響を与えた心理学者の一人で、彼の研究は人が何かを好ましく思う心理の理解の土台となっている。

ザイアンスの生い立ちもまた、彼の研究に匹敵するほど特筆に値する。一九三九年、ナチスがポーランドを侵略し、ザイアンスと両親は家を捨てて逃げざるをえなかった。ほどなく隠れていた建物に爆弾が投下され、ザイアンスはかろうじて生き延びたが、両親は命を落とした。数年後、ザイアンスはワルシャワで地下組織が運営する大学に出席できるようになったが、その後ドイツの強制労働キャンプに送られた。そしてキャンプから逃げ出した。捕えられてフランスの刑務所に送られたが、そこからも脱走した[2]。ザイアンスは勉学を続け、戦争が終わってもあらゆる場所で研究を続けた。ドイツではテュービンゲン大学で学び、その後アメリカに渡ってミシガン大学に入学し、心理学の博士号を取得した。

ザイアンスは若き日の体験を契機に心理学の道へ進むと決意し、人種差別やステレオタイプ化に関する調査を始めた。ただしキャリアの後半は、「人はなぜ特定の何かを好きになるのか？」という一見単純そうな問いの答えを見つけることに没頭した。

そうして彼は、何かを「好きになること」は私たちが思うほど単純ではないと気づいた。人は、自分の好みを形成する要素をほとんど自覚していないという。この発見により、現代心理学の大勢が一変した。あなたがザイアンスの研究を知っているかどうかはともかくとして、それが消費の世界における好みの形成に貢献しているのは間違いない。

単純接触効果

どうやら私たち人間は、自分が何かを好むということの根本的な原因をまったく意識していないらしい。ときには、まったく無関係に思える体験を通じて何かを好きになる。ザイアンスの研究では、人間は一貫して馴染みのあるものに驚くほど好意を示した。この事実は、人が何を楽しいと感じ、何を探し求めるかに重大な影響を及ぼす。しかしながら、その影響力は過小評価されている。その対象は消費の世界も含まれるので、消費者に商品やサービスに対して「馴染み深い」という感覚を与えることができれば、その好感度を大きくあげることができる。

意外にも、馴染み深いものを好むことは認識の外で起こっているようだ。ザイアンスの有名な実験の一つに、中国語を知らない英語が母語の人にさまざまな漢字を見せるというものがある。その実験では何かをするわけではなく、ただ単に、目の前に現れる漢字をよく見るようにという指示が与えられただけだった。その後、ザイアンスは実験の参加者に別の漢字の一覧を見せた。最初に見せた漢字も一部含まれていて、今度は各漢字の意味を推測するという課題が与えられた。中国語の知識が一切ない参加者たちは、「犬」「カップ」「端正」「サッカー」といった意味を当てずっぽうで口にするのが精一杯だった。

彼らからすれば、暗闇のなかで銃を撃たされているのも同然だ。にもかかわらず、彼らの推測は決して無作為ではないことをザイアンスは発見した。ごく短い時間とはいえ一度見たことがある漢字のときは、好意的な言葉を連想する確率が高かったのだ。馴染みのある漢字には、「幸福」や「愛」といった意味をあてがったほか、初出の漢字を見たあとに比べて馴染みの漢字を見たあとのほうが楽しい気持ちになると答えた[3]。その後のフォローアップ調査でも、前に見た漢字を覚えていた参加者は皆無だったにもかかわらず、そうした効果は続いた。

何かに対する馴染み深さを育むには、それに触れる時間をできるだけ増やすのがいちばん手っ取り早い。ほかの条件がすべて同じである場合、触れる機会が多いほど、どんどん好きになるからだ。ザイアンスはこの現象を「単純接触効果」と名づけた。

この現象が消費の世界で持つ意味は何か。ペプシの広告をよく目にする人が、ペプシを積極的に買うようになる、というのはごくふつうのことのように思えるが、ザイアンスの研究により、目にする機会が増えることの影響はもっと奥が深いとわかった。たとえ未開の地に暮らしていて「ペプシ」を聞いたことがなくても、炭酸飲料という概念や英語を知らなくても、そのロゴを目にするだけでペプシを好きになっていくのだ。多少の馴染みが生まれるだけでも、大きな違いとなる。

単純接触効果の再現は、多種多様な分野にわたる二〇〇以上の研究で実証されている。つまり、人は何かを見聞きするたびに、それを好きになっていくということだ。[4, 5] 似たような現象は動物にも見られて、そこには卵のなかで成長中の小鳥も含まれる。雛《ひな》が孵《かえ》る前の卵を二つのグループに分け、二種類の周波数の音を流す実験を行ったところ、生まれた雛は卵のなかで聞いていた音を好んだという。[6]

単純接触効果が動物界でおおむね通用するという事実を踏まえると、この現象は進化に根ざしている可能性がある。何かに接する機会が複数回あり、しかも接したことでさしたる影響がなかったということは、その何かは無害に違いないとみなされる。生存の観点からすれば、無害であることは明らかに「いいこと」だ。

マーケティング業界の最古とも呼べる格言の一つに、「七の法則」というものがある。これは、顧客に商品の広告を七回見せないことには実際に買いたくはならない、という意味だ。この法則は一九三〇年代の映画業界で誕生した。当時のマーケティングチームが、「新作映画を観なければならないという気持ちにさせるには、広告を七回見せる必要がある」という結論にいたったのだ。七という数字について、何かしらの調査が行われたわけではない。事実、ユーザーの追跡やデータ分析ができるようになったいま、その数字はまったくの誤りであるとされている。映画を観るにせよ、何かを買うにせよ、その決断は決断する当人、決断の対象となる商品、これまでに目にした広告のタイプ、友人から聞いた情報などによって下される。だが、七の法則という俗説は、広告の根底をなす真実を言及しているのではないか。たしかに、広告は多いに越したことはない。

私たちが絶えずコカ・コーラやアップル、ナイキといった有名な大手ブランドの広告を目にするのはそのためだ。あなたはコークを飲んだことがあり、どんな味か知っている。あなたがこれまでに会ったことのある人もみな、飲んだことがあるだろう。それでもコカ・コーラは、CMや屋外広告に繰り返しお金を払い続ける。コークを見たことも聞いたこともなく、何としても知ってほしいと思っている新たな顧客層がどこかにいるのだろうか？　コークというブランドは、すでにオゾン層まで認識が広がっている。それでも続けるのはなぜか？　繰り返すたびにコークに対する意見がごくわずかだが好意的になるからだ。

第1章でも触れたように、大企業は自社ブランドと肯定的なイメージを結びつけることを目指している。それに世界一長けているのがおそらくはコカ・コーラで、彼らはコークにハピネス（幸福）の概念を結びつけるために何百億ドルと費やしてきた。しかし、幸福と結びつけようとすることとはほぼ無関係に、単純にコークの名称を何度も目にするだけで、コークを好ましく思う気持ちが増大する。コカ・コーラは年間に四〇億ドル近くを広告に費やす。[7]世界の人口を七五億とすると、一人あたりの脳に毎年五〇数セントの広告費を払っている計算になる。一〇年たてば、払う金額は一人あたり五ドルだ。この一〇年で、五ドルぶんのコークを買ったか？　おそらくはイエスと答える人が多いだろう。映画『ハイスクール白書　優等生ギャルに気をつけろ』に出てくる女子高生のトレイシー・フリックの「コカ・コーラは間違いなく世界一のソフトドリンク。広告に使うお金だって世界一。だから一位で居続けられるのよ」という台詞は、実に的を射ているのではないか。

ロサンゼルスに行くことがあれば、サードストリート・プロムナードを歩くことをおすすめする。そして、「スターバックスは何軒あるか」ゲームをやってもらいたい。これを書いている時点で、歩ける範囲に少なくとも五軒ある。サンフランシスコを訪れたときは、マーケット・ストリートを歩きながら「ウォルグリーン（大手薬局チェーン）は何軒あるか」ゲームを楽しむといい。ニューヨーク・シティにある「デュエイン・リード」もウォルグリーンの傘下で、その店舗数は二〇一九年の時点で四〇〇を上回る。単純接触効果を踏まえると、新しい店舗は、そのチェーン店をもっと好きにさせる手段としても機能することになる。

市場を支配する企業の場合、純粋な店舗の拡大は優れたアプローチだと言える。そういう企業には、特定の地域の競合を潰すために一、二店舗を犠牲にできる余裕があるからだ。ただし、資本が小さくそれほど市場で優位でない企業にとっても、このアプローチにはリスクをとるだけの価値がある。闘志みなぎる新興カフェチェーンの「ジョー＆ザ・ジュース」はそのアプローチを採用し、サンフランシスコ、シドニー、アムステルダム、ロンドンといった人口の多い都市を狙って店舗を展開した。世界の主要都市に出店すれば、賃料のせいで財務的に損失を出す地域が多くなる。だが多くの人の目に触れる場所に店舗があると、その接触を通じて好意的な感情が増える。従来の損益計算書でははかれない価値が生まれるのだ。

その効果が生まれるのは店舗だけとは限らない。タクシーの車体広告に毎年多くの企業が大金を払っているが、自動車メーカーは同種の広告を無料で行っている。ホンダのアコードの持ち主が町を車で走るたびに、持ち主は車輪のついた看板広告を運転することになる。ホンダから一切お金をもらっていないというのにだ（それどころかこちらから払っている！）。

そうすると、グーグルという実に奇妙な例が頭に浮かぶ。テクノロジー業界でもっとも多く広告枠を売っている会社だというのに、グーグル自身は広告にあまりお金をかけない。グーグルは一九九八年に設立された。だが彼らが初めて広告を出稿したのは、二〇一〇年のスーパーボウルのときだった。二〇〇九年におけるグーグルの時価総額は二〇〇〇億ドル弱だったので、もっと広告を出す余裕は十分にあったはずだ。繰り返しと接触が重要だとこれほど言われているのに、なぜ出さないのか？　答えは単純で、すでに誰もが使わずにはいられない便利な製品をつくってしまったため、広告を出す必要がなかったのだ。グーグルは、消費者の日常生活で果たす役割を通じて、必要とする接触をすべて手に入れていた。グーグル検索がどんな日でも一分につき三八〇万回使われていれば[8]、接触のためにお金を払う必要がどこにある？　こうなると、コカ・コーラが四〇億ドルを広告に費やす意味がよくわかる。同社の製品はグーグルとは正反対で、実生活での利便性が欠けている。

　テスラはグーグルにならい、人々の心をつかんで接触がついてくる製品を生み出した。スーパーボウルに広告を出すのではなく、子供向けにテスラSのミニチュアをつくるといったプロジェクトにお金をかけたのだ。当然ながらメディアはその発想に飛びつき、テスラはメディアに取り上げられるという形で接触を果たした。とはいえ、テスラにとってもっとも効果的な接触を得られたキャンペーンには予算が一切かからなかったはずだ、とも言いたくなる。ただし、それにはスペースX社の打ち上げロケット「ファルコン」が必要だった。テスラはロードスターを積んだロケットの打ち上げ動画を公開し、広告費を払うことなく接触を得ることに成功したのだ。

　広告せずに得るこの種の接触は、従来の広告よりはるかに効果が高い。グーグルの広告を目にすることと、グーグルを使うことで生まれる結果は最終的には同じで、どちらもグーグルと消費者の接触を増やす。ただし、グーグルのサイトを使っていても、消費者は広告を見ているとは思わないので、単純接触効果はより強力になる。いわゆる宣伝だと消費者がわかっている場合、メッセージに秘められた効力は失われる。自分に売りつけるためだと思うと、消費者は不誠実さを感じるので、どうしても効果が弱くなるのだ。これについては、共感をテーマにした次章でも再び取り上げる。さしあたり、接触したという認識がない製品を欲しくなったとき、人はそれを自分の意思だと思うのは間違いない。これは何十年も前に研究によって実証された事実だ。[9] それではまるで、脳がブランドにこそこそと報奨金を払っているようなものだが。

ただし、単純接触効果が起きるには条件がある。初めて接したときに、多少なりとも楽しめると思わない限り効果は発揮されない。[10、11] 三〇秒のあいだに「コーク」という言葉を九回見たからといって、そもそも好意的な感情がなければ好意は強くならない。初めて《コール・ミー・メイビー》を聞いたときに気に入らなかったとしたら、一〇一回目になってもその感情は何も変わらない（ただし、一回目の視聴で好きでも嫌いでもないと思った場合は、何度もラジオで聴くうちに好きになる可能性はある）。

流暢性《りゅうちょうせい》効果

複数の接触によって好ましく思う感情が高まるのは、単純接触効果だけが理由ではない。何度か目にしたことのあるものは頭に浮かびやすくもなり、人はそういうものも好むのだ。知的労力最小化の法則

選択肢1. Baltimore is the capital of Maryland.

選択肢2. Baltimore is the capital of Maryland.

「ボルティモアはメリーランドの州都です。」

を思い出してほしい。脳は総じて考えることや計算を嫌う。未知のものの処理には、既知のものの再処理より労力がかかる。そのため、簡単に頭に入ってくるほうを好むのだ。この現象は単純接触効果の近い親戚のようなもので、「流暢性効果」と呼ばれる。

流暢性効果は、消費の世界で驚くべき効果を発揮する。たとえばニューヨーク大学のアダム・オルターの調査から、脳が流暢性を好む事実は消費者の株式市場での投資に影響を及ぼすことがわかっている。短期的に株価の変動を調べたところ、流暢性のある、つまりは馴染みがあって簡単に頭に入ってくる銘柄コード（「GOOG」など）の株は、そうでない銘柄コード（「NFLX」など）の株を確実に上回ったという。[12]

流暢性効果は、ある事柄が真実であるかどうかを判断する感覚にも影響することがある。上図の二つの文を読んで、より真実味があると感じるのはどちらか？

ほとんどの人が1を選ぶだろう。選択肢1の文は、文字サイズ11ポイントでVerdanaというフォントで書かれている。選択肢2の文は、文字サイズは同様に11ポイントでTimes New Romanというフォントで書かれている。ウィチタ州立大学に属するソフトウェアの有用性を調査する研究室は、複数のフォントを比較して読みやすさを調べた。するとVerdanaがもっとも読みやすく、Times New Romanがもっとも読みづらいと思われていると判明した。[13] しかもフォントが読みやすいと、内容も読みやすいと感じるほか、読みづらいフォントで書いてある文章に比べて内容が正確であると思い込みやすくもなるという。[14] 理解しやすいものほど真実だと信じてしまうのだ。ちなみにメリーランドの州都は、ボルティモアではなくアナポリスである。

利用可能性バイアス

頭への入ってきやすさが真実の実感に影響すると述べたが、その影響はその事柄がどれだけ起こりやすいかを判断する感覚にも影響を及ぼす。人には、思い出しやすい情報を重要だと信じ込む傾向もあるのだ。これは「利用可能性ヒューリスティック」と呼ばれる現象で、「自分の身に起きることを重視するバイアス」とも言える。

たとえばアメリカの犯罪率は上昇傾向にあるか、それとも下降傾向にあるかと尋ねられたとしたらどうする？　おそらくは、上昇傾向だと思うと答えるのではないか。そう答えるのはあなただけではない。実際、アメリカ人の大多数が犯罪率は上昇していると信じていることが、複数の世論調査で明らかになっている。だが、ありとあらゆる証拠はその逆を示している。一万人あたりの犯罪件数は減少傾向にあるのだ（その傾向が一〇年以上続いている）。この乖離《かいり》はなぜ起こるのか？　原因は利用可能性ヒューリスティックにある。

テレビでローカルニュースを観ているとしよう。ニュース番組は、人々を驚かせたり、人々の感情に訴えかけたりする話題に焦点をあてる。カーチェイスや強盗事件などが当たり前に報道される。たしかに、そういう話題のほうが政治の話より興味を引くだろうが、事件報道をしょっちゅう目にしていると、脳はそれをよく起きることだと錯覚する。その後、ニュースで目にしたばかりの地元で起きた強盗事件のことを考えながら、休暇中の友人の様子を知ろうとフェイスブックを開くと、別の州に住む友人が別の強盗事件のニュースをシェアした記事が目に入る。地元で起きた強盗事件の実際の数は、増えていないかもしれないし、先週に比べて減っている可能性すらある。だが脳は、強盗は頻繁に起きていて、自分の家が襲われる可能性もあると考える。見当違いも甚《はなは》だしい。

調査によると、子供の誘拐事件が大きく報道されると、人はその後何週間にもわたって誘拐が起こる確率を大げさに見積もるようになるという。加えて、暴力的な報道を目にする機会が増えるほど、犯罪率を高く見積もるようにもなる[15]。人は、頭に入ってきやすい情報で自分を取り巻く世界を形づくるのだ。

二〇〇九年、ドミノ・ピザはその事実を厳しく思い知らされた[16]。ノースカロライナ州カノヴァーのドミノ・ピザで働く二人の社員が、配達用のサンドイッチをつくりながら素晴らしいアイデアを思いついた。鼻にチーズを入れ、鼻水つきのチーズをつくりかけのサンドイッチにのせたのだ。ほかにも衛生基準を破る行為をいくつも行った。笑えると思ったのか、二人はそうした「悪ふざけ」を動画で撮影し、ユーチューブに投稿した。だがドミノが動画の存在を嗅ぎつけると、笑えるどころの話ではなくなった。直ちに何百ドルもの食材が廃棄されるとともに、ドミノの広報チームは大忙しになった。

動画でドミノが受けたダメージは甚大で、しかも広範囲にわたった。売上は全国的に大幅に下がり、その状態が何カ月も続いた。公開した情報に利用可能性バイアスが加わったことで、広報チームは悪夢に苛《さいな》まれた。動画の投稿から数日のうちに、再生回数は七〇万回を超えた。グーグルでドミノ・ピザを検索すると、上位にこのスキャンダルが表示された。調査会社のユーガブによると、消費者のドミノの品質に対する認識が、ほぼひと晩で好意的なものから否定的なものへと一変したという。このスキャンダルのダメージはあまりにも大きく、CEOのパトリック・ボイルが全国区のCMで声明を発表する事態となった。[17] ⑥ 言うまでもないが、例の二人の社員は即座に解雇されている（二人が勤めていた店舗は、のちに業績不振のため閉店となった）。

あなたがどこかの店で注文したサンドイッチに誰かが鼻水を入れる確率は、現実的に考えてとても低い。しかしこのたった一つの事例が、ドミノを思い浮かべたときに消費者の頭に真っ先によぎるものとなり、地元のレストランで同じことが起こる確率についての認識を歪めてしまった。第6章で、快がもたらす喜びより不快がもたらす痛みのほうが強いと述べた。つまり、不衛生なサンドイッチにとりわけ敏感になるのは、損失を嫌う脳の性質のせいなのだ。データを見れば、自分のサンドイッチに同じようなことが起こる可能性は限りなく低いと冷静に理解できるかもしれない。しかしだからといって、簡単にアクセスできる映像が頭に入らないようになったり、レストラン選びに影響を及ぼさないようになったりはしない。

損失に敏感であることから、人は犯罪や汚染された食べ物といった嫌なことをとりわけ重視する。とはいえ、利用可能性バイアスはプラスにも働く。オプラ・ウィンフリーのトーク番組「オプラ・ウィンフリー・ショー」を思い浮かべて最初に頭をよぎる場面は、観覧席に座って驚くほど熱心に番組を盛り上げる、オプラを忠実に信奉する中年アメリカ人の姿ではないか。第7章を読んだあとなので、全員に車をプレゼントされると知って歓喜の声をあげる人々がきっと思い浮かぶだろう。オプラの番組で車がプレゼントされた回はほとんどない。だが、たった一度でも嘘みたいな出来事があると、それが番組と番組のファンに対するイメージに影響を及ぼす。それはひとえに、そういう出来事はすぐに思い出せるからだ。

利用可能性バイアスが示すように、接触と好ましく思う感情の関係は単純とは言い切れない。消費者の意識に一〇年かけて好意的な接触を図っても、たった一つの悪い印象を与えるスキャンダルですべて消え去ることもある。だからこそ、ブランドは絶えず好意を持ってもらうための新たな接触を図りながら、人々の認識を形づくっていかなければならないのだ。

NaS：新鮮味と安心感

少し視点を引いてみよう。ここまで読んできて、この章は第3章で述べた記憶の符号化に矛盾すると気がついただろうか？

第3章では、わかりづらさが大きなメリットになると説明した。「サン・フォーゲティカ」のような読みづらいフォントが使われていると、注意を払わざるをえなくなり、書いてある内容が記憶に残りやすくなる。苦労なくして得るものはないというわけだ。一方この章では、フォントの読みやすさ（流暢性）が好ましさ（と真実味）を高めると述べた。負荷を生むと記憶に残りやすくはなるが、好ましいと思う感情は強化されない。いったいどちらを優先させるべきなのか？　それは、記憶と好ましさ、どちらを最大限に高めたいかによる。

ただし、こうした表面的な衝突とは別に、もっと大きな矛盾が存在する。この章では、脳が何かを好きになる要素について説明してきた。「脳は馴染み深さから生まれる安心感を好む」ので、馴染み深さ、流暢性、利用可能性は魅力的だと結論づけるのは正しい。だがこの章に入る前までに説明してきた考えは、それとは正反対とも言える「脳は目新しいものの新鮮味を好む」というものだった。

第2章では、着ぐるみのゴリラがフィル・コリンズの《イン・ジ・エアー・トゥナイト》のドラム演奏をした例を使い、脳内にすでに存在する関連づけが壊れると、人は注意を向けると説明した。それから第6章では快について学び、人は目新しいことに触れると喜びを感じると説明した。そのため、新しいものを欲するが、それに慣れてしまったとたん、別の何かを求め始める。そして一つ前の第7章で述べたように、人は自分の期待をいい意味で裏切られたときに、真の快を得る。

一方では、新しい何かに意外な形で触れると、快体験は極上のものとなる。もう一方では、慣れ親しんだものに繰り返し触れると、それを好きになる確率が高まる。いったいどうしろというのか？　この二つの折り合いをつけるにはどうすればいい？

一九七〇年代に入ってすぐ、一人の野心に満ちた若き映画監督がデビューを遂げた。技術を磨きながらの撮影であり、かつ挑戦的なプロジェクトに挑む勇気も必要であったことから、作品の完成に何年も費やした。彼はハリウッドの本流を警戒していて、それとはまったく違うものをつくると心に決めていた。そうして完成したのが『ＴＨＸ　１１３８』で、性行為が禁じられ幻覚剤を常用する社会がディストピアとして描かれた。この映画は興行的には大失敗に終わる。

その結果に若き監督は打ちのめされたが、あくまでも自分を貫き通した。さまざまな調査を行ったのち、彼はすぐさま次の作品の制作に没頭した。彼の脚本に制作陣は難色を示したが、最終的にはゴーサインが出た。その作品は、世界最高の興行成績を誇る作品を含む映画シリーズ、『スター・ウォーズ』の第一作だった。この監督とは当然、若き日のジョージ・ルーカスのことだ。

ルーカスは調査の一環として読んださまざまな本から影響を受けた。とりわけ、ジョゼフ・キャンベルが神話や民話に登場する英雄について研究した『千の顔をもつ英雄』の影響は大きい。キャンベルはその本のなかで、世界各地の神話に出てくる英雄には特筆すべき共通点があり、それらは人間の一部として生まれつき私たちに備わっているもので、文化の垣根を越えて共有されると主張した。キャンベルが抜き出した「英雄の冒険」に共通する様式を見たルーカスは、これを『スター・ウォーズ』シリーズでルーク・スカイウォーカーの冒険に当てはめればいいと気づいた。そうして馴染み深さ（神話に出てくる英雄）と新しさ（宇宙を冒険するＳＦ）を組み合わせたのだ。

ではここで、そもそもの問いに戻ろう。馴染み深さを優先して慣れ親しんだものに目を向けるべきなのか、それとも、新しさを優先して自分とは反対のものに寄っていくべきなのか？　答えは、両方を少しずつ取り入れるしかないようだ。脳は馴染み深さを求めるときもあれば、新しさを求めるときもある。だが何よりも求めてやまないのは、その両方が完璧に組み合わさる状況だ。

それを発見したのは現在の神経科学ではない。二〇世紀半ばにアメリカで活躍したレイモンド・ローウィというデザイナーだ。ローウィはおそらく、歴史に忘れられた偉人のなかで人類にもっとも影響を与えた一人だろう。なにしろ一九五〇年代と六〇年代の家具、ファッション、ブランドロゴなどあらゆる美的感覚を形づくったのは、彼が掲げたデザイン哲学なのだから。そのデザイン哲学の真髄は、新しいもの好きの一面と新しいもの嫌いの一面のあいだに生じる矛盾を認識し、それに対処することにあった。そうすると、「先進的だが受け入れられるもの」というシンプルな核心にたどり着く。新しい何かを好きになってもらいたいなら、それに馴染み深さを加えればいい。馴染み深いものを好きになってもらいたいなら、少々新しさを加える。要するに、新しさと馴染み深さのゴルディロックスゾーン（進化に適した領域）を最適化して、「新鮮味と安心感（New and Safe）」あるものにするのだ。その頭文字をとって、本書では「ＮａＳ」と呼ぶことにしよう。

映画『スター・ウォーズ』シリーズの第一作の成功には、ＮａＳが持つ効果が如実に表れている。

『ＴＨＸ　１１３８』の失敗は、新しさばかりだったことが一因にあげられるだろう。コンセプトが新しすぎて、観客が安心感を得るのに必要な馴染み深さがなかった。一方、『スター・ウォーズ』シリーズの第一作目は、数々の冒険物語や神話に見受けられる既存の様式のなかに適度な新しさを注入してつくられた。別の言い方をするなら、第一作目となった『スター・ウォーズ　新たなる希望』は、当時製作されたＳＦ映画でもっともＮａＳに配慮していた。

ブランディングでは一貫性が大事だと言われるが、繰り返しが度を過ぎることはある。[18] 単純接触効果に関する資料を詳しく調べたところ、目にする機会が増えるほど好きになるのは事実だが、およそ一五回目を過ぎると、効果は著しく減少することが明らかになっている。[19] たしかに、先に紹介した中国語の漢字を使った実験にしても、参加者が前に見た漢字だと気がついた瞬間、効果はなくなった。[20] 人は接触が増えるほど好きな気持ちが強くなるが、それには限界がある。やりすぎる可能性は非常に高いと覚えておくといい。ラジオでよく流れるキャッチーなポップソングも、いずれ必ずイライラするようになる

（ニッケルバックの曲を思い浮かべればわかるだろう）。

少々の新しさは大いに役に立つ。数理哲学の研究で知られるスチュワート・シャピロは、このことを試そうと印刷広告を使ってチームで実験を行った。[21] その広告では、ブランドロゴ（参加者にとって馴染みのあるもの）の位置を変えて（参加者にとって初めて目にする位置関係にして）表示した。いつも左端にロゴが表示されている広告なら、ロゴの位置を上部の右端に持ってくるという具合だ。結果はどうだったか？　広告デザインが少々変更されたことで、参加者のブランドを好ましく思う気持ちが二〇パーセント増加した。おまけに実験に参加した全員が、その小さな変更に気づかなかったという。その後もさまざまな形式の広告を使って実験を行っても、同じ結果が得られた。[22]

第1章で、人はいくつもの感覚を通じて自分を取り巻く世界を体験していると述べた。その体験が個々人によって異なることからもわかるように、「馴染み深い」という感覚と「新しい」という感覚の、万人に通じる魔法の比率は存在しない。よって、どちらもやりすぎないようにしながら完璧なバランスを見つけるしかない。

この「ＮａＳのスイートスポット」の追求は、食べ物のトレンドにはっきりと見て取れる。ステート・フェア〔アメリカの各州で通常年に一度開かれる、主に地域の農業や工業の促進を目的とした娯楽イベント〕では、きまってさまざまな食材を揚げた料理が登場する。揚げバターをはじめ、揚げクールエイド〔粉末を溶かして飲むジュース〕や揚げビールといったものまである。なぜそんなことをするのか？　ＮａＳを求めているからだ。はちみつのピザやマヨネーズ・フローズンヨーグルト、ピーナッツバター入りチーズバーガーといった発想が好まれるのと同じ理由だ。

食べ物のペアリングについて見ていこう。そこには、すでに確立されたものと、実験的なものがある。チーズとワイン、寿司と日本酒のように、確立されたペアリングは私たちの脳内にもしっかりと根づいている。それらは馴染み深く、安心感を覚える。ただし、最初からそうだったわけではない。いまではリーセスのピーナッツバターカップやピーナッツバターとゼリーのサンドイッチをはじめ、ウォッカのレッドブル割もすっかり定着しているので忘れがちだが、それらも最初はＮａＳに類するものだった。ウイスキーとダークチョコレート、ラーメンバーガーなどの実験的なペアリングの一部は、現れては消えていくだろうが、ペアリングという概念はずっと残り続ける。慣れ親しんだ食べ物を使って馴染みのないペアを生み出すことは、まさに脳が喜ぶ「安心感があって斬新」なものなのだ。

ポップカルチャー、映画、音楽業界のＮａＳ

映画『スター・ウォーズ』からわかるように、ＮａＳはポップカルチャーでとりわけ強い効果を発揮する。映画、フィクション作品、音楽などはアーティストの努力によって生まれるものだが、それらを売るのはビジネスであり、利益を生むかどうかはＮａＳに大きく左右される。

音楽配信サービスのスポティファイは、飛ぶ鳥を落とす勢いで快進撃を続けている。サービス加入者は年々増えていて、これを書いている時点で前年比五〇パーセント近いペースで伸びている。スポティファイには、過去の視聴データにもとづいて未視聴の曲だけを集めて推奨するプレイリストがある。この機能が導入されると、期待どおりの結果が得られた。お気に入りへの登録、再生、独自のプレイリストの作成、ダウンロードを通じて提供したデータが多いユーザーほど、推奨プレイリストに対して好反応を示した。その後、スポティファイはNaSを偶然見つけることとなる。

二〇一五年、エンジニアリングチームによるミスで、未視聴の曲だけを集めたはずのプレイリストにユーザーが頻繁に聴いている曲が偶然混ざってしまった。すると、予期せぬことが起きた。未視聴曲と馴染み深い曲が混ざったその「壊れたプレイリスト」が表示されたユーザーは、そのリストの視聴に多くの時間を費やしたのだ！「誰もがバグだと報告してきたので、修正してリスト内の曲がすべて未視聴曲になるようにした」と、製品責任者を務めていたマット・オグルは『アトランティック』のインタビューで答えている。[23] しかし、修正するとリストが視聴される回数が減った。そのため前のバージョンに戻すことになったという。「馴染みのある曲が少し混ざっていることが、リストへの信頼を育むとわかった」とオグルは振り返る。

NaSの忘れがたい例と言えば『フィフティ・シェイズ・オブ・グレイ』だ。この作品は、制作陣を儲けさせたうえに消費者の購買行動をも変えた。

『フィフティ・シェイズ・オブ・グレイ』が世に出るまで、BDSM（ボンデージ、ディシプリン、サディズム、マゾヒズムという嗜虐《しぎゃく》的性向）はアンダーグラウンド・カルチャーだった。そういったもののパーティーや集まりは、ひっそりと声がかかるものであり、フェイスブックで公募されるイベントとは対照的だった。BDSMに飛び込むのは、性交に冒険的な人か、新しい体験を得たい人くらいのものだった。

そんななか、小説『フィフティ・シェイズ・オブ・グレイ』が発表された。この作品はそもそも『宇宙の支配者』というタイトルで、人気小説シリーズ『トワイライト』のファンフィクションとして投稿サイトに投稿され、そこで人気を博した。ファンフィクションとは、既存のテレビ番組や漫画、映画、小説の登場人物やストーリーラインを使ってファンが創作したフィクション作品のことをいう。『宇宙の支配者』を書いたE・L・ジェームズは、『トワイライト』に出てくるベラとエドワードという馴染み深いキャラクターと二人の関係性に「BDSM」という新しいテーマを持ち込んだ。その結果、まずは『トワイライト』のファンフィクションの読者にBDSMがNaSとして受け入れられた。その後ベラとエドワードの名前がアナとクリスチャンに変更され、タイトルも『フィフティ・シェイズ・オブ・グレイ』となって小説として出版されると、世間一般のごくふつうの人々にも同じように受け入れられた。ファンフィクションとして生まれたこの作品は三部作となり、アマゾンUKでの総販売部数は『ハリー・ポッター』シリーズの全作品を合わせた部数を上回った。

『フィフティ・シェイズ・オブ・グレイ』に始まったこのシリーズ作品のおかげで、性玩具会社も驚くべき成長を遂げた。その原動力となったのは、主にそうした商品を初めて買い求めた人たちだ。イギリスを拠点とする性玩具メーカーのラブハニー社の収益は、映画化される前の二〇一四年一月の時点で一〇万ドルから三三九万ドルと三倍に増えた。小説に登場する手枷、乗馬鞭《むち》、くすぐり羽根、お仕置き用パドル、アイマスクといった商品だけで純粋にそれほど増えたのだ。マンハッタンにある性玩具ショップ「ベーブランド」のパメラ・ドアンも、映画が公開されると店舗の収益が二倍になったと語る。「来店されるお客様は本当に楽しそうです。店に入るなり、『フィフティ・シェイズのあの……』と尋ねてきます。性玩具ショップにくるのは初めてだというお客様もいらっしゃいました」[24]

NaSの例は、ヒップホップ音楽の制作で用いられるサンプリングにも見て取れる。カニエ・ウェストは、ふつうなら交わることのないジャンルからサンプリングに使う曲を選ぶことで知られる。これは音楽プロデューサー、ショーン・コムズのビジネスモデルを踏襲していると言っていい。ショーン・コムズより、P・ディディやパフ・ダディの名のほうがピンとくるかもしれない（いい意味ではないかもしれないが）。いずれにせよショーン・コムズが一九九〇年代に行っていたことを、カニエ・ウェストが二〇〇〇年代に行ったのだ。例をあげよう。コムズは自身がプロデュースするノトーリアス・B・I・G・のラップ曲に、デヴィッド・ボウイのビートをサンプリングした。また、ノトーリアス・B・I・G・のヒット曲となった《ジューシー》も、ファンクのグループであるエムトゥーメイの《ジューシー・フルーツ》をサンプリングしてつくられたものだ。コムズとカニエは二人とも、馴染み深いものから取り出した何かに新しさを加えて成功を収めたのだ。

今度はアメリカでEDM（エレクトロニック・ダンス・ミュージック）の人気に火がついた経緯を見ていこう。二〇〇〇年代の初めでは、EDMは新しい音楽だった。新しすぎて、大半のアメリカ人は聴いていなかった。アメリカにEDMを広めたのは、好き嫌いはあるにせよ、デヴィッド・ゲッタであることは間違いない。DJである彼は、その新しい音楽を安心感のあるものでくるんだ。アッシャー、ウィル・アイ・アム、ニッキー・ミナージュ、スヌープ・ドッグ、リュダクリスといった人気アーティストの曲にミックスさせたのだ。

EDMがアメリカのラジオで当たり前にかかるようになると、NaSを使ってジャンルを拡大させるDJが現れ始めた。DJのアヴィーチーは、マイアミ・ミュージック・ウィーク〔EDMのパフォーマンスが一週間にわたって繰り広げられる音楽の祭典〕で《ウェイク・ミー・アップ》という曲を初めて披露した際に、カントリーミュージックの奏者をステージに呼び、彼の代名詞たるリフを演奏させた。それを聴いた観客はとまどっていた。だがその曲が発売されたとたん、人々はＥＤＭとカントリーミュージックのリフの組み合わせに夢中になった。

ビヨンセは、レゲトン〔プエルトリコ発祥の音楽〕のスーパースターで知られるＪ・バルヴィンとバッド・バニーをフィーチャリングし、彼らの大ヒット曲《ミ・ヘンテ》がもたらすレゲトンの新鮮味に、彼女自身のサウンドの馴染み深さを融合させるという形でＮａＳを活用した。ラッパーのリル・ナズ・Ｘは、《オールド・タウン・ロード》でカントリーミュージックの大御所ビリー・レイ・サイラスとコラボレーションして弦を弾く音が印象的なサウンドをつくり、二〇一九年夏のヒットチャートを席巻した。音楽にせよほかの分野にせよ、新しさと馴染み深さを組みわせて利益を得ているアーティストは枚《まい》挙《きょ》にいとまがなく、これからも増え続けるだろう。ＮａＳにはそれだけの力がある。

この章を通じて、脳が好きになるものは人工的につくれることがわかった。私たちの好みの傍らには、単純接触効果と、そのいとこ的な存在である、流暢性効果と利用可能性バイアスがいて、これらが広告の効果を高める役割を果たす。広告業界は概して、接触業界と言い換えたほうがより正確だろう。グーグル、フェイスブック、ＭＴＶに代表される業界が数兆ドルを生み出しているのは、接触を求めて企業が彼らにお金を払っているからにほかならない。ウェブ検索、ソーシャルメディア、テレビ、ラジオ、出版にいたるすべての業界が、単純接触効果の働きのうえに成り立っているのだ。

次にエナジードリンクの棚から商品を（価格を抜きにして）選ぶとき、あなたはきっと、最近もっとも頻繁に繰り返し目にするメーカーの商品を手にして店をあとにするだろう。自分で決めたと思いたいだろうが、はっきりいって、店に入る前からそのドリンクを選ぶことは決まっていた。馴染み深さは必ず作用する。

とはいえ、新しさも同じく作用する。脳は期待を裏切るものに注意を向ける。新しいものを追いかけるとドーパミンというご褒美が放出されるからだ。しかも、新しい何かで嬉しい驚きを得るたびに、ドーパミンのご褒美は増幅する。目新しさがあるからこそ、人は何かをもっと好きになったり、求めたりすることがやめられないのだ。

脳は本当にわがままだ。新しいものの新鮮味、馴染み深いものの安心感の両方を求めようとする。NaSはいたるところに存在する。それは、この章の冒頭で紹介したザイアンスの実験も例外ではない。その実験に協力した参加者は中国語を知らなかったので、漢字を見て「新鮮」に感じた。一方、前に見た漢字を再度目にしたときは、漢字というもの全般に対して新しさを感じながらも、脳の一部で「馴染み深い」という認識が生まれた。そういう新鮮だが馴染み深さもある漢字を目にしたことで、喜ばしい気持ちが高まり、その漢字に対する好印象が強くなった。

NaSは脳の好ましさに対する矛盾を中和するものだが、その存在を批判する人は必ずいる。とりわけ映画業界と音楽業界に顕著だ。NaSの原理を批判してきた人は、それは大衆への「身売り」だと主張した。レイモンド・ローウィがそれを聞いても、批判だとはちっとも思わないだろう。彼は表現を大衆に向けるものととらえていて、それを誇りに思っていた。目的が消費を最大にすることなら、NaS

の活用以上に優れた策はない。ＮａＳ批判への最大の反論は、ラッパーで起業家としても成功を収めているジェイ・Ｚの歌詞に表れている。彼自身もまた、新鮮味と馴染み深さを融合するプロだ。

観客のためにレベルを下げて稼ぎを上げる

そんな俺を批判するくせに、みな叫ぶんだ。「連絡をくれ！」と

第9章 共感と人間どうしのつながり

ブランドが密かに使う言語

バレエダンサーを夢見る中学生の女の子が、アメリカン・バレエ・シアターに入学願書を送った。やきもきしながら待つこと数週間。彼女の元に次のような通知が届いた。

候補者様

当バレエアカデミーに出願いただきありがとうございます。遺憾ながら、あなたは不合格となりました。あなたの身長、ターンアウト、アキレス腱、脚、座高が基準に達していません。バレエに向かない体型です。ラスベガスでなら、ダンサーになれる可能性はあると思います。それに選考の対象とするにあたり、一三歳というあなたの年齢では遅すぎます。

この通知を受け取った一三歳の少女は、自分の体型はバレエに向かず、劇場の舞台ではなくラスベガスのショーのほうが合っていると言い渡されたのだ。この不合格通知を読んで（これは一三歳の少女の元に届いた本物の通知である）、あなたはどんな気持ちになっただろう？　怒りを感じたかもしれないし、悲しくなったかもしれない。通知の内容を知ったときに少女自身が感じたさまざまな感情を、あなたも抱いたに違いない。

いまあなたの感情に起きた変化に注目してほしい。短い一パラグラフの文章が、あなたの精神状態を動かし、気分を大きく変えたのだ。これぞ人間のコミュニケーションのなせる魔法だ。

コミュニケーションのことを、読む、書く、話すだけだと思うのは間違いだ。言葉ではとても収まりきらない。コミュニケーションは自分の精神状態のいちばん深いところを共有し、自分の思い、感情、考え方といったものを他者に伝える能力だ。ここから、周囲の人間の精神状態や感情に同化するエンパシーが生まれ、それが社交性の土台となる。

根本的な話をすれば、コミュニケーションは人間が持つつながりを構築する能力の表れだ。もっとも基本となるコミュニケーションは、情報を伝達するという形式をとる。たとえば見知らぬ人に道を尋ねられ、頭のなかから役立つ情報を取り出して伝えれば、その知識を通じて見知らぬ人とつながったことになる。また、感情の伝達を通じてつながることも可能だ。満面の笑みを浮かべている人を見たら、たいていはその人の感情とつながらずにはいられなくなる。それに笑顔を見ると、こちらも少し幸せな気持ちになる。ただし、これほど明快ではなく、もっと深いと言っていいつながりは、ストーリーを通じてもたらされる。要は込み入ったアイデアや複雑な考えを語って聞かせるのだ。その目的は、相手のエンパシーを引き出すことにある。

ブランドにとって、コミュニケーション能力ほど重要な能力はほかにないといっても過言ではない。なにしろ、彼らはつながりを得ることで商売をしている。企業、企業が発するメッセージ、企業が売る製品が一体となって、情報、感情、文化、個人レベルのつながりを構築する、それがブランディングだ。もちろん、それを実践するのは必ずしも簡単ではない。人間どうしのコミュニケーションにはさまざまな難問がつきまとう。人は一対一のコミュニケーションには長けているが、ブランドがつながりを獲得するには、一対多という大きな規模のコミュニケーションを行う必要がある。そうなると、難問の幅がさらに広がる。とはいえ適切なコミュニケーションがとれれば、製品と消費者のあいだにつながりを生み出すことができる。しかもそのつながりは、人と人とのあいだに生まれる絆のように強く、相手を変える力を持つ。

コミュニケーションはテニスのラリー

ブランドや企業のコミュニケーションについて理解したいなら、人間のコミュニケーションのとり方を理解することから始める必要がある。まずはコミュニケーションの基本となる、シンプルなアイデアを人から人へ伝達するときの伝え方から見ていこう。

人間の心理について長く研究するほど、同じ結論にたどり着く回数がどうしても増える。私たち人間は、かなりの愚か者であると言わざるをえない。私たちは、たいていのことがたいていうまくできない。それは本書でも繰り返し指摘してきた。人間の感覚能力と注意力には限界があり、現実の知覚となると、程度の差はあれかなりの創作が入る。人間の意思決定装置には深刻な欠陥があり、そのせいで、行動経済学という分野の研究は人間の不合理性が中心となっている。

それらを知ったうえでコミュニケーションに目を向けると、すがすがしい気持ちになる。コミュニケーションについて調べると、人間が持つ能力の素晴らしさに感嘆せずにはいられない。コミュニケーションでは、驚くほど豊かで洗練された言語の知識の蓄えがあることが大前提となる。さらには言いたいことを瞬時に考え出し、考えたら適切な言葉と構造を見つけて意味が通るように組み合わせることも求められる。それから、物理的な側面についても忘れてはいけない。喉の繊細な筋肉組織を連動させて、共通する言語の慣例に収まる正確な音を出す。発音したら、今度は会話の相手のほうに、それを理解し解釈する仕事が生じる。いま述べた手順は一文を伝達するだけのものであり、アイデアやストーリー、複雑な感情はとても伝わらない。

では、それらはどうすれば可能になるのか？　この疑問の解明に乗り出したのが、近年発達した社会神経科学という分野だ。コミュニケーションが行われているときの脳の活動に聞き耳を立てた研究者たちは、こんな発見をした。コミュニケーションとは、もっとも基本的なレベルで**話者が聞き手の頭にイメージやアイデアを植えつけることができる能力**なのだと。伝達したいアイデアが頭にある人が発信者で、その情報を伝えたい相手が受信者だ。発信者は、自分の脳内の状態を受信者の頭のなかに再構築する。

その様子は、プリンストン大学のウリ・ハッソンによる実験を見ればよくわかる。彼はｆＭＲＩ技術を実験に使い、参加者間の相関性を明らかにした。具体的には、同じストーリーを複数の参加者に聞かせて脳の反応を確かめたのだ。まずは当然ながら、ストーリーを聞いているときの基本的な音を処理する聴覚皮質の反応は、参加者全員がほぼ同じだった。ところが脳のより進化した領域、たとえば解釈や意味に深く関係する前頭皮質の状態は個人差が大きかった。つまり脳内での聞こえ方はまったく同じでも、その解釈はまったく異なるのだ。ニッケルバックの曲の同じ歌詞を聞いても、歓喜の涙を流す人もいれば、それはそれは残酷な痛みを感じて涙を流す人もいるのはそのためだ。

興味深いことに、話し手と聞き手の脳内では特別な類似性が見受けられるという。ハッソンはこれを「ニューラル・カップリング（神経系の連結）」と名づけた。ストーリーを語る話し手の脳内には、そのストーリーを表す特定の神経活動群[1]が発生する。そして意外にも、**ストーリーを受け取る聞き手の脳内に、それに非常によく似た活動群が表れる**。しかもここからが重要なのだが、話し手と聞き手の脳の状態が近いほど、ストーリーがよく伝わる。事実、ハッソンの実験で聞き手に回った参加者に聞き終えたストーリーの理解を確かめるテストを出題したところ、話し手とのニューラル・カップリングの類似性の高さとその結果に相関関係が見受けられた[2]。互いの脳の状態が近いほど、理解力が高まるというわけだ。

つまり、脳の観点からすると、コミュニケーションは「話し手と聞き手のあいだに生まれるニューラル・カップリングである」と言える。相手の脳に自分の脳の状態を移すことで、自分のアイデアを伝達するということだ。有意義なコミュニケーションは、テニスで楽しくラリーをしているような気持ちを生み、できるだけ長くラリーを続けたくなる。相手にボールを打ち返してもらいたいなら、相手が処理できるような打ち方をしなければならない。相手のカバーできる範囲、利き手、打ち返しやすい方向などに気を配る必要があるということだ。それと同じで、有意義なコミュニケーションをとれる人は、聞き手がもっともしっくりくるようにメッセージを構築できる。それが上手にできるほど、よりよいコミュニケーションがとれるようになる。

話し手になっているとき、人は無意識に相手にいちばん「合う」ように調整を図る。たとえば祖母に話すときは、タクシーの運転手やウエイターに話すときと比べて少しゆっくりと優しく話すのではないか。勤め先の会社の社長に話すときと、近しい親族に話すときとでは、間違いなく話し方は変わる。使う語彙やアクセントの置き方をはじめ、話す速度やリズムまで変えているかもしれない。テニスでは、ラリーを通じて互いの強みや弱み、好みを時間をかけて学習する。言葉を使ったコミュニケーションもそれと同じで、相手のプレースタイルを知り、それに自分を合わせていく。

この現象に対し、スコットランドで言語学を研究するマーティン・ピッケリングとサイモン・ガロッドが「インタラクティブ・アラインメント（相互連携）」と名づけた。[3] 二人の調査によると、人は誰かとほんの数分話すあいだに、声色、声の大きさ、話す速度はおろか、話しているときの姿勢まで無意識のうちに微妙に相手に合わせて変え、相手もまた同様に合わせようとして変わるという。このように、ゆっくりと無意識に相手との交点にたどり着こうとすれば、コミュニケーションは自然と円滑になる。相手と長く話すほど、互いの話し方が同じようになるほど、互いを理解する力が高まる。本当にそうなのか、次に誰かと話すときに確かめてみるといい。会話の途中でゆっくりと椅子の背に体を預ければ、相手もきっと同じようにするだろう。外国に長く暮らすと、学ばなければならないのは言葉だけではないと感じるはずだ。話す速度やアクセントをはじめ、その国の文化に即した話し方に変わるのではないか。こうした言語的、非言語的な変更はすべて、会話をする相手に適合しようとする潜在的な試みだ。ニューラル・カップリングを構築し、コミュニケーションの意義を高めるためにほかならない。

要するに、会話をする相手のコミュニケーションのとり方を上手に模倣できるようになるほど、コミュニケーションは円滑に進み、伝えるメッセージの説得力が増すというわけだ。

ただし、コミュニケーションというテニスを新たなパートナーと行うことになれば、調整に時間がかかる。最初の何度かは、コートで打ち合うというより見当はずれの方向にきたボールを追いかけることに時間をとられ、ストレスを感じることもあるだろう。人はそれぞれ独自の経験を重ねているものだし、何と何を関連づけるかも、個としての特性も人によって違う。それらが複雑に組み合わさって、他者の発言に耳を傾ける態度に影響を及ぼす。有意義なコミュニケーションとは、話した言葉の意味に対して共通の理解を確立することである。これは聞き手が一人であってもかなり難しいことだが、コミュニケーションを図る相手の数が増えれば、難易度は当然さらに上がる。

消費の世界におけるニューラル・カップリング（とデカップリング）

企業が製品やサービスを売るためには、既存客や潜在顧客とコミュニケーションをとる必要がある。だがマーケティングのコミュニケーションは、個人間のコミュニケーションと違って一元的な管理のもとでメッセージを制作し、それを集団に向けて配布しなければならない。目の前に座っている人の脳に自分の脳を同期させるだけでも大変なのに、ブランドはそれを何百万というさまざまな人に同時に行お

KA デザインズの悪名高き「卐」T シャツのラインナップ

うとしている。

ニューラル・カップリングが確立せず勝手な意味にとられると、トラブルが生じる。二〇一七年の夏、衣料品ブランドのKAデザインズが鮮やかなレインボーカラーを使ったTシャツを販売した。ただし、そのレインボーカラーの中央に大きく描かれていたのは、なんと卐の模様だ。[4] その理由はフェイスブック広告に次のように説明されていた。「卐は何千年ものあいだ、いい意味を表すものでした。それがある日、ナチズムが台頭し、彼らによって永遠に消えることのない汚名を着せられてしまったのです。ですが卐は復活します。平和、愛、敬意、自由の象徴として」

卐が古代ヒンドゥーの伝統に由来し、幸運の象徴とされていたのはたしかに事実だが、その厳密な意味は、当然ながら一般消費者のあいだには浸透していない。いまや卐は、ヘイト、ナチズム、大虐殺の代名詞だ。もちろんデザイナーは、平和、愛、敬意、自由を意味すると知っていてデザインに使ったのだろうが、その意味はメッセージの受け取り手の脳内には絶対に生まれない。要するに、カップリングに大失敗したのだ。実際、f

MRIを使って調べたところ、KAデザインズの社員と潜在顧客のあいだの相関性はほぼゼロだった。ちなみにこの数字は、KAデザインズのTシャツラインのデザイナーたちがその後も雇われ続ける確率と同じである。

このデザインに反発する動きは即座に広がった。KA社のツイッターとメールの受信ボックスは、否定的な意見であふれ返った。公正を期すために言うと、肯定的な意見も一つ届いている。「このような商品を待ち望んでおりました。私はこのTシャツを支持します」というもので、送り主はネオナチ新聞『ザ・デイリー・ストーマー』を創設したアンドリュー・アングリングだった。正直、イェルプ〔レビューサイト〕に載る理想の意見とは言いがたい。KAデザインズはこのキャンペーンの撤回に必死になり、謝罪して卐を使った新たなTシャツを発表した。今度のデザインは、卐に赤丸で囲んだ斜線〔要は禁止のマーク〕を重ねたものだ。だがしょせんは後の祭りだった。

KAデザインズのキャンペーンは、実際に起きたことだとはとうてい信じられないほど悲惨な結果に終わった。そうなるとは考えなかったのだろうか? 反発が起こると予想できなかったのか? 彼らの失策は極端な例だが、もっと小さな意味の取り違えは決して少なくない。二〇一七年は、女性がTシャツを脱いだら別の女性に変わるというダヴのボディローションのフェイスブック広告が出稿された年でもある。この広告で、ダヴは多様な人種が顧客基盤となっているというメッセージを届けるつもりでいた。しかし、別の女性に変わる流れのなかに黒人女性から白人女性に変わるものがあり、これはホワイトウォッシング〔白人ではない人物の肌を白く描き、白人化すること〕だとして激しく非難された。

だが何といっても、二〇一七年にニューラル・カップリング失敗賞のオスカーに輝いたのは、スーパーモデルのケンダル・ジェンナーが主演して炎上したペプシのＣＭだ。これは、デモ活動に参加する群衆の一人であるジェンナーが、武装した警官によく冷えたペプシ缶を渡すことで張り詰めた空気を和ませるというものだった。しかしこのＣＭで、ペプシは臆面もなく抗議活動のイメージを商品化したばかりか、警官が残忍な行為に及んだ人種差別問題まで置き去りにした。世間の反発はあまりにも大きく、ペプシは直ちにＣＭを取り下げ、公式に謝罪した[5]。

ＫＡデザインズ、ダヴ、ペプシの例から、聞き手の数と多様性が増すにつれて、ニューラル・カップリングの確立は指数関数的に難しくなるとわかる。それは、テニスでプレースタイルが各自異なる数百人を一度に相手をするようなものなのだ。

言葉の向こうにあるもの

ほかの条件がすべて同じであるなら、ターゲットに定めた人々の要望に即したコミュニケーションのとり方に近づくほどメッセージの有効性は高まる。これは企業にも言えることで、この事実から、ビジネスでよく用いられる「顧客を知る」という言葉に重要な意味合いが加わる。顧客の好みやニーズだけでなく、顧客のコミュニケーションのとり方を理解することも重要になるのだ。賢明なブランドは、顧客が使う言葉に細心の注意を払う。ターゲット層に属する人は、早口で話すのか、それともゆっくり話すのか。大げさな言葉を使うのか、シンプルな言葉を使うのか。直接的な表現を使うのか、婉曲的な表現を使うのか。気取った言い方をするのか、一般的な言い方をするのか、略した表現を使うのか……。

コミュニケーションのとり方は重要だ。ティーンエイジャーの我が子に身体にいいものを食べさせたいと思っている親が、抗酸化物質や食物繊維の健康的なメリットを説明しても何の効果もないなら、スナップチャットをダウンロードして「野菜ってマジえぐい。どちゃくそうまし」といったメッセージを送るほうがマシではないか。いや、そんなことはないか。だが真面目な話、ティーンエイジャーは友人どうしで、親から受けるよりもはるかに強い影響を与え合うものだと昔から言われていて[6]、それには例にあげたような仲間うちでのコミュニケーションで特定の意味を持たせて使われる俗語が関係していてもおかしくない[7]。ティーンという年頃は親から独立しようともがくものだ。そんな彼らは、彼らからすればダサいことこの上ない母親や父親を言語的に排除することで、親という権力者の説得力を見事に制限している。

コミュニケーションのとり方を聞き手に合わせて修正するから、老人向け製品の広告は年配者がゆっくりとした口調で話すものとなり、ティーンエイジャー向けの広告は彼らが使う俗語を使うものになる。コミュニケーションのとり方がターゲット層に合わないと、悲惨な結果を招きかねない。

大人用オムツブランドのディペンズがいい例だ。ミレニアル世代やさらに若いZ世代に向けた製品は、いまや当たり前にハッシュタグをつけて発信されているが、年配者向けの製品ではあまりそういう展開はない。ただし、ディペンズは例外だ。二〇一四年、同社はソーシャルメディアを使ったマーケティングキャンペーンを展開した。ディペンズのおむつを着けている写真をハッシュタグ（#DropYourPants）をつけて投稿し、大人の尿漏れに対する認識を高めようと呼びかけたのだ。

誤解のないようにあらためて説明しよう。ディペンズが展開したソーシャルメディアを使ったマーケティングキャンペーンとは、ズボンを下ろそうという意味のハッシュタグ「#DropYourPants」を使い、ディペンズのおむつを身に着けた自分の写真を投稿してほしいと顧客に呼びかけ、大人の尿漏れに対する認識を高めようとするものだった。おじいさんには、eメールに何かを添付するとどうなるかを説明するだけでも一苦労だというのに、インスタグラムに自分の（実際の）排せつ物を投稿する方法を教えろというのか？　このキャンペーンが失敗に終わって、誰もがほっとしたことだろう。

二〇一七年、ミレニアル世代の購買力が一兆ドルを上回った。彼らがアメリカの労働力でもっとも多くの割合を占めるにいたったのもこの年だ。[8]ミレニアル世代やZ世代は、企業にとってものを売りたい対象であり、雇いたい対象でもあるということだ。世代が違えば、コミュニケーションのとり方や使う語彙にも違いが生まれる。いまからマイクロソフトがミレニアル世代とZ世代に宛てたeメールを紹介しよう。「最先端」をいく世代がよく使うコミュニケーションのとり方を必死に真似ようとしているのが見て取れる。

おしゃかわなインターンのみんなへ！❤

こんにちは！　マイクロソフトで大学生の求人を担当しているキムです。私たち求人チームも、ベイエリアにいるインターンのみんなに会いに、七月一一日に開かれるインターナパルーザにシアトルにある本社から参加します。

でも本当に重要なのはここから。イベント終了後の夜、サンフランシスコオフィスで開く特別なパーティーにみなさんをご招待します！　超やばい料理にお酒もたんまり、3150の音、去年のようにビアポン台も用意しちゃいます！

月曜日の夜はみんなパリピだ！

〔インターナパルーザ：インターンや学生が会するシリコンバレー最大のイベントのこと〕

（実際のeメールは本書のウェブサイトで確認できる 5 ）

ディペンズとマイクロソフトのニューラル・カップリングの失敗は、笑い話としてはおもしろい。しかし、顧客基盤が変わったときにコミュニケーションのとり方を変えられない（あるいは変えようとしない）ブランドは、存続自体が危うくなる。ハーレーダビッドソンについてはどうか。このオートバイの有名ブランドは、ニューラル・カップリングに失敗すればブランドの息が完全に止まりかねないと教えてくれる格好の教材だ。ハーレーダビッドソンはベビーブーム世代をターゲットにビジネスを展開し、ブランドを構築した。だが、その世代は近いうちに高齢になることから、同社はここ一〇年にわたってミレニアル世代の獲得を第一義に掲げている。これは一見簡単そうに思える。ハーレーのバイクはミレニアル世代にとってすごく魅力的なはずだ。燃費はいいし性能も高い。ミレニアル世代の自由な精神も表している。それに「オートバイに乗っているミレニアル世代は大勢いる」と、ハーレーダビッドソンのCEOであるマシュー・レヴァティッチが二〇一七年にコメントし、「彼らにハーレーダビッドソン

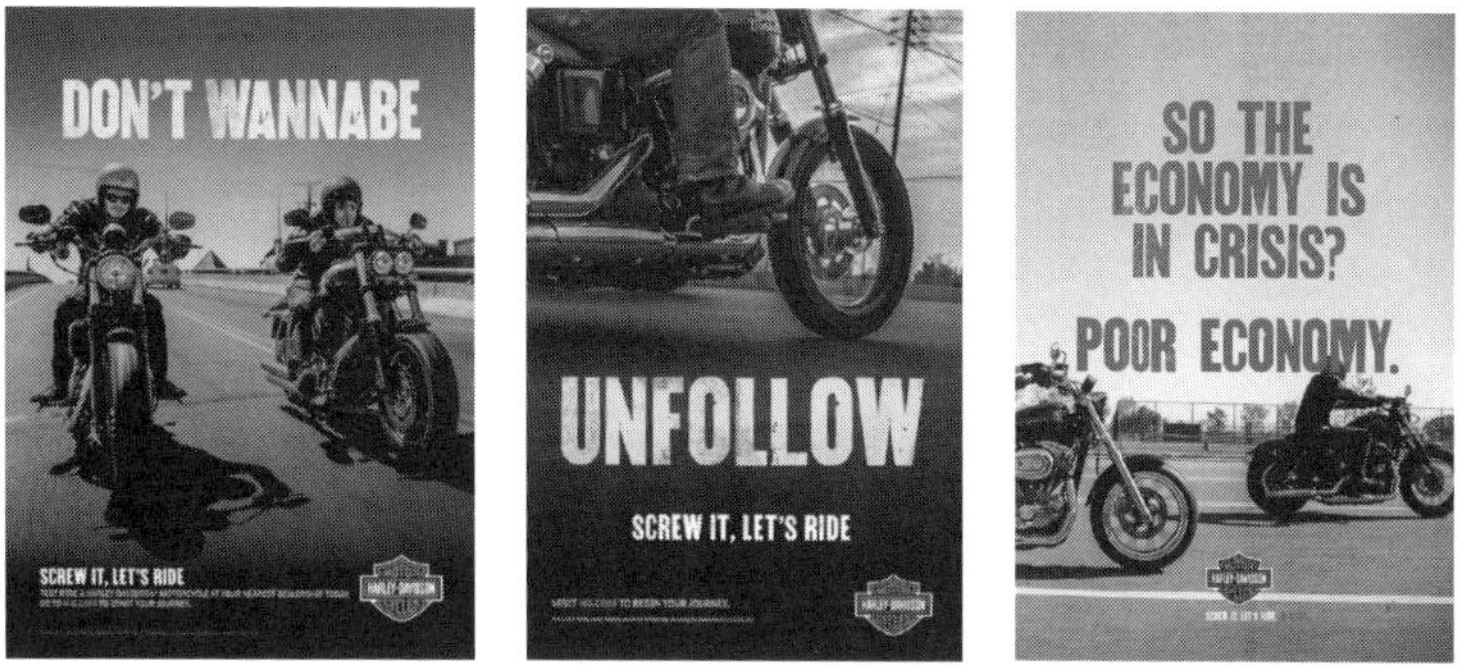

ミレニアル世代には届いていないハーレーダビッドソンの広告

に乗りたいと思わせられるかどうかは、私たちしだいだ」と語っている。しかし、ハーレーダビッドソンのメッセージ戦略は機能していない。それは、彼らの広告が「ミレニアル世代」に訴えていないせいだ。

　ハーレーダビッドソンは実に稀有《けう》なブランドだ。深く共鳴するあまり、ふくらはぎ、腕、尻などにハーレーのタトゥーを入れる顧客層がいる。だが、この伝説的なアメリカのブランドも一〇年連続で売上が減少していて、二〇一四年の夏から二〇一九年のあいだに、七二ドルだった株価が三一ドルまで下がった[9]。ミレニアル世代という市場を得られていないのは明白だ。ミレニアル世代は、社会福祉の向上や失業者の減少を気にかけている。だが、そうした彼らの懸念をハーレーダビッドソンは上図の右の広告で揶《や》揄《ゆ》し、中央と左の広告では、「フォローをはずせ」「ミーハーになるな」とスマートフォン文化すら認めようとしない。そうした姿勢は、既存の年配の顧客をいっそう引きつけることにはなっても、何よりも重要な、これからバイクに乗る可能性のある世代の心にはほとんど響いていない。

　レヴァティッチは新たな購入世代を引き寄せる戦略が必要だと

十分わかっていながらも、ミレニアル世代を象徴するスマートフォンの利用について批判を繰り広げてもいる。「自由と冒険を求めてバイクに乗る人を見つけ出す必要がある。現実を生きたいと願っている人々、スマートフォンの世界を脱して公道に飛び出す人々をわれわれは探している」と彼は言う。要するに、ミレニアル世代にミレニアル世代でなくなってほしいと願っているのだ。

二〇一九年の時点で、ハーレーダビッドソンは電動バイクの販売を検討している。ブランドの核となる部分から思い切って離れてでも、若いバイク乗りに振り向いてもらおうと必死だ。[10] この展開でもまだ足りないのか、展開のタイミングが遅すぎたのか、ミレニアル世代に訴えかけられない彼らには破滅が待ち受けているのか、それは時間が教えてくれるだろう。

あなたが大好きで守りたいと思っている製品やサービス、ブランドを思い浮かべてみよう。それらのコミュニケーションのとり方に共通するものはあるだろうか？

この点から見て、ニューラル・カップリングを的確に行っている企業と言えば、ネットフリックスがあげられる。彼らは消費者に一方的に話さず、消費者との対話を実践している。それに何より、彼らはいまの消費者が使う「インターネティッシュ（インターネット上で使われている言語）」を使って話す。その語彙には、インターネット・ミームやGIF（簡易的なアニメーションを表示する画像ファイル）、ポップカルチャーやテクノロジーに関連する言葉がふんだんに含まれる。NaSのフィルターを通してSNSを使うユーザーの文化を牽引しようとすると、インターネティッシュが登場する。たとえば、ネットフリックスのツイッターやインスタグラムのアカウントを見ると、インターネティッシュを使う消費者とのニューラル・カップリングをうまく行っている。そうしたアカウントを通じてファンに返信するとき、ネットフリックスはまるで友達どうしのようにGIFを使う。気に入らないミームは決して使わず、文化に対して自ら鋭く切り込む発言は、とてもウイットに富んでいる。

オーストラリア・ニュージーランドのネットフリックスアカウントは、ツイッターの文字制限が二八〇文字に増えたことを受けて、二七六頁、上段の画像のような、配信している番組に関連する人物名を文字制限いっぱいに羅列《られつ》したツイートを投稿した。また中段二つの画像のように、映画の内容紹介でも素晴らしい才能を発揮している。左図は映画『ホーム・アローン』で、主人公のケビン少年が家に侵入した泥棒を階段で撃退するシーンを絵文字を使って表現したツイートだ。右図のツイートでは映画『8マイル』のあらすじを、「母親のスパゲッティの力で手汗を克服した、見ていてイライラする若者の心温まる物語の配信が始まりました。」と表現している。そして気軽に話しかけてくるファンに対しては、下図のビヨンセの画像を使ったようなミームで返信することが多い。

消費者は、ネットフリックスのようにニューラル・カップリングを得意とするブランドを友人とみなす。その認識はコミュニケーションに役立つだけでなく、ブランドに対する信頼や帰属意識も育む。

ミラーニューロン

ニューラル・カップリングという事象は、他者とつながって情報を共有することを可能にするものだ。とはいえ、交流する対象に合わせようとする傾向が見受けられるのは、コミュニケーションのときだけにとどまらない。人は周囲を取り巻く人々と、互いの行動を通じて影響を与え合う。ただそこにいるだ

Tweet
Netflix ANZ
@NetflixANZ
Did we do it right? #280characters
8 November 2017 at 1:07 pm
Piper Chapman, Alex Vause, Healy, Miss Claudette, Red, Crazy Eyes, Poussey , Doggett, Morello, Pornstache, Nicky, Taystee, Daya, Burset, Caputo, Mendoza, Norma, Matt Murdock, Karen Page, Foggy Nelson, Wilson Fisk, Elektra Natchios, Claire Temple, Madam Gao, Luke Cage, Misty Knight, Cornell "Cottonmouth" Stokes, Diamondback, Mariah Dillard, Jessica Jones, Trish Walker, Malcolm Ducasse, Jeri Hogarth, Killgrave, Danny Rand, Colleen Wing, Ward Meachum, Joy Meachum, Harold Meachum, Bakuto, Davos, Mickey Dobbs, Gus Cruikshank, Joyce Byers, Hopper, Mike Wheeler, Eleven, Dustin, Lucas, Nancy, Jonathan, Will Byers, Steve Harrington, Bob Newby, Billy Hargrove , Sun Bak, Nomi Marks, Kala Dandekar, Riley Blue, Wolfgang Bogdanow, Lito Rodriguez, Will Gorski, Capheus, Amanita Caplan, Whispers, Jonas Maliki, Pablo Escobar, Javier Peña, Steve Murphy, Pacho, Gilberto Rodríguez Orejuela, Miguel Rodríguez Orejuela, José "Chepe" Santacruz-Londoño, Queen Elizabeth II, Philip, Duke of Edinburgh, Princess Margaret, Winston Churchill, Peter Townsend, Clay Jensen, Hannah Baker, Jessica Davis, Tony

配信している番組に関連する人物名を、文字制限いっぱいに羅列したツイート

Netflix US
@netflix
Kevin
McCallister
Marv
8,462 1:09 PM - Apr 25, 2018
1,513 people are talking about this
Netflix US
@netflix
8 Mile, the heartwarming tale of a nauseous young man who cures his sweaty palms through the power of mom's spaghetti, is now streaming.
12/2/17, 2:22 AM

映画の内容を、絵文字やジョークを交えて告知したツイート

Netflix US @netflix · 8h
Replying to @ira
GIF
I'll show you crazy!
4
15
229

ファンからのリプライには、ビヨンセの画像を使ったミームで返信した

けで影響を及ぼすことだってある。誰かがあくびをしているのを見て、自分もあくびをした経験はないだろうか？　あるいは、目の前に座っている人がポケットにスマートフォンが入っているか確かめるのを見て、自分も同じことをした経験があるのではないか。そういうことをせずにはいられないと感じるのは、他者の行動を自分に投影する（ミラーリングする）ことが、人間の社交性の中核となる特徴の一つだからだ。

あなたの身近にいる人たちは、絶えずあなたの脳の状態に影響を及ぼし、あなたもまた彼らに影響を与え続けている。勤務先の廊下を歩いていて、閉まりかけたエレベーターの扉に思い切り肩を挟まれた人を見かけたら、気の毒に思って自然と後ずさりする。アメリカン・フットボールの試合を観ていて、ランニングバックの選手がボールを持って五〇メートル近く独走したら、興奮して自分の鼓動が早まるのを感じる。湯気の立つ美味しそうなコーヒーを手にした女性を見れば、飲み物の温かそうな見た目によって自分も温まったような気持ちになる。このように、人は身近にいる人の状態を自分の精神状態にミラーリングせずにはいられない。

この人間に生まれつき備わった性質は、おおむね前頭葉にある小規模のニューロン群によって形成される。それらはその性質にふさわしく「ミラーニューロン」と呼ばれる。このニューロンは、一五年ほど前にパルマ大学のジャコモ・リツォラッティらによって発見された。ただし、リツォラッティ率いるチームは、人間の社交性の要となるものを探していたわけではない。サルがシンプルな動きを生み出す仕組みを理解しようとするなかで偶然見つけた。彼らは細胞単位で記録する装置を使い、サルがさまざまな動作を終えたときの前頭葉の個々のニューロンの動きを観察した。サルが食べ物に手を伸ばしてつかんだとき、前頭葉内の特定の細胞が発火した。これは新たな発見ではない。前頭部が動きを生み出すことに大きく関与するということは、ずっと前から知られていたからだ。ところが驚くべきことに、その領域（動いた際に実際に発火したニューロン）が、**ほかのサルが手を伸ばして食べ物をつかむのを見ていたとき**にも活動したのだ！

彼らはさらに研究を重ね、そのニューロン群は動作そのものに反応するだけでなく、動作の背後にある「意図」にも反応することを突き止めた。ミラーニューロンは、動きが生じる前であっても、動きに関する「意図」に生じるわずかな違いを検知できるという[11]。ということは、誰かが手を伸ばしてリンゴを手に取るところを見た時点で、自分のミラーニューロンはもう、その人がリンゴを口に持っていって食べるか、違う場所に置くつもりなのだなと理解していることになる。要するに前頭葉のなかには、自分が何かをしようとするときだけでなく、別の誰かがそれと同じ行動をとろうとしているときにも発火するニューロンが存在するのだ[12]。

この発見は人間を対象にした研究でも次々に再現されているほか、さらなる発見も生まれている。カリフォルニア大学ロサンゼルス校のマルコ・イアコボニ率いる研究チームによると、このニューロンは外的なものの心理状態を自分の内側で自動的かつ瞬時にシミュレーションする役割を果たすと結論づけた[13]。このシミュレーションは、他者との結びつきを親密にする。誰かがまずそうなものを食べているのを見れば、こちらの眉間にシワが寄り、公の場で話している人が緊張のあまり言葉に詰まっているのを見れば、きまり悪くなってこちらの顔がこわばる。こうしたことはミラーニューロンにさせられているのだ。また、ミラーニューロンが他者をミラーリングするという過程から、とても重要なことがわかる。

私たち人間は、機械のように他者の行動だけを真似るのではない。その行動の背後にある精神状態や意図も無意識にミラーリングしてしまうのだ。

サルは見たことを行う

とはいえ、ミラーニューロンは少々大げさに取り上げられすぎだ。グーグルでちょっと検索すると、自閉症や言語の進化、文明の誕生などあらゆることにかかわっているような気がするかもしれない。だが、人間どうしの交流でそれが果たす役割は、世間で言われているよりももっと微妙なものだ[14]。ただし、これだけははっきりしている。ミラーニューロンは他者の意図や行動を代弁する能力や、その意図や行動を模倣する能力に欠かせない。そして、模倣を引き起こすことは、消費の世界で非常に有力なツールとなりうる。

模倣を引き起こす話になると、またもやコカ・コーラが世界のトップブランドである理由を見せつける。コークのＣＭは、楽しいひとときを満喫する人々を描くことで知られ、そうやってブランドとして消費者にとらせたい行動を示している。要は、この茶色い炭酸飲料を飲んで楽しい時間を過ごしてもらいたいのだ。同社の「テイスト・ザ・フィーリング（味わおう、はじけるおいしさを。）」キャンペーン[15]に用いられているＣＭは、映画館で映画が上映される前によく流れている。それは、映画館を訪れた数名の若者がコークとポップコーンを買うシーンから始まり、その後席に座ると、元気になる歌をみんなで歌い、コーラを飲んでポップコーンを食べるというものだ。そのシーンに映る二一人の誰もが、コークを手に持つか飲むかしながら映画を観ている。

この広告が表しているのは、コカ・コーラが消費者に望む行動、つまりはコークを買って飲むという行為だけではない。その行動をとる人の心理状態も表している。CMに出てくる人々は、少々大げさな感はあるものの、コークを飲んで笑顔になっている。その笑顔が象徴する感情が行動を強化する要素であり、コークを買うだけでなく、コークを買ったあとの感情や心理状態も視聴者に模倣させようとしているのだ。同社はあからさまにハピネスとの関連づけを狙った「オープン・ハピネス」キャンペーンを展開するずっと前から、他者を模倣するという人が持つ性質を重視した広告を通じて、自社製品とハピネスを効果的に結びつけていたのだ。

自分と同じような人が製品に満足している姿を見ると、脳はその体験をシミュレーションする。それがひいては、その製品を求める気持ちを生む。この現象は、衣服に関してとりわけ真であると言えるようだ。二〇一七年の秋、女性向けに高級ドレスのレンタルサービスを展開するレント・ザ・ランウェイは、「すべての女性」が自分のドレス姿を確実に披露できる新たな方法を思いついた。実際にドレスをレンタルした女性に対し、レント・ザ・ランウェイのサイトにドレスを着た写真を投稿してもらえないかと頼んだのだ。同社によると、プロのモデルがドレスを着た姿を目にしたときと比較して、自分と同じような女性がドレスを着た姿を見たあとではレンタルする割合が二〇〇パーセント上がったという。[16]

ほかの企業もすぐさま続いた。カジュアルウェアを手がけるルルレモンは、同社の服を着た写真を「#thesweatlife」というハッシュタグをつけてインスタグラムに投稿してほしいと顧客に呼びかけ、二〇〇万のページビューと一〇〇万の「いいね!」を獲得した。革製品で知られるコーチが、日常的にコーチの財布を使っているとわかる写真を投稿してほしいと呼びかけると、ひと晩で二万六〇〇〇を上回る写真が集まった。この種の呼びかけに積極的に応じているキャサリン・リンは、『ウォール・ストリート・ジャーナル』で次のように語っている。「〔顧客の投稿写真を企業のサイトに掲載するという行為には〕私たち消費者とつながりたい気持ちが表れています。（中略）現実的な出来事のなかで現実にいる人がそのアイテムを身に着けている姿を目にすると、より現実味が増します」[17]。英語版のアディダスとリーボックの公式ショッピングアプリには「着ている写真を共有しよう」という項目があり、インスタグラムから同社製品を実際に身に着けている人の写真を引っ張ってきて、アプリに表示される仕組みになっている。

ミラーニューロンが反応するのは、目にしたものだけにとどまらない。耳にしたものの影響も受ける。笑い声に伝染性があると言われているのはそのためで、テレビで長年にわたって録音笑いが使用されていた理由もそこにある。

録音笑いはいまや過去の遺物かもしれないが、チャールズ・ダグラスによって考案された一九五〇年代から二〇世紀の終わりまでは、間違いなくアメリカのテレビを支える立役者だった。録音笑いはジョークを強調するためのもので、笑いを誘う文章についているエクスクラメーションマークの声バージョンだと思えばいい。録音笑いはその役割以上の効果をもたらした。ジョークをよりいっそうおもしろく感じさせるのだ。ミラーニューロンは他者の笑い声を聞いたときに、笑っている人の感情や行動を自分に映したいと思わせる。あるジョークを聞いてニコリともしなかった人でも、録音笑いを足した状態で同じジョークを聞くと、今度は笑い出す。

二〇一〇年代に入ると、録音笑いは絶滅危惧種となった。それは、いまの視聴者が録音笑いに胡散臭さを感じるようになったことも一因にあるだろう。そう感じるようになったせいで、おもしろさが増すどころかむしろ半減するようになったのだ。いまのテレビ番組は、固定されたセットで番組をつくっていた時代と違い、複雑で映画のようなつくりになっている。そんななかで録音笑いを使っても、場違い感が増すばかりだ。ドラマ「ゲーム・オブ・スローンズ」のティリオン・ラニスターの「酒は飲むし、ものも知っている」という台詞に録音笑いがかぶさるなんて想像もしたくない。

共感（エンパシー）

ここまで見てきたように、人は他者の心理状態だけでなく感情の状態もミラーリングする。そして後者が行われると、共感という現象が起こる。

人間が生物学的に共感するようにできていることは、数々の研究で実証されている。幼稚園を見学したことがあればよくわかるはずだ。園児の誰かが笑うとみなが笑い、誰かが泣けばみんな泣く。また、ｆＭＲＩを使った研究から、痛みを経験したときに活性化する領域は、痛みを感じている他者を見たときにも活性化することが明らかになった[18]。要するに、人は他者の感じ方も感じるようにできているのだ。この感情のミラーリングは、人間が持つ素晴らしい特徴の一つだ。「ゲーム・オブ・スローンズ」の釁《ちぬ》られた婚儀のシーンを観たあとに恐怖と悲しみに襲われるのも、邪悪なジョフリー王がついに暗殺されて大喜びするのも共感が原因だ（ネタバレ失礼）。

だがこの共感というシステムには、対象が個人に限定され、集団に対しては働かないという大きな欠点がある。つまり、一人の人間は気にかけても、大勢については気にかけないのだ。一人の子供の窮状には心から共感するが、悲惨な状況に置かれている子供が大勢いると知っても、漠然としすぎて感情移入できないのである。人間の進化の過程を知っていれば、そうなるのも納得がいく。人間は何万年ものあいだ、固い絆で結ばれた小さな集団を形成して生きてきた。気を配る対象の輪（生存のために頼り頼られる人々）は、ごく限られた人々から増えることはなかった。

こうした点を踏まえたうえで、章の冒頭で紹介した不合格通知をあらためて見てみよう。今度は一〇代の少女に宛てたものではなく、バレエアカデミーに入学を申し込んだ中学生グループに宛てたものだと思ってほしい。そうなると、手紙は次のように変わる。

候補者の皆様

当バレエアカデミーに出願いただきありがとうございます。遺憾ながら、みなさんは不合格となりました。みなさんの身長、ターンアウト、アキレス腱、脚、座高が基準に達していません。バレエに向かない体型です。ラスベガスでなら、ダンサーになれる可能性はあると思います。それに選考の対象とするにあたり、一三歳というみなさんの年齢では遅すぎます。

ほとんどの場合、こちらの通知を読むと、最初のものより共感する気持ちが下がる。「あなた」が「みなさん」に変わっただけだというのにだ。私たちの脳は、何人もいる複数に対してではなく、一人という単数により強く共感するようにプログラムされている。**共感の対象は増えないのだ。**

このバイアスは「精神的無感覚」と呼ばれる。オレゴン大学で心理学を研究するポール・スロヴィックは、このバイアスが人の判断や行動に与える影響について体系的に調査した。[19、20] 彼はまず、大学生の実験参加者に幼く貧しい一人の子供の写真を見せ、この恵まれない子供のために個人的にいくら寄付する用意があるかと尋ねた。別の学生グループにも同じ質問をしたが、彼らに見せたのは幼く貧しい子供が二人写っている写真だった。すると、二人ではなく一人の子供の写真を見せられた学生グループのほうが、はるかに多くの額を寄付した。その後も同様の実験を続けた結果、共感と助ける意思は、見せる写真の人数が増えるにつれて、恐ろしいほど比例して減少していったという。

これは道徳観に大変な問題を引き起こす。たとえば、子供1を気にかけるとともに子供2も気にかければ、少なくとも二人合わせた気配りの度合いはどちらか一人だけのときより大きくなるはずだ。だが現実はそうではない。1＋1の合計が、1＋1未満どころか1未満になってしまうのだ。話が大人数相手となると、よりいっそうひどいことになる。一人のときは気にかけていた子であっても、大勢のなかの一人になったとたん、気にかけなくなってしまうのだ。まるで、個人が集団の一部になった瞬間、個人に感じていた共感が消えてしまうかのように。現代史でもっとも思いやりのある人物として知られるマザーテレサが、そうした実情を見事に言い表している。「集団を見ても、私は決して行動を起こしません。でも一人に目を向けると、必ず行動を起こします」

個々人を襲う出来事は、人々の心の琴線に触れる。それは、特定の出来事がメディアでどれだけ報道され、どのような扱いを受けるかに見て取れる。一九八七年はとりわけ暴力事件が多い年で、アメリカ全土で二万人以上が殺された。だが全米の注目を集めたのは、ジェシカという赤ん坊が生きるか死ぬかのストーリーだった。一〇月一四日、生後一八カ月のジェシカ・マクルーアがテキサス州ミッドランドにある井戸に落ちた。彼女は二日後には救助された。その間に、アメリカでは一〇〇人(子供も数人含む)近くが殺されたが、それがニュースになることはほとんどなく、世界はジェシカの救出劇を固唾《かたず》を呑んで見守っていた。この事件は世界的な注目を集め、夜の全国ニュースで何時間にもわたって取り上げられた。井戸から無事に引き上げられたとたん、ジェシカは有名人になった。記者会見が何度も開かれたほか、ABCテレビが制作する映画の題材にもなり、ついにはホワイトハウスに招待された。ジョージ・H・W・ブッシュ大統領は「救出されているあいだ、アメリカの誰もがジェシカの祖父母になった」と発言し、この事件は二〇一〇年に『USAトゥデイ』紙が発表した「人生で忘れられない出来事」ランキングの二二位に入っている[21]。

ベイビー・ジェシカの報道は極端な例だが、この事件のように人々の心をつかむ一個人の境遇はどこにでも存在する。二〇〇四年にアルバで行方不明になったナタリー・ホロウェイの悲劇から、一九九六年に起きていまなお未解決のジョンベネ・ラムジー殺人事件にいたるまで、人々の共感の対象となり、結果的に全国的な注目を集める人の例は枚挙にいとまがない。私たちの共感システムは、個人に的を絞る。そしてこのシステムに何よりも強く訴えかけるのが、よくできたストーリーなのだ。

共感を運ぶもの

ストーリーから得る楽しみはたった一つの理由に還元できるという主張は、短絡的にもほどがある。

人はさまざまな要素によって物語を楽しむものだ。とはいえ、楽しみを覚える理由を一つに絞れと言われたら、もっとも有力な候補は「人間が持つ共感」となるだろう。ストーリーが共感を高めたり広めたりする力は、はっきりいって驚嘆に値する。目の前にいる人に共感するのは自然なことだが、ストーリーを通すと、場所や時間的に普段なら絶対に交流を持たない人とつながることができる。ストーリーがなかったら、そういう人たちに親近感を抱くことはないだろう。偉大な作家であった故ジェームズ・ボールドウィンも言っているように、「自分の痛みや傷心は、過去に前例がないように思える。だが、のちに読むことになる」のだ。

ただし、得られる共感の度合いはストーリーによって異なる。ストーリーに共通する特徴は、一個人のまわりで展開するという点だ。『スター・ウォーズ』はルーク・スカイウォーカーの視点で話が進み、『大いなる遺産』ではピップが中心となり、「ザ・ソプラノズ」ではトニー・ソプラノがストーリーを仕切る。

これは、精神的無感覚を避けようとしていると思えば完璧に納得がいく。一個人に焦点をあてることで、得られる共感は最大になる。

筆者は、ストーリーと共感の結びつきを確かめる実験を通じて消費者体験に与える影響を探った。[22] 具体的には、空港のなかを走ってフライトにギリギリ間に合った、といった実際にありそうな状況を描いたストーリーを二本作成した。一本はストーリーの当事者が一人で、もう一本は当事者が複数になる。ストーリーAでは、エレンという名の女性が飛行機に乗り遅れそうになっている。彼女は運輸保安局の職員にセキュリティチェックを先にやってほしいと頼み、記録的なスピードでスキャナーを通過すると、扉が閉まる直前にゲートに駆け込んだ。ストーリーBは話の展開はまったく同じだが、飛行機に乗り遅れそうになっているのはエレンではなく家族で、「彼女」の代わりに「彼女たち」という複数形が用いられている。

ほかにも、さまざまな状況を描いた、登場人物が一人のバージョンと家族バージョンの二パターンのストーリーを用意して読んでもらったところ、一人のストーリーのほうが、家族のものに比べて感情や共感を呼び起こす度合いがはるかに高かった。やはり、共感が最大になるのは一個人が話を動かすストーリーを届けたときなのだ。

そうした個人のストーリーは、共感を引き起こすだけでなく購買行動にも影響を与える。その実験では、参加者がストーリーを読み終えるたびに「行動喚起」をした。これはマーケティングの用語で、次にすべきこと（「今すぐ買う」「詳細はこちら」「カートに入れる」など）を提示するという意味になる。具体的には、登場人物が一人のバージョンと家族のバージョンのどちらのストーリーでも「アクメというブランドの靴を買う」行動を喚起し、ストーリーを読み終えた参加者に、ストーリーに出てきたその靴を買いたくなったかと尋ねたのだ。すると、一個人（エレン）のストーリーを読んだあとのほうが、家族のストーリーを読んだあとより購入する意思を示す確率が高かった！

人はみなストーリーが大好きだ。ブランドはこの事実を利用して、キャラクター主導のストーリーを使って消費者の共感を呼び起こし、財布の紐をめいっぱい緩ませようとする。一個人への共感を優先する脳のバイアスにストーリーを好む傾向が合わされば、その効果は絶大だ。

近年の広告で心の琴線に触れたものは何かと振り返ると、一個人に焦点をあてたストーリーを語るC

Mを思い浮かべる人が多いと思う。たとえばナイキには、若きアスリートが日々行っているトレーニングルーティンを描いた、「ワッツ・ユア・モチベーション（きみを突き動かすものは？）」というCMのシリーズがある。一〇代の少年が夜明け前に起き、バスケットボールコートへ行ってジャンプシュートの練習をする。必死に練習していたシュートがようやく決まると、夜明けとともに帰路に着く。これを観ると、身震いするほど感情を揺さぶられ、その少年の努力に共感せずにはいられない。だが、これが夜明け前にジャンプシュートを練習する高校のバスケットボールチームに焦点をあてたものだったら、同じような反応はおそらく得られない。

イギリスの政府外公共機関であるイングリッシュ・スポーツ・カウンシル〔現スポート・イングランド〕が展開する「ディス・ガール・キャン」キャンペーンも記憶に新しい。このキャンペーンはスポーツを楽しむ女性を増やすことを目的とする。CMでは、スポーツをする体型に見えない女性が次々に登場し、ミッシー・エリオットの《ゲット・ユア・フリーク・オン》に合わせてそれぞれがジョギング、キックボクシング、重量挙げなどを行う姿が描かれる。このキャンペーンは『フォーブス』誌により、二〇一五年度の最優秀スポーツ・マーケティング・キャンペーンに選ばれた。その年だけで、キャンペーンで最初に公開された動画の再生回数は八〇〇万回を上回り、ハッシュタグ「#ThisGirlCan」はSNSで一〇〇万回以上使われた。[23]

人はブランドも人とみなす

共感が一個人に向かうという事実は、さらに深いところにも影響を及ぼしている。人は、企業のよう

イングリッシュ・スポーツ・カウンシルによる
「ディス・ガール・キャン」キャンペーン広告の例

な複雑なものや大きな集団に対しても、自然と個人と同じように人格があるものとしてとらえる。つまり、人間でないとわかっているものを擬人化するのだ。

　だからスマートフォンが正常に機能しないと、「なんでそんなことをする？」と問いかけたり、「嫌われている」と言ったりする。車に名前をつける人もいる。何かの実験に参加する人々は、実験で自分が使うコンピューターに向かって丁寧な態度をとる[24]。なかにはウェブサイトにまでそういう態度をとる人もいる。人間を相手にするときと同じで、そうした態度に相手が報いてくれると期待しているかのようだ[25]。

　この擬人化は、企業のとらえ方にも当然及ぶ。所有する車やノートパソコン、ペットを人とみなすように、人はブランドも人とみなす。脳にとってはブランドも人と同じで、生活のなかで人との関係を築くようにブラントとも関係を築く。

ブランドによっては、ケロッグのトニー・ザ・タイガー、ピルスベリーのドゥボーイ、自動車保険会社ガイコのゲッコーのように、架空のキャラクターを生み出して擬人化しやすいようにしているところもある。また、実在する「キャラクター」に会社のストーリーを語らせるケースもある。テスラのイーロン・マスク、アマゾンのジェフ・ベゾス、ハフィントン・ポストのアリアナ・ハフィントンがいい例だ。

架空のキャラクターの作成にせよ、実在する社員の積極的な露出にせよ、いずれもブランディングにとっての目的は同じで、共感とつながりの焦点を合わせる唯一の像を提供することにある。それで得た共感を使って、消費者とのあいだに揺るぎない関係を築くのだ。

キャラクターが動かすストーリーやブランドの擬人化を好む脳の習性を利用することの効果は絶大だ。だから、ブランドはそのために何百万ドルも使う。ただし、その真の目的は、共感とつながりを得ることにある。適切な著名人を通して消費者にブランドを擬人化させてつながれば、共感だけでなく、消費者が好感を抱くその著名人の特徴までブランドの個性の一部に加わると考えられる。それを思えば、ワイルドターキーやリンカーンモータースがマシュー・マコノヒーをCMに採用するのも、ユニクロがロジャー・フェデラーのスポンサーになるのも、ディオールがシャーリーズ・セロンを広告塔に起用するのも納得がいく。

こうしたキャンペーンは目にする頻度がものをいうので、たいていは高額なCM契約を結ぶことになるが、その効果は驚くほど高い。最新の株式市場ニュースや金融ニュースを提供するマーケットウォッチによると、著名人との宣伝契約を結ぶと平均して四パーセントの売上増に直結するという。[26]『Decoding the New Consumer Mind（新しい消費者マインドを解読する）』の著者キット・ヤローの言葉を借りるなら、「意識的であるかはともかく、消費者はその価値を手っ取り早く感情的に認識するために、ブランドを擬人化する。そしてブランドの顔となる人は、その認識の一部となる」[27]のだ。消費者は、ブランドの顔を務める人物に対して以前から持っていたイメージと共感を、ブランドそのものへも広げるというわけだ。

アンダーアーマーを例にあげよう。スポーツウェア業界は、ナイキ、プーマ、アディダスといった多くの巨人がひしめきあう競争の激しい市場だ。一九九〇年代後半に参入したアンダーアーマーは、生意気な新参者にすぎなかった。だから、ナイキはレブロン・ジェームズ、アディダスはポール・ポグバといったビッグネームと契約を結んでいたにもかかわらず、アンダーアーマーが最初の顔となるアスリートを決めるときは、身の丈に合わない著名人と契約しようとは考えなかった。彼らはまったく違う道を選んだ。同社の精神とブランドの「個性」に非常にマッチしている選択をしたのだ。アンダーアーマーがブランドの顔に選んだのは誰か？

バレリーナである。

そう、バレエを踊るあのバレリーナだ。アンダーアーマーの顔となったミスティ・コープランドを紹介しよう。

コープランドはどこにでもいるバレリーナではない。この章の冒頭で紹介した不合格通知を受け取った一三歳の少女が彼女なのだ。アンダーアーマーの広告動画は、コープランドがトウシューズでつま先

アンダーアーマーが初めてミスティ・コープランドを起用した動画広告の冒頭のシーン。同社は彼女のことを、最初に「勝利を手にした雑草」と紹介している。

立ちをしているシーンから始まる。つま先で立ってバランスを保つ彼女の、均整の取れた引き締まった体格が際立つ。そのバックで、ナレーターが例の不合格通知を読み上げる。そして動画の最後は、アンダーアーマーのロゴと「私の意志のままに」という言葉が画面に表示される[28]。

コープランドはつらい幼少期を送った。六人きょうだいで、母親の四度目の再婚相手の元で暮らすが、義父に虐待され、彼女の人種を中傷することをしばしば言われた。そうした苦境にありながらも、ミスティ・コープランドはアメリカン・バレエ・シアター初のアフリカ系アメリカ人プリンシパルとなった。そんな彼女を会社の顔としたアンダーアーマーは、二分弱の動画と六行の手紙を通じて、勝利を手にした雑草という彼女のストーリーに自社を結びつけ、膨大な共感を得ることに成功したのだ。その共感によって、アンダーアーマーはすぐさまアメリカのスポーツウェアブランドの注目の的となった。

コミュニケーションは一見単純なものに思えるかもしれない。だが、この章で見てきたように、この「自然に起きる」行為は、実のところ決して単純ではない。効果的なコミュニケーションはテトリスゲームのようなもので、聞き手にとって最善になるようにメッセージを組み直すスキルが必要になる。

ブランドがそうしたスキルを使ってコミュニケーションをとる動機は明確だ。ニューラル・カップリングを介して消費者とうまくつながれるメッセージを送れば、より深いコミュニケーションをとり、より深い結びつきを育むことができる。模倣を好む性質のおかげで、人は無意識に身近にいる人の動き、言葉、行動（どころか、心理状態や感情までも）を模倣する。その対象は、広告のなかの人にまで及ぶ。

共感が、コミュニケーションをとるときの心理的な歯車の潤滑剤だということはよく知られている。「あなたはあなたを取り囲むものでできている」という古い格言は、私たちが思う以上に真実なのだ！消費者との深いつながりを確立するという点では、今日の広告はその可能性のほんの表面を引っかいているにすぎない。VRやARなどの技術を通じて、ブランドと消費者のあいだのニューラル・カップリングを深める革新的なプラットフォームが生まれている。ミラーリングや模倣も、精度が増して効果が高まり、共感バイアスにさらなる影響を与えるようになるだろう。

とはいえいまのところはまだ、ブランドが消費者の共感を引き出し、行動を起こさせるほどのつながりを生むいちばんの手立ては、やはりストーリーとなる。ドラマ「ゲーム・オブ・スローンズ」のティリオン・ラニスターが、次のウェスタロスの王にはもっとも説得力のあるストーリーを持つ候補者を選ぶべきだとしたのもそのためだ。「人々を一つにするものは何か。軍隊？　金？　旗？　いや違う。ストーリーだ。この世において、説得力のあるストーリーほど強力なものはない。それは何者にも止められない。どんな敵も勝てない」。そして、どんな消費者もストーリーには抗えない。

第10章 あらゆるものの本質
本質主義を知り、愛着（と売上）の生まれ方を理解する

ステンシルアートは意外と簡単だ。輪郭を描くか印刷するかしたら、その輪郭に沿って切り取って何かの上に置く。そこにスプレーを吹きつければあら不思議、アートの完成だ。二〇〇六年、この技法を使って一枚のステンシル絵画が創作された。そのわずか一二年後の二〇一八年一〇月、ロンドンにあるサザビーズのオークションハウスにて、その絵画が一四〇万ドルで落札された。

スポーツカーに一四〇万ドル払うのはある程度理解できる。そういう車は自分でつくれないからだ。だが、ステンシルに一四〇万ドルはどうなのか？　人間の価値の見いだし方は奇妙なことこの上ない。

だが、この一〇〇万ドルを上回るステンシル絵画の謎が深まるのはここからだ。オークションの小槌が下ろされ、匿名の購入者への売却が決まったとたん、絵画が「自ら破壊」を始めたのだ。額縁がシュレッダーに早変わりし、絵画が裁断の刃に引き込まれた。額縁の下部から裁断された絵が出てくるのを見た人々は、恐怖で息をのんだ。見ていたのはオークション会場にいた全員だ。一四〇万ドルの絵画が半分ほど裁断されたところで、シュレッダーは停止した。当然ながら、半分裁断された絵画に一四〇万

ドルの価値はないはずだ。

ところが、落札者はその絵画を手元に置くと決めた。その女性の説明はこうだ。[1]「先週小槌が振り下ろされたとたんに、作品がシュレッダーにかけられました。最初はショックでしたが、しだいに私は美術史に残る作品を手にしたのだと思うようになりました」。作品の破壊の首謀者は、作品を創作したバンクシーその人だった。この正体不明のアーティストが自ら額縁にシュレッダーを仕込み、落札が決定した瞬間に絵画が裁断される仕掛けを施していたのだ。作品には最初「風船と少女」というタイトルがつけられていたが、のちに「愛はごみ箱の中に」に改められた。バンクシーは、オークションで一〇〇万ドルの作品を破壊したのではない。作品を創造したのだ。

バンクシーの突拍子もない行為は、近年の美術界でもっとも話題にされた事件の一つで、史上最高の「パフォーマンスアート」が生まれた瞬間とみなされるようになった。この事件で何よりも皮肉なのは（バンクシーの狙いはそこにあったのだろうが）、絵画が裁断されたことにより価値が高まったことだ。絵画の落札者は、裁断された絵画を所有することを選んだ。彼女がその半分裁断された絵画を転売すれば、払った以上の額で落札されるに違いない！[2]

第1章から何度も見てきたように、私たちが体験するのはありのままの世界ではない。そこから一歩離れた世界だ。現実そのものではなく、脳内で作成されたメンタルモデルを体験する。そのメンタルモデルには、五感（例：サクサクした食感が強いポテトチップほど美味しいと感じる）、製品に対する思い（例：ワインは高価なほうが美味しい）、ブランドに対する思い（例：コークだとわかっていて飲むときだけ他社製品より美味しく感じる）といった単純なものが影響を及ぼす。また、客観的な現実と人の内面の主観的な体験には溝があり、そこで感覚や思いが知覚を脚色する（ときには変えてしまうこともある）。

ただし、その溝で作用する要素はそれだけではない。メンタルモデルに影響する思いの種類はほかにもある。それは、物理的な世界に宿る非物理的な本質への思いだ。バンクシーの「風船と少女」が如実に表しているように、人は所定の物質から物理的な性質以上にさまざまなものを知覚する。

私たちは、物理的なものを超えたところに物質の「魂」があると密かに信じている。心理学者のポール・ブルームは、それを物質の「本質」と呼んだ。この本質は物理的な性質を超越する。たとえ物理的に破壊されても、その本質、すなわちその物質に対して人が抱く思いや、それについて自らに語って聞かせるストーリーは生き続ける。そして人は、物質自体と同等かもしくはそれ以上に、その本質に価値を置き、快を見いだす。そもそもバンクシーの「風船と少女」の価値の大半は、それが「バンクシーの手によるものである」という事実のもとに成り立っている。そしてその事実は、このステンシル絵画のストーリー（絵画の本質）に最初から組み込まれている。よって、裁断されてもこの絵画の本質はなくならなかった。それどころか、破壊行為によって本質はむしろ強化され、価値は高まった。

バンクシーの絵画の例から、本質に対する人の心理のおもしろさや、人がどのように芸術を称賛し、なぜそういう称賛になるのかが垣間見える。とはいえ、本質を信じる思いが作用するのは芸術界に限った話ではない。企業は自社の製品やブランドに、本質を吹き込もうと必死だ。なにしろ、製品やブランドに本質が備われば、芸術作品と同様に人々の認識を基本的に変えることが可能になるのだ。

本質主義：意味の科学

消費の世界における本質の位置づけについて探る前に、まずは事物には本質が宿るとする本質主義という考え方について掘り下げていこう。

本質主義は、人間の発達に深く根ざしているのではないか。人間は幼いころから、世界を法則化することを学ぶ必要に迫られる。要は、時間の経過とともに表面的なことは変わっても、ものごとや人は存続するということを学ぶのだ。子供の父親がひげをそったからといって父親でなくなることはないし、冷凍庫の氷が溶けてもその存在はなくならない。こうした本質主義の理解があるからこそ、この世界は安定しているという前提のもとに生きていくことができるのだ。

このことは、人が所有というものを特別視する傾向に大きく関係している。行動経済学者はその傾向を「授かり効果」と呼ぶ。人は一度自分の所有物にすると、所有物だというだけでその価値を高く見積もる傾向がある。この現象には損失を回避したいという人間の性質が大きく関係している。何かを手にしてそれを失う可能性が自分に生まれると、得られるかもしれない何かを手にすることより、失うかもしれない何かを失わないようにしたいという動機のほうが強く働くのだ。ただし、別の何かが作用することもある。人は、その所有物と自分のあいだにある独自の関係性にも価値を見いだす。

心理学者のポール・ブルームは、それを自分の目で確かめた。子供にお気に入りのぬいぐるみの完璧な複製に成功したと信じ込ませる実験を行ったのだ。[3] そのうえで、もともと自分が持っていたぬいぐるみか、あるいはそれと瓜二つのぬいぐるみのどちらを家に連れて帰りたいかと尋ねた。すると、物理的な特徴はまったく同じだというのに、自分のぬいぐるみを連れて帰りたいという子供が圧倒的に多かった。要するに、もともと持っていたぬいぐるみにはそれ独自の本質が宿っていて、その本質は複製できないということだ。マイケル・ジョーダンが試合で着たジャージに感情的価値が伴うように、本質は物理的な特徴を凌駕《りょうが》するのだ。

人は歳を重ねるにつれて世の中に対する理解を深めていくものの、脳が本質主義者としての性質から完全に脱することはない。脳が物質に帰属させる本質は、その人にとっての究極の快や、ものの価値をどう見積もるかに影響を及ぼす。そしてもちろん、その影響は消費者としての行動にも及ぶ。

スポーツのチームを例に考えてみよう。ファンは、チームの何を好きになるのか。ロサンゼルス・レイカーズのファンは、なぜそのチームのファンになったのか？　所属する選手はしょっちゅう入れ替わるので、それは理由にならない。マジック・ジョンソンのいた一九八〇年代のレイカーズの選手は、レブロンのいる二〇二〇年はおろか、シャックとコービーがいた二〇〇〇年代にも一人も残っていない。関係職員も選手同様に頻繁に変わるので、コーチや経営陣でもない。本拠地とする都市も違う。レイカーズは本来、ミネソタ州のミネアポリスが本拠地だった。それにロサンゼルスにはクリッパーズという別のＮＢＡチームもある。都市への忠誠心からチームを好きになったというなら、両方のチームを平等に好きになるはずではないか。それに、仮にレイカーズがラスベガスに拠点を移し、地理的なつながりが失われても、チームを追いかけるファンは大勢いるだろう。ＮＦＬのレイダースがまさにそうだった。レイダースは本拠地だったロサンゼルスから誕生の地であるオークランドに拠点を戻したが、二〇二〇

—二〇二一年のシーズンからラスベガス・レイダースとなった。そうした移転があっても、全員とはいかないが大勢のファンがチームを追いかけた。詰まるところ、彼らはチームの現在進行中のストーリーという本質を追いかけているのだ。

味の本質

第1章で、人に備わった感覚器官でもっとも影響を受けやすいのは味覚だと述べた。味覚のメンタルモデルはシリコンの玩具でできているといっても過言ではない。とりわけ本質という点ではまさにそのとおりで、だからこそレストランは提供するものに本質を加えようと必死になっている。

しゃれたレストランで、メインディッシュに合わせるワインのおすすめを尋ねる場面を想像してみてほしい。ソムリエからいくつか紹介されたなかから、あなたはキャンティという銘柄について、どんな味かと尋ねる。するとソムリエがこう答えた。「最初は柔らかくフルーティな味わいで、次にジャムやダークチョコレートのような味わいになり、最後は木を燻《いぶ》したような香りがします。秋の夕暮れを眺めているような気分になる味わいですよ」。この描写によって（意識的、無意識的の両方で）引き起こされる感情、連想、記憶をまだすべて把握しきらないうちに、ソムリエは製造元の説明に話題を移し、造り手の長女がこのボトルを飲んで初めて赤ワインを好きになったことから、彼女の名前がつけられたと説明する。ワインについてさらに詳しい情報を与えることで、ワインの本質をあなたの頭のなかに植えつけ、そのメンタルモデルを変えようとしているのだ。それがひいては、あなたが飲んだときの実際の味わいに深く影響することになる。

ストーリーと本質が味に強い影響を与えると実証した実験がある。料理のマーケティングも手がけるマーケティング会社のキャッチオンが、二パターンの食事を提供してその反応を比較したのだ[4]。一つのグループには、料理の説明はなく材料だけを記したカードをテーブルに置いておいた。そしてもう一つのグループには、シェフが自ら料理を説明するとともに、その料理を思いつくきっかけとなった幼少期のエピソードも伝えた。すると、料理を食べる前にストーリーを聞いたグループのほうが、食事体験全体を高く評価した。料理自体は、ストーリーを聞かされなかったグループが食べたものとまったく同じだったにもかかわらずだ。

コーネル大学の研究者による別の調査では、料理と一緒に出されたワインの産地をどこと認識するかによって、食事全体の評価が変わりうることが明らかになった[5]。実験では、すべての参加者に料理とともにチャールズ・ショーという安いワイン（アメリカのスーパー、トレーダー・ジョーズの常連客のあいだで「二ドルのチャック」と呼ばれるワイン）を提供した。ただし、半分のグループにはそのワインは北カリフォルニアのノアというワイナリーのものだと告げ、残りの半分にはノースダコタのノアというワイナリーのものだと告げた。どうやらワイン好きの人たちは、ノースダコタという地名にあまり魅力を感じないらしい。カリフォルニアのワインだと信じたグループのほうがワインを高く評価したのだ。興味深いことに、そのグループは料理も高く評価し、そのレストランをまた訪れたいと語った。

どんな食事をするときも、脳が消化する感覚情報は食べ物の味だけではない。香り、舌触り、音、見た目も吸収する。料理がくるのを待っているときにはすでに、食べ物の本質を貪り始めている。レストランが誕生した背景、シェフの経歴、料理に膨らませる期待、ワインの産地……。ひと口目を食べる前から、脳は食事を味わっているのだ。

これについて、コメディドラマの「ポートランディア」が「チキンは地元産？」というタイトルのコントで面白おかしく誇張していた。レストランを訪れたカップルが、チキンを注文しようか悩んでチキンの生涯について尋ねるのだ。チキンの名前（ちなみにコリンだ）、血統、地元で生まれたかどうか、育った場所は何エーカーの広さだったか、育てたのは誰かなど、質問は延々と続く。笑いのために誇張されているとはいえ、実に見事にポイントを突いている。食事をする喜びは、食べ物の味だけではない。食べ物のストーリーがあってこそのものなのだ。

エミー賞の受賞経験のあるキャサリン・ネヴィルは、司会とプロデューサーを務める番組「テイストメイカーズ」でアメリカ各地のローカルフードを紹介している。彼女は『フォーブス』のインタビューで次のように語った。「食品業界はもう、畑からレストランのテーブルまでのことだけに集中すればいいわけではありません。地元の生産者から直接仕入れた材料を使った料理を、シェフがふるまえばすむ話ではなくなったのです。いまの消費者は、自分が食べるものすべてにつながりを求めています。コーヒー豆を焙煎する人、パンを焼く人、野菜を収穫する人が誰か知りたい。自分の払うお金がどんな人やどんなことを支援するかを知っていい気分になるとともに、地域コミュニティとのつながりを築きたいと思っているのです[6]」

このような例はレストラン界隈に限った話ではなく、食品・飲料業界全般に広く見受けられる。アルコール度数三・五パーセントの安いビールの産地を知れば、何かが変わるのか？　この質問をビールブランドのクアーズに投げかければ、大声で「イエス」と答えるだろう。クアーズが展開するキャンペーンはほぼすべて、ロッキー山脈の湧き水の使用を強調している。ビールブランドのサミエルアダムスも、「あえて効率の悪い」醸造過程を詳しく伝えるキャンペーンを展開し、伝統的な製法と人の気遣いが各ボトルに詰まっていることを強調している。ブランドは独創的なやり方で本質をパッケージに詰めて販売する。それがうまくいった商品に、消費者の脳は抗えない。

水のようなものの本質

本質が欠けている消費者向けの製品と言えば、生活必需品をおいてほかにない。具体的にはガソリンや水のように、販売元が違ったところで、物理的にも効能的にもまったく同じ商品を指す。たしかにボトル詰めの水のpH《ペーハー》やナトリウムの数値は若干異なるだろうが、消費者にはその違いがほとんど感知できないので、まったく同じと言って差し支えない。ならば何が違いを生むのか？　価格は別にして、複数あるなかから特定のブランドを選ぶ理由は何なのか？

水やガソリンといった製品は、ブランディングの観点からとても興味深い。というのは、明確な違いが生まれるのは消費者にどう受け止められるかにかかっているからだ。当然ながら、好感度の高いブランドは需要が増え、高い価格設定が可能になる。とはいえ、生活必需品はどのようにして差別化を図ればいいのか？　製品に本質を付与すればいい。

いまやどのスーパーマーケットに入っても、棚いっぱいにさまざまなブランドのボトル入り飲料水が並んでいる。高級店になると、かなり高価な値札がつけられているものも並ぶ。だが一九六〇年代にタイムスリップしてそのことを誰かに話せば、頭がおかしくなったのかと言われるだろう。事実、それはまさに、あの有名なコンサルティング企業のマッキンゼーまで含めたありとあらゆる専門家がギュスターヴ・レーヴンに告げた言葉だった。レーヴンは、アメリカ人に水はお金を払って買うものだと納得させる計画を抱いていた。考えてみれば、タダで手に入るものにお金を払う理由がどこにある？ 当時のアメリカでは、飲料水は郵便物のように自宅やオフィスに届けられるものだった。

ペリエを販売するフランスのソース・ペリエ社の会長を務めたレーヴンが、経営が傾きかけていた同社を買収したのは一九四七年のことだった。同社の社史によると、彼は「ヴィルドーの［その土地に住む］人々がワインの三倍の価格で天然ミネラルウォーターを売ることができるなら、この会社はとんでもない可能性を秘めているに違いない」と考えたらしい[7]。フランスで堅実な成功を収めると、レーヴンはアメリカに狙いをつけた。だがすぐには成功しなかった。それどころか最初の数年は、批判した人々が正しいと実証するようなひどい売上だった。フランス語のしゃれた商品名に引っかかる人も、タダで手に入るものにお金を払う人もいなかったということだ。ところが、一九七七年に状況が一変する。マーケティングの権威として知られたブルース・ネヴィンズをジーンズメーカーのリーバイ・ストラウスから引き抜いて、ペリエのマーケティング責任者に据えたのだ。その後ネヴィンズが展開したマーケティングキャンペーンで、ボトル入り飲料水業界はすっかり様変わりする。

彼のキャンペーンにペリエが使った金額は、二五〇〜五〇〇万ドルだと言われている。それにより、商品の産地の知名度が三倍に上がったほか、消費者の本質主義に訴えることに見事に成功した。ペリエには、当時売られていたボトル入り飲料水と明確に区別できる特徴が一つあった。発泡だ。この特徴は消費者の興味をとくに引くものではなかったが、本質主義のマーケティングを通じてペリエはその特徴に深みを与え、大胆にアピールした。彼らの新たなスローガンは、「地球の中心から自然に生まれた発泡」だ。[8] ネヴィンズは、大勢の記者を飛行機に乗せてフランスのヴィルドーにあるペリエの「源泉」へ連れていくことまでした。[9] 当時のペリエを象徴するCMは、映画監督のオーソン・ウェルズがナレーションを務める。キラキラと輝くボトルにカメラが大きく寄ると、ウェルズの声で「南フランスの大地の奥深くで、何百万年も前から不思議なことが起こり始めた。自然が自ら冷水の源泉に生命を吹き込んでいるのだ。ペリエ」と流れる。[10] 最後に発した「ペリエ」を除くと、神話に出てくる生物の誕生のストーリーを語っているように聞こえる。

そしてペリエの売上は急増した。[11] そのキャンペーンが始まる前の一九七五年、アメリカでのペリエの販売本数は二五〇万本だった。それが一九七八年には七五〇〇万本を超えた！　一九八八年にはアメリカでの年間販売本数が三億本近くになり、輸入ミネラルウォーターのシェアを九〇パーセント近く占めるようになった。こうして一九八〇年代後半に、ペリエは世界を牽引するミネラルウォーターブランドとしてたしかな地位を確立した。

ペリエの圧倒的な成功のおかげで、炭酸の有無を問わずボトル入り飲料水を販売する他社への間口も開かれた。ペリエのキャンペーンが始まってから数年もたたないうちに多くの競合が市場に参入し、ニューヨーク・シティは一九八三年四月の『ニューヨーク・タイムズ』紙で「炭酸水の海に圧倒されている」と評される状態になった。シーグラムやシュウェップスをはじめとするさまざまなブランドがこのチャンスに飛びつき、普段なら財布の紐が固い買い物客に、ブランドを前面に押し出したプレミア価格の商品を買わせようと試みた。

ペリエ以降、ボトル入り飲料水のストーリーは絶えず更新を続けている。業界全体が活況で、いまやアメリカは最大の市場だ。年間に一五〇〇億ドル以上がボトル入り飲料水に使われ、二〇一七年には一三七億ガロン（五一八億リットル）という過去最高の販売量を記録し、牛乳、コーヒー、ジュース、アルコールの販売量を抜いた。アメリカではほとんどの人が、水道の蛇口をひねれば清潔な飲料水がタダで手に入るというのにである。しかもボトル入り飲料水の半数には、国外が起源だと思わせる異国情緒ある名称がつけられている。だが現実は、ポーランド・スプリング、ペプシのアクアフィーナ、コカ・コーラのダサニ、ネスレのピュアライフなどの源泉は公共の水道だ。[12] いずれも水道水を処理してボトル詰めし、本質を添えてブランド化されたものである。

ペリエという先駆者の驚異的な成長を振り返ると、一九七〇年代後半にマーケティングを通じて消費者に植えつけた、水の本質への思いが重要なカギであるとわかる。「ペプシチャレンジ」のペリエ版は実施されたことがないので、コークと違ってブランドが持つ資産価値を直に測定することは難しい。とはいえ、それに近いことならある。一九七九年、ラジオの生放送で水の銘柄を当てる企画が実施され、ブルース・ネヴィンズがしぶしぶ出演したところ、ペリエとほかの炭酸水の区別をつけることができなかった。番組の進行を務めたのは、ペリエのキャンペーンを批判していたマイケル・ジャクソンで、彼は七つのカップをテーブルに用意した。六つにはソーダ水、一つだけにペリエが入っている。ネヴィンズは七つ全部を飲んだうえで一つを選んだ。彼がペリエを言い当てたのは、五回目に挑戦したときだった。[13]

水はしょせん、生活に欠かせないものの一つでしかない。その本質を宣伝するというのは素晴らしいアイデアだったが、最終的には、それを思いついた人をも騙すこととなってしまった。

本質は、個々の製品に対する認識に影響を及ぼすだけではない。その製品が属するカテゴリーの受け止め方までも根本から変える力を持つ。なにしろ、どこにでもある水の認識ですら変えてしまったのだ。スーパーマーケットの棚いっぱいに一〇種類の飲料水が並んでいたら、それはペリエのおかげだと思ってほしい。それにしても、水のような生活必需品にまで価値を生み出す力が本質にあるのなら、ブランドによって商品が本当に異なる消費世界では、いったいどれほどの価値を生み出すことができるのか?

消費者の財布を満足させるのは本質

ものに対する認識や価値に本質が影響を与えるという意味では、ミシュランの星を獲得したレストランの食べ物も、ボトル入りの水も同じだ。どちらも、もっとも弱く騙されやすい「味覚」が関係している。では、本質は、飲食物以外の身近なものにも価値を付加できるのか?

シグニフィカント・オブジェクツ・プロジェクトという実験によると、その答えはきっぱり「イエス」だという。この実験は、人類学者のロブ・ウォーカーとジョシュア・グレンによって行われた。彼らはオークションサイトのイーベイで、アヒルのおもちゃやお菓子のペッツの容器、庭に置く小人のオブジェといったさまざまな日用品を購入した。それらの平均金額は一ドル二五セントだ。その後、プロのライターの協力を得て各商品の紹介文を書いてもらい、その文章とともに購入した品をすべてイーベイに出品した。本質が加えられた商品は、はたしていくらになったのか？　平均金額はなんと一〇〇〇ドルを上回り、合計で八〇〇〇ドルの売上になった[14]（このお金は協力してくれたライターに渡った）。

消費の世界には、本質を吹き込むストーリーがそこら中にあふれている。その違いは、そういうものに本質を吹き込むストーリーが実話かどうかという点だ。

一九二六年ものマッカラン・ヴァレリオ・アダミをご存じだろうか。二〇一八年一〇月、オークションに出された一本のウイスキーが一一〇万ドルで落札され、ウイスキー史上最高額を記録した[15]。その一本に込められた本質にそれだけの価値がついたのだ。

まず、マッカランというブランド名は、ウイスキー業界で非常に高い評価を得ている。その蒸留所はアレクサンダー・レイドによって創設された。レイド家は、アメリカ合衆国が建国される前から大麦を栽培していた一族だ。落札されたボトルに詰められた酒は、一つの樽から瓶詰めされて六〇年熟成されたシングルモルトウイスキー。四〇本しか生産されず、ラベルは一枚ずつ手書きだ。その内一二枚は、ポップアートで有名なヴァレリオ・アダミがこのウイスキーのために描き下ろしたものだ。さらにビートルズのアルバム「サージェント・ペパーズ・ロンリー・ハーツ・クラブ・バンド」のジャケットを手がけた一人のピーター・ブレークも一二枚描いた[16]。

このボトルにまつわるストーリーが、中身の液体の物理的な価値を上回ったのだ。脳は、客観的な属性より主観的なストーリーに価値を置く。おもしろい事実を一つ紹介すると、記録上、ヴァレリオ・アダミのほかのボトルがオークションにかけられたのはこれ以外に一本だけだ。そのボトルが二〇〇七年に落札されたときの価格は七万五〇〇〇ドルだった。これはかなりのお値打ち価格ではないか！

手づくり商品の売買サイト「エッツィー」では、サイト自体に本質主義が焼きつけられている。「より人間的なビジネスのあり方を」が同社のキャッチフレーズだ。オンライン売買というアマゾンのテリトリーにおいて、ほかのeコマースサイトは生き延びるので精一杯だというのに、エッツィーはどうやって成功を収めているのか？　本質だ。純粋に実用性だけを求める人は、アマゾンで買う。アマゾンへ行けば、製品の詳細やレビューを読めるし、たいていはどこよりも安く買えて早く届く。エッツィーは反対に、実用性を重視しないものを提供する。このサイトで扱うマグカップには、物理的な要素や実用的な要素を超えた価値がある。要は本質が吹き込まれているのだ。

エッツィーのサイトを訪れると、販売者のプロフィールやエッツィーに出品しようと思った動機を知ることができる。商品を制作した人や制作過程はもちろん、つくろうと思ったきっかけまで明らかにされていることもある。また、商品に名前を入れる、自分好みにカスタマイズする、といったことも可能だ。そこで扱われる商品は、人が人のためにつくったものだ。エッツィーを訪れた消費者は、アマゾンではできないような形で、商品の売り主とつながりを築くことができる。

エッツィーで商品を買うと、物理的な要素がもたらす機能だけでなく、そこに吹き込まれた本質からも快を得られる。エッツィーを利用すれば、アマゾンで払う以上の額になることはしょっちゅうあるし、届くのを待つ時間はまず間違いなく長くなる。それらを受け入れさせるのが、本質の持つ力なのだ。

企業の本質

本質は、個別の製品や製品の製造過程にしか見いだせないわけではない。それらを生み出す組織にも宿る。たとえば、近所にある一五〇年前に創業された家族経営のイタリア料理の惣菜店に足を踏み入れたとしよう。そこではすべてが手づくりだ。店舗、経営、料理のレシピのすべてが世代から世代へと受け継がれてきた。古く色褪せたモノクロの家族写真が、壁のいたるところで笑顔を振りまいている。その店で、彼ら自慢のパスタを購入して店をあとにすることを想像してほしい。ラベルと包装紙は一世紀半前のままだ。あなたが購入したのはパスタだけではない。その店のストーリー、つまりは本質も購入したのだ。

食品業界のコンサルティングを行うシナジー・コンサルタンツ社を創業し、自らCEOを務めるディーン・スモールは、バッファロー・ワイルド・ウィングス、マカロニ・グリル、オリーブ・ガーデンといったレストランチェーンのコンサルティングを二五年以上にわたって行っている。そんな彼は、本質の重要性を知っている。「ストーリーはレストランに欠かせません。店の起源、すなわちその店がそこにあるたしかな『理由』が重要です」と彼は言う。だが、それを全国展開するチェーンやブランドの規模で行うのは決して容易ではない。「ニューヨーク・シティのカッツ・デリカテッセンがいい例」とスモールは指摘する。「コンセプトは素晴らしいが、それを何店舗にも規模を広げるのは難しい」[17]

たしかに、説得力のある感動的なストーリーと大手ブランドを組み合わせるのは難しい。しかし簡単にあきらめないブランドもある。とりわけ老舗の名の知れたブランドが果敢に挑み、ときにはストーリーを脚色して会社全体に本質を吹き込むケースがあるのだ。

メルセデス・ベンツの真摯なＣＭは成功例の一つで、彼らは会社の歴史を強調するマーケティングで有名だ。二〇一九年の春から頻繁に目にするようになった四分のドラマ仕立てのＣＭ[18]は、メルセデスの壮大な史実を語るものだった。一八八八年にさかのぼり、バーサ・ベンツが初めて自動車で長距離を移動したときの様子を描いている。三〇秒の短いバージョンのＣＭ[19]でも、同社の歴史を通じて魅力的な旅の記録が描かれている。こうして過去に焦点をあてることで、世代、国、モデル、さらには燃料源といった枠を超えた永遠なる存在であると示唆しているのだ。

百貨店チェーンのメイシーズも、同社の本質を繰り返し掘り下げることで小売の終焉を懸命に防ごうとしている。小売市場を支配しようとしているｅコマースの巨人たちのような利便性がない彼らには、自社の歴史をストーリーとして語るほかない。同社は「メイシーズの一五〇年」[20]というＣＭを公開した。それは、これまでにメイシーズが言及されたエンターテインメント作品をまとめたクリップ集のようなつくりになっている。見ると感嘆せずにはいられない。一九四〇年代の映画『三十四丁目の奇蹟』をはじめ、一九五〇年代に人気を博したテレビ番組の「アイ・ラブ・ルーシー」、六〇年代の「ザ・ディック・ヴァン・ダイク・ショー」、さらには九〇年代の「となりのサインフェルド」やアニメの「ファミリー・ガイ」でもメイシーズの話題や建物が登場する。それに加えて、カニエ・ウェストが店内で陽気に踊るシーンまである。そしてＣＭの最後は、「一五〇年にわたってみなさんの人生の一部となった星は一つだけ」というフレーズで締めくくられる〔星はメイシーズのロゴである〕。

金融機関のウェルズ・ファーゴも世間の注目を集めた一連の不祥事からの復活を図り、二〇一八年に同様の策を取り入れてブランドの再構築を試みている。不祥事のなかでもとくに悪質だったのは、高い売上目標に追い立てられた行員たちが、顧客の了承を得ずに口座を開設したりクレジットカードを発行したりと、二〇〇万件もの不正行為を行っていたことだ。[21] ウェルズ・ファーゴのCMはドキュメンタリー形式になっていて、カリフォルニアでゴールドラッシュが起きた時代からさかのぼって同社の歴史を描く。[22] モノクロの映像を「金を求めて人々が西を目指したころ、私たちはその金を東へ運んだ。蒸気船、馬、機関車……」とナレーションが描写し、その後映像がカラーに変わり、アメリカで銀行として信用を築いた歴史を語る。すると画面が突然ブラックアウトし、「だが［その信用は］失われた」とナレーションが入る。それから現代に暮らす人々の笑顔のシーンに切り替わり、「でも、物語はここで終わりじゃない」と続き、ウェルズ・ファーゴが消費者の信用を取り戻すために変えたこと（売上ノルマの廃止など）をあげていく。そして最後に、過去と現在をリンクさせ、「ウェルズ・ファーゴの新たな一日は、いつでも創業初日と同じです」との言葉で締めくくられる。[6] また、CMでは「最近起きた不祥事に惑わされないで。昔と何も変わっていません」という言葉も流れる。つまり、元来の本質はいまも健在だと言いたいのだ。

もっと老舗の企業のなかには、その長い歴史を称えるだけでなく、本質をさらに具体的に提示するところもある。イケアは本社のあるスウェーデンに同社の博物館を設立した。そこでは回転式の台に展示物が置かれ、ドキュメンタリーを鑑賞できるブースがあり、ツアーガイドがいて、学校向けの教育イベントなども開催されている。ロールスロイスも同様に、発祥の地である英国とオーストラリアに、同社の歴史がわかるショールームを複数設置してブランドのストーリーを伝えている。[23]イケア博物館と違ってスウェーデン名物のミートボールはないが、同社の驚くべき歴史を垣間見ることができる。二つほど豆知識を披露しよう。ロールスロイスの創業者の一人であるチャールズ・ロールズは飛行機への関心が高く、エンジンが搭載された飛行機の航行中に起きた事故で亡くなった初めての英国人でもある。それからロールスロイスのボンネットに取り付けられた有名なオーナメント「スピリット・オブ・エクスタシー」が誕生した背景には、自動車を世に広めた先駆者として知られるジョン・ダグラス・スコット・モンタギューと、オーナメントのモデルとなったエレノア・ヴェラスコ・ソーントンの秘密の情事があった。[24]

美術館では、アーティストがこれまでに制作した作品の一覧や経歴を展示して作品の本質を誇示する。すべては作品の価値を向上させるためだ。それを思えば、ブランドが同じアプローチを使っても不思議ではない。

人と本質の関係

私たちが遭遇するどの企業、どの製品、どんなものにも、ストーリーという本質は必ずある。そして、それは私たちも同じだ。第4章で述べたように、私たち人間（というより、ありとあらゆる生き物）は絶えず物理的に変わっていて、七年かそこらで全身の細胞がすべて入れ替わる。人の人生は、単なる経験の集合ではない。そうした経験について自分に言い聞かせるストーリーもまた人生であり、ストーリーがすべてをつなぐ。個々の経験をすべて合わせたものより、つなぎの役割を担うストーリーのほうが、人々の幸福や安寧にとって重要となるのはまず間違いない。ストーリーや本質は最終的には自分自身の人生に影響する。

幸福に関する調査を行うと、奇妙な結果が生じることがある。だがそれは、「個人的なストーリー」が影響を及ぼすと思えば納得がいく。ダニエル・カーネマンが実施した、テキサス州に住む女性一〇〇〇人に質問に回答する形式の日記を毎日つけてもらうという実験[25]は、幸福に関する研究で最大規模のものだ。その日記には、各自がとった行動とそのときに感じた幸福の度合いがすべて詳細に記された。参加者がもっとも幸福を感じた活動は、セックス、人との交流、リラックス、祈り、瞑想などだった。楽しいことのリストとして一見完璧に思える。だが、一つ忘れているのではないか。子供と過ごす時間だ。子供が「人生にいちばん満足を与えてくれるもの」につねにあげられることを考えると、これがリストに入っていないのは実に目立つ。

すぐに喜びを与えてくれるものと、長期的な充足を与えてくれるものが乖離するというこのパターンは、さまざまなところに繰り返し現れる。車は高価になるほど幸福感が高まると答える人は多いが、実際に日々の通勤で車に乗っているときに幸福の度合いを尋ねると、幸福度と価格の相関関係はなくなる。どうやら車から得られる喜びは、運転という実体験ではなく車への抽象的な思いを通じて得られるようで、これもまた、瞬間的に感じる幸福と長い目で見てもっとも人生で満足を得られるものが異なる一例だ。

カーネマンは、幸福と人の価値の置き方に関する研究の第一人者だと言われている。それらの研究にキャリアを捧げた彼は、結局のところどう考えているのか？　彼は次のように語る。

「しだいに、人は幸福になりたくないのだという思いが強くなった。人が人生に求めているのは満足を得ることだ。私が定義した形の幸福、私がいまここで味わっているような幸福は求めていない。私に言わせれば、人は『自分の記憶』からの視点、つまりは自らの人生について自分に言い聞かせるストーリーの視点から、満足すること、人生の充実を味わうことのほうをはるかに重視する」[26]

永続的な幸福の源となるのは、自分の人生について自分に言い聞かせるストーリーだ。このストーリーが個別の瞬間のあいだに生じる溝を埋め、それらがつながることで自分という人間ができあがる。物質や企業にまつわるストーリーは、人々の価値の置き方に影響を与える。それと同じように、自分で自分に言い聞かせるストーリーもまた、自分自身の人生にどんな価値を置くかに影響するのだ。

本書の冒頭から述べてきたように、何かに対して抱く思いは、それに対する受け止め方に影響を及ぼす。高級ワインだと思い込んでいたり、素敵なグラスで飲んだりしたほうが、ワインは実際にもっと美味しく感じる。高価なサングラスだと思い込んだ状態でかければ、たしかに遮光性に優れていると答えるだろう。

ものに対して抱く思いは、現実的な部分にとどまらない。機能やコストといった物理的な性質に加えて、もっと抽象的な価値にも及ぶ。たとえば、結婚指輪や形見分けとしてもらったものには、物理的な価値だけでなく思い出という価値も含まれる。原子レベルで結婚指輪を複製すれば、物理的にはまったく同一のものとなるが、本人にとっての価値は劇的に下がる。また、幼少期からガラスケースに入れて大事にしている、憧れの野球選手が打ったホームランボールがあるとしよう。それを深夜に家に押し入った強盗が別のボールとすり替えても、おそらく気づくことはない。だがボールがすり替わったと知れば、ボールの価値はゼロになる。奇妙な話だが、人は感情に影響される生き物なのだ。

隠された本質に目を向けるという私たちに備わっている性質は、ブランドに限りない機会をもたらす。その性質のおかげで、どこにでもあるものに特別な価値を吹き込んで、そのものに対する見方やそれに置く価値を根本から変えることが可能になる。この世でいちばん平凡な製品であっても、消費者の意識のなかで、その物質としての部分の総和を超えた本質が付加されることは十分に考えられる。

人は、ものの本質に引き寄せられるとともに、その本質をつくりだすストーリーにも引き寄せられる。ストーリーを語るという行為は、ノーベル賞を受賞した物理学者のリチャード・ファインマンにとっての物理の研究と同じではないか。「物理学はセックスのようなものだ。有用な成果はたしかにあるだろうが、それが物理学を研究する理由ではない」と彼は言った。つまり、人はストーリーが好きでたまらないのだ。

ストーリーそのもの、そしてありふれたものに本質を吹き込むその能力は、この世のものとは言いがたい不思議な属性を消費の世界にもたらす。消費者のためになるかどうかはさておき、ありふれたものに深みや意味を与えようと入念に練られたストーリーは本当にすごい。

ドアが単なるドアでなくなるときはあるのか？　マーケターがそれについて素晴らしいストーリーを語ればそうなる。

第11章 ミドリミナル

サブミドリミナル・マーケティングを知る

こんな話をご存じだろうか。一九五七年のこと。映画館でいつもどおりに上映されていた『ピクニック』という映画が中盤に差し掛かると、観客全体が突如としてポップコーンとコーラが欲しくなった。何の前触れもなく無性に欲しくなった観客たちは、互いに顔を見合わせ、混乱しながらぞろぞろと売店に向かったという。映画館の経営者ジェームズ・ヴィカリーの話では、売店の売上は急増し、コーラで一八パーセント、ポップコーンで五八パーセント増加したとのことだった。

ポップコーンとコーラが突然欲しくなった原因は何だったのか？　ヴィカリーによると、密かにメッセージが流れるように映画に周到な細工が施されていたという。女優のキム・ノヴァクがクリフォード・ロバートソンに公園でキスをしようとしたところで、「コークを飲め」「ポップコーンを食べろ」というメッセージが一瞬流れたのだ。その時間は非常に短く、誰も流れたことに気づかなかった。その広告はサブリミナル、つまりは人の感覚や意識の境界領域より下（識閾下《しきいきか》）に働きかけるものだった。そういうサブリミナルメッセージを通じて観客の無意識に特定の欲求を植えつけて、売店に向かわずにはいられないようにした、というのがヴィカリーの主張だった。

だが、実はそんなことは起きていなかった。ヴィカリーはのちに、経営難に陥っていた映画館に注目を集めたい一心で、宣伝のためにあの話をでっちあげたと告白している。[1] 彼はマーケターだったというわけだ。その「実験」はお粗末なものだったが、重要な問いの火付け役を果たしたことは間違いない。消費者の潜在的な注意を完全にすり抜けて、彼らの無意識に直接語りかけることは可能なのか？ もし可能だとしても、実行すべきか？ 何らかの刺激によって人の行動に影響を与えることをプライミングと呼ぶ。こうして、識閾下に影響を与えることを意味する「サブリミナル・プライミング」という概念が誕生した。

ＳＦに出てきそうな概念に思えるが、そのメカニズムは極めて単純だ。サブリミナルと認定されるマーケティングは、客観的に見て消費者に意識されずに訴えかけるものでなければならない。たとえば、人が視覚情報を処理するには最低でも五〇ミリ秒（〇・〇五秒）は必要だ。目の前に情報が表示される時間がそれよりも短いと、「何かを見た」という認識は生まれない。実際にあった本物のサブリミナル・マーケティングの例をあげると、消費者がスマートフォンを開くたびに「ＰＥＰＳＩ」の文字が三〇ミリ秒流れる、というものがそうだ。特定の広告戦略がサブリミナルかどうかは、白か黒の二元論ではっきりと区別できる。そのメッセージに消費者の注意が向けば、それはサブリミナルではない。

ヴィカリーの売名行為以降、サブリミナル・プライミング（サブリミナル・マーケティングの効果の根拠となる神経科学）の研究が数十年にわたって世界中の研究室で行われている。ヴィカリーが語ったストーリーが妥当であるとははっきりとは証明されていないものの、対照実験を通じてサブリミナル・プライミングは本当に起こる現象であり、ヴィカリーの説明は、その大げさなマインドコントロールの作用を差し引けば、おおむねそのとおりのことが起きるとわかった。

サブリミナル・プライミングでは、対象者に意識させることなく、対象者の感覚のどれかを介して「何か」（科学者の表現では「刺激」）を与える。すると、その「何か」が何らかの形で対象者の言動に影響を及ぼす（科学者の表現では「対象者が反応を示す」となる）。要するに、本人がまったく意識しないところで感覚に刺激を与えて影響を及ぼし、未来の言動に影響が生まれる可能性をもたらすのだ。

こんな実験がある。コンピューター画面に映し出されるありふれた画像を次々に参加者に見せ、質問をするというものだ。皿を洗っている女性やサンドイッチを食べている子供の画像が表示されるたび、参加者はその画像に写っている人は機嫌がいいか悪いかと尋ねられた。実に単純な実験だ。ただし、画像が表示された直後に、三〇ミリ秒だけ違う画像を流した。これは、脳が視覚情報を認識するのに必要な長さを下回っている。

そのサブリミナル画像は印象に残りづらいものではなく、マイナスの感情を強く引き起こすもの（例：腐りかけた死体や激しく燃えている家）、プラスの感情を強く引き起こすもの（例：アイスクリームや子イヌ）のどちらかだった。すると、好感を抱く画像がサブリミナルに流れたときは、ほとんどの参加者が皿を洗っている画像の人は楽しそうに見えると答えた。反対に、不快感を抱く画像がサブリミナルに流れたときは、ほとんどの参加者が皿を洗っている人は機嫌が悪そうだと答えた。[2] そして実験終了後、サブリミナル画像が流れたことに気づいたかと参加者たちに尋ねると、誰一人としてまったく気づいていなかった。

同様の効果はほかのさまざまな刺激を使っても見受けられた。刺激には性的なイメージも含まれる。ありふれた写真を見る実験を行っていた参加者は、その直前に性的なイメージをサブリミナルに流したときに限って、わずかだが性的な興奮を覚えたという。この実験の参加者もやはり、サブリミナル画像にはまったく気づいていなかった。[3] 映画『ファイト・クラブ』でブラッド・ピット演じるタイラー・ダーデンが、家族向けの映画にポルノ動画から切り取ったシーンをいたずらで挿入するが、これは決してありえない話ではないのだ。

しかしながら、消費の世界でサブリミナル手法の有効性を試しても、一貫した結果は得られていない。「LIPTON」という画像をサブリミナルに流したら、リプトンのアイスティーを選ぶ人の数は増加したが、その増加が見受けられたのは、参加者が喉が渇いた状態で実験に参加したときだけだ。喉が渇いていなかった参加者に対しては、サブリミナル画像の効果はなかった。[4] とはいえ、ぞっとする話であることに変わりはない。

サブリミナル・マーケティングは、人の行動に直接影響を与えるだけでなく、そうと気づかないうちに影響を及ぼす。この事実を思うと、サブリミナルへの嫌悪はますます強くなる。意識の外で起きることはわかりようがない。

一九五七年にヴィカリーを批判した識者のなかに、まさにこの懸念を表明している人がいた。

潜在意識は、この世でもっとも繊細な器官のもっとも繊細な部分である。ポップコーンなどの売上を伸ばすために、汚されることも、傷つけられることも、歪められることもあってはならない。

現代世界において、人間の魂のプライバシーを守ることほど難しいことはない。

サブリミナル・マーケティングに無理強いする性質があるという事実は、幸い国会議員らに認知されている。念のために紹介しておくと、アメリカでは連邦通信委員会が、本書で呼ぶところの「純粋な」サブリミナルの使用を明確に禁じていて、それは英国やオーストラリアをはじめとする多くの国も同じだ。[5]とはいえ、サブリミナル・プライミングとオーソドックスなマーケティングの境界はどこにあるのか？　英国のCAP（広告実践委員会）による「サブリミナル・プライミング」の禁止についての説明文を見てみると、「どんな広告においても、非常に短い時間の映像、あるいは消費者に完全に意識させることなく影響を与えうる手法を使用してはならない」[6]とある。だがこの文章から、「非常に短い時間の映像、あるいは」を取り除くと、ここで禁止されているのは、はっきりいって「マーケティング」そのものだ。

想像してみてほしい。ファストフードチェーンのKFC（ケンタッキーフライドチキン）が、「スナッカー」という一ドルのチキンサンドイッチのCMを二種類つくったとしよう。二種類といっても内容はほぼ同じで、どちらも安く手軽にすませられる昼食を探している大学生がスナッカーに目をとめて、KFCに入っていく。そして最後にスナッカーのアップが映る。ただし、バージョンAのCMには、サンドイッチのアップに切り替わる直前に「いますぐ買え」という文字が三〇ミリ秒流れる。そしてバージョンBでは、サンドイッチがアップで映る最後の四秒間ずっと、サンドイッチのレタスの上に指先ほどの大きさの一ドル紙幣が映る。

あなたなら、どちらのCMを受け入れるだろう?

おそらくは、「いますぐ買え」とサブリミナルに流れるバージョンAのほうを嫌がる気持ちが強いと思う。だがなぜそうなるのか? 仮に、バージョンAやBの手法を使わないCMと比較した場合、AとBによって上昇するスナッカーの売上の割合はともに二〇パーセントで同じだとしよう。それでもまだ、バージョンAへの嫌悪が強いだろうか? 消費者への影響が持続する時間はどちらのCMも長くはないし、CMに登場するサンドイッチを買いたくなる気持ちを高める以外の効果はない。加えて、視聴者が自覚している認識を裏切るわけでもない。この二種類の違いは、正直なところどこにあるのか?

幸い、サブリミナルにメッセージを送ることは違法とされているので、バージョンAは完全にフィクションだ。しかし、バージョンBの密かにドル紙幣を映す手法は、実際にKFCのCMで使われたものであり、一〇〇パーセント合法である。嘘だと思うなら自分の目で確かめるといい。[7]

ブランドによるマーケティングでは、さまざまな面で消費者に隠れて行うのと同レベルのことが行われている。消費者の無意識に語りかけるものでなければ純粋な「サブリミナル」とは呼べないので、これらを「ミドリミナル」な戦略と呼ぶことにしよう。こちらの戦略は、成功するブランド・マーケティングには欠かせないものになっている。サブリミナル・プライミングは対照実験でしか行われないが、ミドリミナルな手法は実際のマーケティングで広く取り入れられている。しかも、こちらの手法が消費者の心理や行動に及ぼす影響のほうがはるかに強い。

ミドリミナル・プライミング

あらためて整理すると、サブリミナル・プライミングとは、消費者に意識させることのない何らかの刺激を通じて、その人自身やその行動に影響を生じさせることを意味する。とはいえ、刺激を与えてそういう作用を得る、要はプライミングの効果を得るのに、必ずしもサブリミナルに刺激を与える必要はない。たとえ刺激を受けているという自覚があったとしても（少なくとも自覚することが可能な刺激であったとしても）、本人に気づかれることなく行動に影響を与えることはできる。実のところ、目で処理できないほどの短い時間しか表示されない刺激がいちばん効果的である場面はほとんどない。それよりも、目の前のありふれた風景に溶け込ませるほうがよほど効果的だ。そういう形で影響を与えることを、サブリミナルならぬ「ミドリミナル・プライミング」と呼ぶことにする。

ミドリミナルな刺激は、消費者に見ることができる状態であると同時に、基本的には気づかれないものでないといけない。ＫＦＣのバージョンＢのＣＭがそうで、誰かに指摘されれば、ドル紙幣が「目に入るようになる」。ミドリミナルなメッセージは、視聴者に意識されないよう五〇ミリ秒よりも短くする必要はない。それどころか、目の前にずっと存在しながら無意識に直接語りかける。フェデックスのロゴがいい例だ。フェデックスのＥとＸのあいだが矢印になっていると気づいている人がどれほどいるだろう？　アマゾンのロゴのスマイルについてはどうか？　アマゾンのａとｚを結ぶ曲線がスマイルになっていると気づいていただろうか？

フェデックス（左）とアマゾン（右）のロゴマーク

フェデックスのロゴの矢印は、同社と迅速な配達の関連づけを消費者に促す。スマイルに見せているアマゾンのロゴは、プラスの感情反応を消費者にミラーリングさせるとともに、aからz、すなわち何から何まで運ぶというメッセージを強調している。

ミドリミナル・プライミングが作用するのは、脳はプライミングに引っかかりやすいからだ。それが意図的であってもなくても関係ない。プライミングは、脳が生み出すメンタルモデルに影響を及ぼすことで作用する（第1章を思い出そう）。所定の刺激によって最終的に行動が変わったかどうかに関係なく、そのプライミングは脳に必ず刻まれる。

そのため、ミドリミナル・プライミングは想像以上に強い影響力を及ぼしかねない。これまでに目にした時計の広告を思い出してほしい。すべてのブランド、すべての時計のモデルに共通するパターンがあることをご存じだろうか。時計の針はきまって一○時一○分を指している。これは偶然ではない。すべての広告がたまたま同じ時刻に撮影されたなどありえない。針がその時間を指しているのは意図的なものだ。一○時一○分に針を合わせると、時計が「笑顔になっている」ように見えるのだ。これは時計業界だけの迷信ではない。対照実験[8]を行ったところ、一一時三○分など違う時間に針を合わせた場合に比べて、一○時一○分の位置にすると、見る人の感情にプラスの影響を大きくもたらし、購買意欲が高まるとわかった。この結果は、時計の針が笑顔☺になっていると参加者が気づいていない状態で得られたものだ。

ある意味、広告はすべてミドリミナル・プライミングだと言える。店舗のディスプレイや著名人の支持表明はプライミングだ。映画やテレビ番組に商品を登場させるプロダクト・プレイスメントも同じ。プライミングとは詰まるところ人の目に触れることであり、しかも人に気づかれにくいものほど、与える影響は大きくなる。

プロダクト・プレイスメントが驚くほど高額な理由

プロダクト・プレイスメントを介して偶然プライミング効果が生まれた例を紹介しよう。映画『キャスト・アウェイ』の脚本が制作されていたとき、脚本家の一人があえて離島で一週間暮らした。その島で、彼はたまたまバレーボールを拾った。これがウィルソン誕生の経緯だ。念のためにおさらいしておくと、映画『キャスト・アウェイ』は、トム・ハンクス演じるフェデックスの社員が乗る同社の貨物機が墜落し、無人島に取り残されるという内容だ。島に漂着した積荷のなかにバレーボールを見つけた彼は、それをウィルソンと命名し（ボールの中央に印字されたブランドの名称からとった）、そのボールとさまざまな会話を繰り広げる。

プロダクト・プレイスメントのいちばんの目的は、視聴者に違和感を感じさせずにブランドや商品を提示することにある。ウィルソンは主人公の話し相手として自然に映画のなかに登場することで、見事にその目的を果たしている。また、その登場の仕方により、マーケティング効果が非常に高まった。

第8章で説明した単純接触効果を思い出してほしい。人は何かを目にする機会が増えるほど、その何かを好きになる。しかも、いちいち接触の自覚が生まれない形で接触すれば、その効果は増幅する。[9] ウィルソンの場合、スクリーンに登場するたびに「ああ、またバレーボールのウィルソンが映った」とは思わない。観客は映画とその登場人物としてのウィルソンに引き込まれているからだ。ただし潜在意識ではやはり、ウィルソンはバレーボールという一つの商品であり、その名前もブランド名として心に刻まれる。

だからこそ、プロダクト・プレイスメントでは莫大なお金が動く。潜在意識レベルで「企業による宣伝」ができれば、高い宣伝効果を得られる。たとえば二〇〇七年に公開された映画『トランスフォーマー』で、トランスフォーマーたちが変形する四台がいずれも自動車メーカーGMCの車（シボレー・カマロ、ポンティアック・ソルスティス、GMCトップキック、ハマーH2）[10]だと気づかなかったとしても、脳はおそらくブランドや製品を認識している。ウィルソンは企業側がお金を払って映画に登場させたわけではないが、それと同等の効果を生み出した。『キャスト・アウェイ』を観た一億を上回る観客は、映画のなかで「ウィルソン」というブランド名を三四回耳にした。このプロダクト・プレイスメントに料金が発生していたら、ウィルソンは最低でも一二〇〇万ドルは払うことになっただろう。[11]

偶然プロダクト・プレイスメントの機会を得た企業というと、スターバックスもその一つだ。ドラマ「ゲーム・オブ・スローンズ」シーズン8のスタッフが、使い捨てカップを撮影現場に置き忘れたため、とあるエピソードの最後のシーンにはっきりと映り込んだ。そのシーンはたちまち拡散された。ソーシャルメディアの動向を分析するトークウォーカーが出した見積もりでは、放送から四八時間以内にスターバックスもしくはゲーム・オブ・スローンズ（放送回に関連するハッシュタグを含む）がツイッターなどのSNSで言及された回数は、一九万三〇〇〇回を上回った。[12]この無料のPRを広告費に換算すると、総額で二〇億ドルを上回る。だがいちばんの皮肉は何かというと、実は、その使い捨てカップはスターバックスのものではなかった！　暗すぎてカップのロゴが判別できなかったにもかかわらず、一部のファンがスターバックスだと決めつけたのだ。

このように、ブランドがストーリーの一部に自然に組み込まれると（あるいは、「ゲーム・オブ・スローンズ」のときのように期せずしてそれが起こると）、真実味が増して広告効果は高まる。広告のように見えなければ、広告ではないかと疑念を持たれることはない。それに、広告だと気づかれなくても、宣伝はしっかりと視聴者に届いている。

映画を観ていて、主人公を追い詰める悪者がナイキのスニーカーを履いていたら、次に靴屋を訪れたときは、ナイキよりアディダスを少々贔屓目《ひいきめ》に見るかもしれない。もちろん、そこに先日観た映画が影響していると気づくことはない。『キャスト・アウェイ』を観ているときは、リラックスして映画を楽しんでいるだけのつもりでも、あのけなげなバレーボールを目にするたびに、ゆっくりと無意識のうちにブランドの「ウィルソン」を愛しく思う気持ちが高まっていく。

無料のプロダクト・プレイスメントを得たウィルソン（映画のバレーボールではなくスポーツ用品を手がける企業のほう）はその効果を倍増させるべく、映画に登場するウィルソンとまったく同じ顔を描いたボールをプロモーション用に製作した。アマゾンで五〇〇件以上のレビュー（その大半は笑いをとろうとするもの）がついたことを思うと、この製作は成功だったと言える。ただ、そのボールを配送したアマゾンが、フェデックスではなくＵＰＳ（ユナイテッド・パーセル・サービス）を使ったことは残念に思う。

当然ながら、プロダクト・プレイスメントは偶然に起こるばかりではない。たいていは有料で、企業は気前のよい額を支払う。二〇一三年に再燃したスーパーマンブームを思い出してほしい。その年は、ヘンリー・カヴィルがスーパーマンを演じた映画『マン・オブ・スティール』が公開されたが、同作品は映画のチケットが一枚も売れる前に一億六〇〇〇万ドルの収益をあげた。いったいどうやって？　一作品としては過去最高の数のプロダクト・プレイスメントを企業に販売したのだ。二〇一八年に企業がプロダクト・プレイスメントに払った額は、アメリカだけで九〇億ドル近くにのぼる。[13]プライミングは一大ビジネスなのだ。

ミドリミナル・プライミングは五感にどう作用するか

時計の針の位置や映画のプロダクト・プレイスメントは、手間をかけて視覚に影響を与える手法だが、プライミング効果はもっと単純な刺激でも生み出せる。それに、必ずしも視覚に訴えなければならないというわけでもない。ほかの感覚器官を介してもプライミング効果は生まれる。

ここからは五感の神経科学を掘り下げて、ブランドが使用するミドリミナル・プライミングによって消費者の行動がどのような影響を受けるか見ていこう。

見た目

人間は視覚を主とする生き物だ。第1章でも触れたように、視覚は五感のなかで脳の容量をいちばん多く（大脳皮質の約三分の一）占める感覚であり、目から脳に情報を送る道筋は三〇以上ある。また、脳には特定の視覚機能のためだけに働く限定的な領域もある。動きを見ることだけに特化された領域があるほか、紡錘状回《ぼうすいじょうかい》と呼ばれる領域は顔の情報処理だけを行う。この領域に損傷を受けると、ほかのものは何でも見えるのに、顔だけが認識できなくなる。このように、脳の容量を占める割合が大きく、視覚機能の一部に特化した領域があることから、視覚はほかの感覚よりも優位にある。

視覚にごく単純な刺激を与えるだけでも、脳内にその刺激との関連づけがあれば、特定の反応や感情が生まれる。色がいい例だ。色はミドリミナル・マーケティングの主力選手で、これを使えば消費者に特定の行動を起こさせることができる。

近年、赤という色には驚くべきプライミング効果があり、人の魅力を高めることが実験で証明された[14]。その実験では女性に道でヒッチハイクをしてもらった。通りがかった車に止まってくれと合図を送らせたのだ。その結果、女性が赤いシャツを着てヒッチハイクをした場合、異性愛者の男性ドライバーが止まった数が二倍近くになったという（異性愛者の女性ドライバーに対しては、赤いシャツの影響は現れなかった）。同様の影響はウエイトレスに協力してもらった実験でも見受けられ、赤い服を着たウエイトレスに男性客が渡すチップの額が、ほかの色の服を着たウエイトレスへの額に比べて二四パーセント多かった[15]。

西洋文化では、赤という色は愛や性に関連づけられることが多い。ブランドはその関連づけを利用して、消費者の製品の受け止め方に影響を及ぼそうとする。クリスチャン・ルブタンが、あの踵《かかと》が細く尖ったハイヒールの靴底に独特の赤を使っているのは有名で、同社は実際にそうした色の使い方の特許権をとろうと何度も試みている。[16] ヴァージン・アトランティック航空は、そのはじけたブランドイメージを視覚化する手段として赤を強調して使っている。同社のＣＭ、機内安全ビデオ、客室乗務員の制服、ブランドのロゴはいずれも赤をメインにつくられている。ヴァージン航空は機内にいる人どうしでチャットができるサービスを最初に導入した航空会社で、座席のテレビ画面にそのアプリが搭載されている。それを使えば、乗客どうしでプライベートのメッセージを直接送ったり、誰でも入れるチャットルームで会話したりできる。このアプリの名称はもちろん「レッド」だ。

バーガーキング、マクドナルド、インアンドアウトバーガー、ウェンディーズ、ＫＦＣ、カールスジュニア。ファストフードを売っているという点を除いて、これらの企業に共通するものは何か？ いずれのブランドも、ロゴに赤か黄色、もしくはその両方を使っている。第1章で青は食欲を減退させるという話をしたが、食べ物が盛られている器の色が青でも、ほかの色の器のときに比べて食べる量が減る。赤にはその反対の効果があるようだ。マーケターのあいだでは昔から、赤は生理的な刺激を生む色で無意識に切迫感を伝達し、黄色は無意識に親しみやすさや楽しい感情を伝達すると信じられてきた。切迫感と親しみやすさは、ファストフードチェーンにとって有用性の高い関連づけだ。科学的な根拠は定かでないにもかかわらず、業界トップクラスのファストフード企業たちは、自社ブランドのロゴにケチャップとマスタード赤と黄色をこぞって使用している。あなたはファストフード店のロゴで、赤や黄色が使われていないものを思い浮かべられるだろうか。

オレンジ色は、肉体的な動きを誘発することで行動に影響を与えると言われている。オレンジはエネルギーを想起させるので活動を誘発する、という理論だ。これもまた、科学的な根拠ははっきりしない。

それでもたいていのブランドは、多かれ少なかれこのオレンジ理論を取り入れている。ある企業はこの理論を文字どおりに受け止めて、会社名を「オレンジ・セオリー・フィットネス」とした。事業内容はグループトレーニングに特化したジムで、トレーニングマニアを肉体の限界まで追い込ませる集中クラスがあることで有名だ。クラスの参加者一人ひとりに心拍数モニターを装着させ、全員の心拍数をリアルタイムに表示することまでしている。心拍数を「ピークの状態」に保てばボーナスポイントがもらえるのだが、その状態にも「オレンジゾーン」という名前がついている。

また、DIY人気を支える主たる感情も「活動」に対するものだ。それを思えば、DIYに必要なものがすべてそろう店として知られ、時価総額が二三三〇億ドルを上回るホーム・デポが、オレンジ色をふんだんに取り入れるのもうなずける。店舗のロゴから店内の案内看板、レジに並ぶレーン、社員が身に着けるエプロンにいたるすべてに「活動」を象徴するオレンジが使われている。

また、実は意外な分野でも色の使い方によって結果に違いが生まれている。それは処方箋薬業界だ。世界の医薬品を牽引するファイザーは、二〇〇三年から二〇一七年にかけてバイアグラという一つの商品で二六五億ドルの収益をあげた。その見た目から「ブルーピル」とも呼ばれるこの薬は、まったく新しい市場を切り開いた。競合する大手製薬会社がこぞってその金のなる木の類似品の開発に乗り出し、バイエル社とグラクソ・スミスクライン社はレビトラという製品を生み出した。

レビトラの開発にあたって市場を調査した結果、消費者はバイアグラの見た目を快く思っていないとの結論が出た。具体的には、錠剤の青い色が冷淡さを感じさせるほか、病気になったときの顔色を思わせるのだ。これがバイアグラとの差別化戦略の決め手となった。消費者に行動（この場合は性的な意味

での行動）を誘発させる色なら、オレンジをおいてほかにない。事実、レビトラのロゴはオレンジで、錠剤自体もオレンジ色である。その色にした理由を尋ねられると、バイエルのマーケティング部門でバイスプレジデントを務めるナンシー・K・ブライアンは「オレンジは活気やエネルギーを表す色ですから」と答え、社内では打倒バイアグラに向けたキャンペーンのことを青を倒せ《ビート・ザ・ブルー》と呼んでいるとも言い添えた。

同じく製薬会社大手のイーライリリーも負けじと人気に飛びつき、シアリスを発売した。ロゴ、箱、錠剤の色はやはりオレンジだ。ただし、イーライリリーの工夫はそれだけにとどまらず、オレンジによって誘発された行動したい気持ちがさらに強化されるように、錠剤の形を上図のように意図的に変えた。

音

聴覚（神経科学者が呼ぶところの聴覚処理）もまた、視覚と同様に驚くべき能力だ。音の処理は、機械的といっても過言ではない一連の工程を経る。外の世界から耳を通じて振動する空気の波を取り込んで、内耳にある蝸牛《かぎゅう》という器官で音の高低や音量といった単純な特徴を分析したら、聴神経を介してその情報を脳へ送り、さらなる処理が行われる。

視覚的な刺激に比べると音の刺激は弱いが、重要な影響を与えるのは同じだ。たとえば飛行機の音は、飛行経路の近くに住む人々に深刻な影響を与えかねない。調査によると、飛行機の騒音を慢性的に耳にしている子供は読解力や長期記憶が弱く、また子供に限らず大人も血圧が高くなる傾向が見受けられるという[17]。

もっと基本的なレベルの話をすると、特定の音は特定の印象を人に与える。事実、脳は音を擬人化する（音に感情を割り当てる）傾向が強く、ブランドはその傾向を利用して消費者の脳に自分たちが望むイメージを植えつけようとしている。

上図の二つの物体を見てほしい。どちらかが「ブーバ」で、どちらかが「キキ」という名称だ。どちらがどちらだと思う？

この二つの画像は、「ブーバ／キキ効果」と呼ばれる有名な実験で使用されたものだ。ほとんどの人は、左のトゲトゲした見た目のほうを「キキ」、右のさまざまに膨らんだ見た目を「ブーバ」だと思う。「キキ」は鋭くとがった音に聞こえ、ブーバは丸く膨らんだ音に聞こえるからだ。

物体の名称とそれを表す形容詞が、英語では「スパイキー（とがっている）＝キキ」「バルバス（丸みを帯びている）＝ブーバ」と似ていることから、これは言語学的な現象であり英語圏だけに当てはまる話だと思う人もいるだろう。だがこのブーバ／キキ効果は、言語の枠を超えて見事なまでに一貫している。[18] つまり、理由は誰にもわからないものの、言葉が持つ響きがある種の意味合いを帯びており、それ自体が意味をなすことを示唆しているのだ。

ヴァージン航空は、赤を使った視覚効果に加えて音を使った効果も狙う。その方法は、おそらく究極のやり方と呼べるものだ。同社は、乗客が飛行機に乗るときと降りるときに音楽を流す。それは、官能的、魅惑的、流行の最先端をいく、感情を揺さぶるといった形容が当てはまるものだ。その音楽に、赤の照明、真紅の座席、座席と同じ真紅を使った客室乗務員の制服を組み合わせれば、ヴァージン航空というブランドの個性が非常に明確になる。航空会社を選ぶ決め手となるのは何かを考えてみてほしい。価格は（ほぼ）同じだとしたら、決め手となるのはその会社が発信する他社とは違う個性だ。それを見て、消費者は何度も同じ航空会社を選ぶ。二〇〇七年に運行を開始したヴァージン・アメリカは、既存の航空会社がどこも苦境に喘ぐなか、ブランドの個性の強化を大胆に図った。一〇年後にはアラスカ航空に買収されたが、その金額は二六億ドルというとてつもない額だった。そこには音楽のプレイリストも含まれていると期待したい！

音楽を特定の形で聞こえるようにすれば、消費者の行動に多大な影響を及ぼすことが可能になる。調査によると、スーパーマーケットでゆっくりとしたテンポの音楽を流すと、顧客の動きをゆっくりにするだけでなく、全体の売上と高価な品の購入の増加が促されるという。[19] また、音楽は次のような使い方でも買いたくなるものを変えてしまうことがある。対照実験を行った研究者たちによると、ワインショップで流れる音楽は、最終的に顧客が購入するワインに多大な影響を及ぼすという。ドイツの曲を流すとドイツワインの売上が増加し、フランスの曲を流すとフランスワインに手をのばす客が増える、ということが起こるのだ。[20] これほど大きな影響を与えるにもかかわらず、買い物を終えた客に回答してもらったアンケートを見ると、店内に流れていた音楽を意識した人は皆無だった。レストランでのワインの売上に関する調査でも、同様の結果が現れた（クラシック音楽などいわゆる「高尚」な音楽が流れると、高級ワインを選ぶ人が増えた）。[21]

効果的な音環境を構築するとなると、聞こえる音がすべてとはならず、ときには無音が重要になる。道路やエンジンなど外の騒音を遮断するつくりは、高級車の高級たるゆえんの一つだ。ただしスポーツカーなどでは反対に、限界までスピードをあげたときに出る音が大きな魅力となる。もちろん、ＢＭＷなどの高級車メーカーがスポーツカーを製造するとなれば、大きな音はやはり問題だ。ではどうするのか？　最適化したエンジン音を車にプログラミングし、アクセルの踏み具合に応じて車内のスピーカーを介して音を出るようにすればいい。ＢＭＷは人工音の使用を公にしていて、それは彼らに限った話ではない。レクサスはヤマハの楽器部門を雇って、スーパーカーモデルのレクサスＬＦＡに最適なエンジン音を制作している。[22]

感触

人間が持つ触覚の機能は唯一無二のものだ。幼児にとって、肌と肌との触れ合いは何よりも大切だ。それにより、重要な生理機能の働きが活発になり、親子の絆が深まる。肌の触れ合いは本当に重要なので、アメリカをはじめ多くの国々では、赤ちゃんが生まれたらすぐに母親の胸に置くことが当たり前に行われている。

触れ合いは感情的な結びつきを強めるだけではない。成長過程にも影響を与える。発育の重要な時期に物理的な触れ合いを拒まれた幼児は、まれに精神社会的小人症を発症し、発育不全を起こす恐れがあるのだ。著名な作家のJ・M・バリーは幼少期のトラウマのせいでこの病を発症し、それが彼の執筆活動のメインテーマとなった。彼の代表作として知られる『ピーターパン』はまさに、大人になることのない子供たちを描いた作品だ。

触れ合いの重要性は大人になるにつれてしだいに目立たなくはなっていくものの、決してなくなることはない。それにマーケティングやミドリミナル・プライミングにとって、人間の触覚は購入に多大な影響を与えうるものだ。ある調査では、店員が顧客の腕に触れると(当然、敬意を持った触れ方だ！)、実際に購入する確率が上がり、顧客の買い物全体に対する評価もずっと好意的なものになったという。[23]

いまあげた例は、一方からの触れ合いが買う決断に影響を及ぼすものだ。今度は車を買いに行った場面を想像してみてほしい。事前に車を評価する客観的な基準はたくさんある。時速一〇〇キロまでの加速にかかる時間、リッターあたりの走行距離、ドアの数、ステレオにかかる消費電力、価格……。だが、最終的な決断を下すときにもっとも重要な検討要素となるのは、車を運転したときの「感触」だ。

自動車メーカーは触ったときの感触や質感を使って車の個性を見込み客に伝え、よい印象を与えようとする。ジャガーのギアの形状が、もっとも一般的なスティック型からダイヤル型に変わったときには大きな注目が集まった。しかもそのダイヤルは、普段はアームレストの内側に収まる設計になっている。ドライバーがシートに座ると、車が「目覚めて」シフトダイヤルがせりあがって登場し、「ダイヤルを回してドライブに合わせてください」とドライバーに告げる。この斬新な感触はまさに、試乗した車について最終判断を下す際に脳が利用する類いのデータだ。

アマゾンをはじめとするeコマース企業の登場により、ボーダーズやタワーレコードといった書店やレコード店は苦境に立たされている。だが生き延びている企業もあり、そういう企業はアマゾンのような企業が消費者に提供できないことの強化に努め、むしろ売上を伸ばしている。それは、商品に実際に触れてもらうことだ。家電量販チェーンのベストバイに行けば、サムスンの展示コーナーで最新のギャラクシーに触ることができるし、ホールフーズ・マーケットに行けば、買う前に桃の熟し具合を触って確かめられる（二〇一七年八月にアマゾンが一三七億ドルでホールフーズを買収したのも当然だ）。

匂い

ふだんは匂いを意識しないものだが、認識したときには特別な影響を受ける。匂いは目で見たものと違って、状況との結びつきがとても強い。視覚を通じて符号化された記憶は長く残るが、匂いの記憶はもっと限定的で、エピソード記憶と深く結びついている。つまり、特定の情報ではなく、特定の経験に関する記憶と結びつくのだ。[24] たとえば、昔かぶっていたヤンキースの野球帽が出てきたとしよう。それを見ただけでは、ヤンキースに関する一般的な情報、たとえば、今シーズンの成績やGMが好きかどうかといったことしか思い浮かばない。一方、帽子を手にとって匂いを嗅ぐと、父親に初めてヤンキー・スタジアムに連れていってもらったニューヨーク旅行のことを鮮明に思い出すだろう。

目で見るより匂いを感じることのほうが少ないので、匂いは色などと比べて関連づけが生まれやすい。

サンドイッチチェーンのサブウェイの前を通りかかると、良し悪しは別にして独特の匂いを感じる。このときに、一対一の関連づけが生まれる。サブウェイっぽい店なら何度も目にすることはあるが、サブウェイの匂いはサブウェイにしかない。そのため、「サブウェイの匂い」を次に感じたとき、脳が引っ張り出せるのはサブウェイに関連する記憶だけとなる。

企業はこうした事実を把握していて、匂いが消費者体験に与える影響を利用している。たとえば不動産会社は、公開中の物件に松の木やバニラや焼き立てのクッキーなどの匂いを漂わせて契約の獲得を目論む。一九九一年にさかのぼると、アラン・ヒルシュをはじめとする研究者たちが購買行動に与える匂いの影響を調べていた[25]。ある実験では、二つの部屋にまったく同じスニーカーを用意し、一方の部屋は空気を清浄し、もう一方の部屋にはフローラルの香りをつけた。実験の参加者に両方の部屋に入ってもらい、どちらの部屋のスニーカーのほうが買いたいかと尋ねたところ、八四パーセントが香りつきの部屋のスニーカーを選んだ。ナイキは現在、小売店舗で香りを使った実験を行っている。その実験に協力しているセント・マーケティング・インスティテュートのスティーヴン・セモフ代表曰く、ナイキの香りを使った実験では、顧客の購買意欲が八〇パーセント上昇したという[26]。

シナモンロール専門店のシナボンは、匂いを充満させられるかどうかで出店する場所を選んでいる。シナモンロールの匂いが、通りがかった人を買いたい気持ちにさせる刺激となるからだ。チョコレート菓子ブランドのM&M'Sがロンドンに展開する大型店に入ると、チョコレートの匂いがする。チョコレートを売っているのだから当然だと思うかもしれない。だが、そこで売られている商品は袋に入って封がされている。要するに、スプレーを使って匂いをつけているのだ。シンガポール航空は、ヴァージン・アメリカが展開した感覚に訴えるマーケティングの一歩先をいく。同社では、食事の前に乗客に配るおしぼりに香りをつけている。それはフローラルとシトラスを混ぜた香りで、ステファン・フロリディアン・ウォーターズという名前までついている。このステファンがもたらすミドリミナルな情報は、シンガポール航空の印象の決め手の一つに加わる。

また、参加者に砕けやすいビスケットを食べてもらった実験もある。半数の参加者は洗剤特有の柑橘系の香りが漂うなかでビスケットを食べ、残りの半数は無臭の部屋で食べた。すると何が起きたか？香りをまったく意識していなかったにもかかわらず、香りのする部屋で食べた参加者のほうが、ビスケットをこぼさずきれいに食べたのだ。[27] ラスベガスのカジノでスロットマシーンに心地よい香りを吹きかける実験では、香りを吹きかけなかったマシーンに比べてマシーンの使用率が四五パーセント上昇した。[28] レストランでラベンダーとレモンの香りをつけたときを比較する実験では、ラベンダーの香りがすると顧客が使うお金が二〇パーセント、過ごす時間が一五パーセント増えた。[29]

全部ではないにせよ、こうした実験の大半では、実験の参加者が香りという刺激要素をまったく意識しないという点が重要なテーマの一つとなっている。覚えていると思うが、ミドリミナルというのは、顕在意識を介して影響因子を認識できる状況であるにもかかわらず、単に多くの人は気がつかないというものだ。オーストラリア産ではなくなぜフランス産のワインを選んだのかと参加者に尋ねても、店内でフランスの音楽が流れていたからと答えた人は一人もいない。購入した理由を説明するときに、香りや通路の色をはじめ、感覚を刺激する要素についてはまったく言及がなかった。それは、感覚を刺激する要素が購買行動に影響したという認識がなかったからにほかならない。感覚に影響する要素そのものに気づく人すらほとんどいないのだから、自らの行動にそれが与える影響に気づくわけがない。その要素が歌であろうと、誰かに腕を触られることであろうと関係ない。あらゆる感覚器官に繰り返し気づかれにくい刺激を与えるというミドリミナル・マーケティングのテクニックは、消費者の行動に多大な影響を与える。

意志はそれほど自由でもない？

マーケティング全体にとって、「それほど自由でもない自由意志」は何を意味するか。現状のマーケティングの倫理観ははっきりと、広告やキャンペーンに対してどう反応するかは消費者が自由に決めるものであり、広告は何らかの形で消費者に影響を与えるものの、最終判断を下すのは消費者の自律性にかかっているという前提に立っている。[30] だが実のところ、消費者は自律しているというこの前提が、マーケティングにさまざまな手法を許している。マーケティング活動の種類（オフライン広告、デジタルキャンペーン、製品ポジショニングなど）にかかわらず、それをどう受け止めてどんな反応を示すかは結局のところ消費者が決めることであり、どんなものを使っても企業が消費者に無理やり買わせることはできないのだから決定権は消費者にある、というのがその理屈だ。しかし、消費者は自律しているというこの前提は正しいと言えるのか？

はっきりいって、答えはノーだ。私たち消費者がつねに購入ボタンを完全に支配していると示唆するたしかな証拠はない。部屋に漂う香りや流れる音楽といった要素を認識していない、またはそれらが決断にどう影響するかを理解していないとしたら、消費者に決定権があるとは言えないのではないか？

マーケティングの倫理について語るには、マーケティングそのものが人の心理に与える影響をいま一度見直すことから始める必要がある。とりわけ認識の外で、思考、感情、行動を誘発する要素が持つ力の検証は欠かせない。マーケターも消費者も政治家も、人間の自律について理解しないことには始まらない。倫理の枠組みを公正なものとするには、人の無意識に秘められた可能性を組み込むことが求められる。

心理学というと、フロイトが思い浮かぶ。フロイトが思い浮かべば当然、数々の奇妙な見解が瞬時に頭をよぎる。ペンを噛む癖がある人はペニスのことを考えているし、大人になってコーヒーを好んで飲む人は幼少期のトラウマを抑圧していて、もちろん人はみな親とセックスしたいという密かな欲求を抱えている、というものだ。たいていの場合、フロイトの話題を出せば、バカにされるとまではいかなくとも、懐疑的な態度をとられると思って間違いない。

それでもなお、私たちはフロイトに大きな借りがある。何といっても彼は、人の精神生活の大半は意識の表層下に存在すると最初に気づき、それを「無意識」と名づけた優れた学者だ。現代心理学においてフロイトの残した最大の功績は、「自分が何かをした理由は絶対に自分ではわからない」という主張だろう。

フロイトの死から八〇年以上がたち、人間全体に対するこの主張を裏づける証拠はどんどん積み上がっている。いまでは、第3章で触れたミッシェル・フィルポッツのように脳に損傷を受けて新たな顕在記憶を形成できなくなり、過去に練習した記憶を意識的に思い出せなくなったとしても、自転車に乗るといったスキルは何度かの練習を経て上達するとわかっている。[31] 意識的に処理できない速さで目の前に言葉が表示されれば（サブリミナル・プライミングが行われれば）、感情や行動に微妙な変化が生じうることもわかっている。[32] 初めて訪れる場所や初めて会う人に対し、自分で関連づけをした認識がないにもかかわらず、覚えのない記憶がよみがえって落ち着かない気持ちになることがある。それに、盲視という現象があることもわかっている。このように、意識の表層下ではさまざまなことが起きているが、私たちはそれを認識できない。

さらに詳しく見ていくと、謎は深まるばかりだ。fMRIのような現代のテクノロジーがあれば、さまざまな精神機能が働いているときの脳の活動を調べられる。判断や決断を下すときの脳を覗き見ると、本当に驚かされる。意思決定の大多数が完全に意識の外側で行われているのだ。

『ネイチャー・ニューロサイエンス』誌に掲載されて、いまやすっかり有名になった実験がある。神経科学者のジョン＝ディラン・ヘインズは、参加者を集めて左右どちらかの手でボタンを押すというシンプルな決断を下してもらった。参加者は、どちらかに心を決めた瞬間を書きとめさえすれば、いつ決断を下してもよかった。すると驚くべきことに、脳の奥深くで行われている活動が、本人が決断を下すよりも先にどちらのボタンを押すかを完璧な精度で予測していた。それにより、調査員は参加者が決断を下す一、二秒前どころか、ゆうに「七秒」も前に、どちらを押すか知ることができた。[33]

また画像の研究から、消費の世界にも同様のことが起きていることがわかった。[34] 製品の存在を気にとめていなくても、脳は私たちに意識させずにその製品に関する重要な情報を記録している。その記録を追跡すれば、気にとめていなかった製品が好きかどうかが気味が悪いほどの正確さで予測できるのだ。

ヘインズの研究は、人が自分自身の脳の活動について把握している度合いの低さを浮き彫りにするものだ。また、このような研究結果は、自由意志は単なる幻想ではないかとする神経哲学的な主張に説得力をもたらす。とはいえ現時点でもう、脳内で行われる思考やひいては行動を誘発する数々の神経活動に、私たちの意識的な注意が向くことはないと十分言い切れる。私たちが「決断」だとみなすものや、そうだと感じるものは、決断の自覚が生まれるよりもずっと早い段階で行われた無意識の処理が、表に出てきているにすぎない。

私たちが気づかないのは、意識の表層下で行われていることだけではない。自分の行動がさまざまな要素によって簡単に変えられてしまうということにも気づいていない。たとえば、ジルという女子学生が大学に貼ってある募集広告に目をとめて、表情の検証に協力すれば二〇ドルもらえる実験への参加を決めたとしよう。実験当日、ジルは途中で人とぶつかったために到着が少々遅れるが、幸い、実験の指導員は快く彼女の遅刻を受け入れてくれた。調査員はジルに空いている白い机の席に座るように促し、実験の説明を始めた。

ジルはまず、ある人物についての説明が書かれた文章を読むようにと告げられた。そこには人物の写真も添えられている。その後、その人物についての質問が投げかけられた。その人は話しやすそうか、親切だと思うか、といった質問に、ジルは思ったことを答えた。どの質問にも正解はなく、調査員の関心の矛先は、参加者の個人的な意見にあるという。そして最後に、年齢や性別といった参加者個人の情報を問う用紙の記入を求められた。その用紙の最後の質問は、「説明を読んだ人物について、あなたがその答えにいたった理由は何ですか?」というものだった。

「理由とはどういう意味でしょう?」とジルは尋ねる。「理由も何も、説明を読んで思ったことを答えただけです。ほかにどんな理由がありますか?」

実は、ジルが途中でぶつかったおっちょこちょいの男性(仮にジャックとしよう)は実験の関係者だった。コロラド大学ボルダー校の研究者による巧妙な設定[35]の一部に組み込まれていたのだ。ジャックはジルにぶつかったときに持っていた書類を落とし、拾い終わるまでコーヒーカップを持っていてほしいとジルに手渡す役回りだった。ただし、実験参加者の半数には冷たいコーヒーのカップを、残りの半数には温かいカップを手渡した。参加者がカップを持っていたのは一分にも満たなかったが、これによって違いが生まれた。温かいカップを持った参加者のほうが、冷たいカップを持った参加者に比べて写真の人物の優しさや話しやすさを高く評価したのだ。そして、参加者全員に共通していたことが一つある。写真の人物から感じ取る温かみと、実験に向かう途中で手にしたコーヒーの温度に関連性を見いだした参加者は一人もいなかった。それは当然だろう。

フロイトの主張は、「自分で選んだものは絶対に自分の選択ではない」とも言い換えられる。

ミドリミナル・マーケティングは、うまくすればサブリミナル・マーケティングと同じくらいの効果を生む。サブリミナル・マーケティングとミドリミナル・マーケティングに倫理的な境界を引くことはもちろん大事だが、サブリミナルやミドリミナルにかかわらず、「プライミング」そのものに対する倫理を考慮することも忘れてはならない。脳は絶えず情報を取り込んでいるが、「あなた」と共有する情報については限定的だ。共有される部分は意識できるが、残りは気づくことのないまま、考えや感情や行動に影響を与える。

ブランドは消費者の行動に影響を及ぼすために、脳が意識に共有しない部分に直接語りかけようとする。触覚を通じて購入を促し、聴覚を通じて個性を植えつけ、嗅覚を通じて競合との差別化を図り、視覚を通じていまあげたすべてを行う。

脳が知覚できない方法で感覚に訴えかけること（サブリミナル・マーケティング）は違法だが、人が知覚可能な方法で訴えかけることは、ほとんど気づかれることがなくても違法ではない。だがこの線引きは曖昧で、かなり恣《し》意的ではないか。ごく小さな要素であっても、消費者の購買行動に密かに多大な影響を及ぼす恐れがある証拠を目の当たりにすると、そう思わずにはいられない。人には自分の消費行動はすべて自分でコントロールしていると思いたがるふしがあるが、科学が示唆するのはその逆だ。

サブリミナル・マーケティングを違法にしたのは最初の一歩だ。それはもっともラクな一歩でもあった。次の一歩は、ミドリミナル・マーケティングの対処となる。こちらは白黒をつけるのが容易ではない。どんなブランディングにもミドリミナルな要素は必ず含まれるとされているのだから、難しいのは当然だろう。対処にあたっては、神経科学のレンズを通してマーケティングの倫理と向き合うことが求められる。そしてそれが最終章のテーマとなる。

第12章　マーケティングの未来

自然は興味深い関係であふれている。ワニの歯に挟まっている食べ物をついばむ鳥もいれば、クジラに乗って移動するフジツボ、一種類の花だけに受粉するハチもいる。

だが何といっても自然界のいちばんの親友どうしと呼べるのは、ナマケモノとその背を覆う藻《も》だ。緑藻《りょくそう》はナマケモノにとってつねに身近にあって栄養を摂取できる食料であるとともに、捕食者から身を隠すものでもある。藻はその見返りに、ナマケモノから栄養源を得ている。それは、一日中ナマケモノの身体にとまっては死んでいく蛾だ。動かないことで知られるナマケモノだが、実は藻のためだけに週に一度木から降り、排泄した糞にたかる蛾を自分の体に引き寄せている。なんとも熱い友情だ！

ナマケモノと藻の関係性は、密接につながりあって関係性が進化したという点において独特だ。互いが互いを必要とし、相互のやりとりを通じて生活が形成され、維持されている。藻と共生しないナマケモノはまったく違う生き物となるだろうし、その逆もまた同じだろう。両者の結びつきは非常に強く、彼らを分かつ境界は曖昧だ。

ナマケモノと藻のように親密に結びついた関係性は、消費者と消費の関係にも当てはまる。私たちは消費に依存し、消費はつねに私たちを形づくるので、境界はやはり曖昧だ。どこで消費の世界が終わり、どこから消費者としての自分の世界が始まるかと問われれば、返答に窮する。素晴らしい映画を観てその興奮を親しい友人に語れば、自然に消費の世界に影響を及ぼすことになる。それは、もっとも効果的なマーケティング手法として知られる「口コミ」を無意識に行っていることになるからだ。インフルエンサー文化が台頭したいまでは、発信するプラットフォームの規模や説得力の度合いによっては、素晴らしい映画の感想を語ることがビジネスになりうる。ジェイ・Zが言った「俺はビジネスマンじゃない。俺がビジネスだ」はあまりにも有名だ。

消費との関係において、人は受け身ではない。消費の世界は消費者のまわりに構築されて消費者に追従し、私たち消費者もまた、消費の世界に追従する。私たちは日々、消費者が買って使うことだけを前提としてつくられた製品や技術を使っている。特定の心理的な反応を期待して考案されたサービスを使い、体験している。消費の世界は人間という消費者のあり方によって、そのあり方が決まる。消費の世界の歴史は、消費者の価値観の潮流の変化の歴史だ。企業がアプローチを変えるときは、消費者自身が変わったときだと思えばいい。飲料業界が砂糖を減らした健康的な飲料を導入するようになったのは、消費者が健康志向になったからだ。アメリカ製のセダンが小型化し、燃費がよくなったのも、消費者の環境に対する意識が変わったからだ。ファッション業界がファストファッションを敬遠するようになったのも、長持ちするものを消費者が好み始めたからである。そして広告のアプローチが変わる場合ももちろん同じだ。このように、消費者に起因する変化は枚挙にいとまがない。

好むと好まざるとにかかわらず、私たち消費者と消費の世界の関係は、深くて複雑でつねに変化するものだ。その関係を健全に保つにはまず、マーケティングと消費者心理の本質、そしてその両方と向き合う際の消費者としての役割について理解する必要がある。

アルゴリズムがコウノトリになる？

二〇一一年、一人の男性が最寄りにある大手ディスカウントストアチェーンのターゲットに出向いて責任者を出せと迫った。彼は、一〇代の娘の元に送られてきたクーポンのことで怒っていた。なにしろクーポンの対象が、哺乳瓶にオムツ、妊婦用の衣服といった出産に関するものばかりだったのだ。「娘はまだ高校生だというのに、赤ん坊の服やベビーベッドのクーポンを送ってくるなんてどういうつもりだ？　妊娠しろっていうのか？」。ところが、次に彼が責任者と話したときはずいぶん神妙になっていた。実はターゲットは父親が知らないことを把握していた。娘は本当に妊娠していたのだ[1]。

興味深いことに、娘は妊娠に関係する商品をターゲットで一つも検索していない。ターゲットは高度なアルゴリズムを使用していて、それにより、購買行動のパターンから関連性が検出されたのだ。娘の購買行動は、無香料のローション、少々珍しい野菜や果物、ビタミン剤（妊婦向けのものではない）の購入が増えていた。ターゲットは二〇一一年の時点で、三つの情報源（クレジットカード、ターゲットが発行するクーポンの利用状況、eメール）と二五のデータポイントをもとに、かなり正確に妊娠の予測数値を算出できたのだ。妊娠の予測に使われたデータは店舗での購入記録がほとんどで、ウェブの閲覧記録ではない。これはフェイスブックが株式公開する前の話であり、同社はその一年後にインスタグラムを買収し、三年後にインスタントメッセンジャーアプリのワッツアップを買収した。また、アップルが初代アップルウォッチを発表してスマートウォッチがデジタルツールの主流の仲間入りを果たしたのも、それから三年後のことになる。ターゲットが現在、消費者についてどれほどのことを把握しているのかを想像してみてほしい。

ニューロマーケティングの未来

マーケティング・テクノロジーの未来は、心理学と切っても切り離せない。というのは、データが増えれば明らかになる心理も増え、マーケティング部門にとってはますます消費者の説得が容易になるからだ。例として、テクノロジーの発達により、人間の性格研究がいかに進んだかを見てみよう。

心理学にもとづく性格理論において、未来の行動を予測するモデルとして頭ひとつ抜きん出ている理論がある。それがOCEAN分析だ。OCEANは、開放性（Openness）、誠実さ（Conscientiousness）、外向性（Extraversion）、協調性（Agreeableness）、神経症的傾向（Neuroticism）という人の中核をなす五つの異なる性格特性の頭文字に由来する。五つそれぞれの数値を算出して分析するのだ。

OCEAN分析は、対照実験を通じてさまざまな成果を予測するときに有効であることが実証されて

- **O**　Openness：開放性（未知のことを楽しめるか）
- **C**　Conscientiousness：誠実さ（計画や秩序はあるほうがいいか）
- **E**　Extraversion：外向性（他者と一緒に過ごすことが好きか）
- **A**　Agreeableness：協調性（自分のことより他者のニーズを優先するか）
- **N**　Neuroticism：神経症的傾向（不安になりやすいか）

心理学にもとづくOCEAN分析の五つの性格特性

いる。たとえば、協調性が高いと良好な人間関係を築くことができ、開放性が低いと人種差別主義を抱きやすいという。完璧な分析とはとうてい呼べないが、性格を測定するツールとしてはもっとも妥当性が高い。それに、顧客についての理解に役立つものや、データが豊富なアルゴリズムに組み込めるものなら、何であれ企業にとって大きなプラスとなる。

データの量がどんどん増え、その信頼性がどんどん高まり、それらを分析するアルゴリズムがどんどん洗練されていくおかげで、アルゴリズムを使うモデルは日々精度が上がって有効性が増していく。消費者の購入記録やデジタルデータに性格の科学を組み合わせれば、心理の面で企業は大きな優位を得る。

性格にもとづく粒度が細かいアプローチに秘められた力は、二〇一六年のアメリカ大統領選挙で遺憾なく発揮された。ドナルド・トランプの選挙対策チームは、キャンペーンに強いインパクトを持たせるため、英国を拠点とする選挙コンサルティング会社のケンブリッジ・アナリティカを雇った。ケンブリッジはシンプルな性格診断テストを作成し、二七万人がそれに回答した。実は、質問の内容とその回答は取るに足らないもので、ケンブリッジの本当の狙いは、テストを受けさせることで、回答者全員のフェイスブック上の個人情報にアクセスすることにあった。その対象は、回答者が「いいね！」をしたもの、書き込んだコメント、アップロードした写真にいたるすべてだ。しかもケンブリッジがアクセスしたのは、二七万人ぶんのデータだけではない。フェイスブックのセキュリティシステムが脆弱《ぜいじゃく》だったおかげで、回答者とフェイスブック上でつながる人たち全員のデータも入手できたのだ。ケンブリッジ・アナリティカは最終的に、八七〇〇万人ぶんのデータを収集した[2]。しかもあくまで合法的にだ。

ケンブリッジは予測解析を行い、そのデータから各回答者のOCEANにもとづく性格特性を導き出した。そしてそれは、各人に適した選挙広告を作成するために使われた。たとえば神経症的傾向と誠実さが高い場合は、被害妄想の気があると思われるので、そういう人には強盗が侵入する場面に「銃器所持の権利を保障する憲法は、権利であり保険だ。武器を携帯する権利を守ろう」という文言を添えたポスターを提示して、トランプ支持を訴えた。つまり、有権者一人ひとりの性格情報に適した広告を見せるようにしたのだ。

二〇一六年の選挙にケンブリッジ・アナリティカが及ぼした影響力を正確な数値で表すことは難しい。だが彼らが行ったことは、広告に起こりうる未来の衝撃的な予告編だ。個々人の性格に関する粒度の高い情報が、非常に高いレベルで精度を増し、整理され、共有されていけばどうなるか。ケンブリッジ・アナリティカのアレクサンダー・ニックスCEOが二〇一五年に述べた言葉にあるように、「いまはかつてないほどコミュニケーションが狙われている。この部屋にいる全員が個別に特定されてしまう」。ケンブリッジは性格の心理にデジタルデータを組み合わせることで、私たちに広告の未来を示した。

これからは、自分で自分を売り込むようになる

シュドゥ・グラムとミケーラ・ソウザに共通することは何か？　二人ともフォロワーが多いスーパーモデルであり、シュドゥには二〇万、ミケーラには一六〇万のフォロワーがいる。ただし、この二人はどちらも実在しない。彼女たちはいわゆる「ディープフェイク」で、消費者に実在すると思わせるために、グッチやフェンディをはじめとするブランドがスポンサーとなってデジタル上に生み出したスーパーモデルだ。

本物と思わせるディープフェイクをつくりだせるテクノロジーがすでに存在するのなら、誰かがあなたのディープフェイクをつくろうと思えばつくれるということだ。これは起きるか起きないかの問題ではなく、「いつ起きるか」の問題だ。たとえばサングラスのブランドのレイバンが、あなたにそっくりなモデルが新作のサングラスをかけているデジタル広告をいつ作成してもおかしくない。

そういう戦略は確実に機能する。というのは、神経科学者が呼ぶところの「カクテルパーティー効果」が作用するからだ。こんな場面を思い描いてほしい。あなたはいま混雑したパーティー会場にいて、親しい友人と近況を語り合っている。会話に夢中になっているので、背後の話し声などまったく耳に入らない。そんななか、突如として五メートルほど後ろから、あなたの名前が聞こえた。一〇秒前までは、

そこに誰かいたことにすら気づいていなかったというのに、もうあなたの耳は彼らの会話から離れられない。この現象は、一九五〇年代からいくつもの心理学的な実験で再現されている。

この現象に、すでに存在する信じがたい精度の顔認証技術と、近いうちに汎用化が可能なディープフェイクモデルを創造する技術を組み合わせたらどうなるか。近年の調査によると、人は自分の名前だけでなく自分の顔にも特別な注意を向ける傾向があるという。[3] つまりカクテルパーティー効果は「視覚」にも働くということだ。

脳は自分が意識していなくても、自分の顔を認識する。画面に次々と違う顔が切り替わるように表示された場合、それぞれどんな顔だったかを説明することはできないだろう。だが脳が感知したものを検知するEEG（脳波）測定器を装着してみると、自分の顔が画面に表示されたときに注意が向いたことを示す動きが脳に現れているとわかる。ただし、その動きが見受けられるのは自分の顔に対してだけで、誰の顔にでも反応するわけではない。

二〇一九年、自分の四、五〇年後の外見を表示するモバイルアプリのフェイスアップが登場し、多くのユーザーを魅了した。単なるお遊びのアプリだが、この登場により、データの安全性とプライバシー保護への懸念が再燃した。『フォーブス』によれば、フェイスアップは一億五〇〇〇万人以上のフェイスブックユーザーの顔画像を所有しているという。

セキュリティが脆弱だと（またもや）フェイスブックに責任を押しつけるのは簡単だが、顔データの収集に関心を寄せている企業はほかにもまだまだいる。アップルの顔認証機能や顔認識による監視システムをはじめ、顔データ（とそれを使うソフトウェア）はいたるところに存在する。

カーネギーメロン大学でコンピューター科学を研究するローリー・クレイナー教授は、『ブルームバーグ・ビジネスウィーク』誌で「顔を認識する技術はいまや、スターバックスが全店舗に設置して、列に並んだ常連客の順番がくると同時にいつものコーヒーを出せるくらいに安くなった[4]」と語っている。

企業があなたの顔を使って消費を促すのはもはや確実で、あとはそれが、いつ、どのように行われるかの問題だ。考えられるシナリオを二つ紹介しよう。

ソーシャルメディアを使ったマーケティング：

地下鉄に乗っているときに何となくニュースフィードをスクロールしていると、ある広告にふと目がとまる。ふだん広告をクリックしない人でも、その新作の靴の広告のモデルとなっているのが自分自身なら、クリックせずにはいられない。

消費者の注意を引こうとする企業の数はとどまるところを知らず、ソーシャルメディアのアプリに広告を出す企業は、終わりの見えない他社とのせめぎあいにあけくれる。アプリを利用している消費者の顔を広告に組み込むという戦略は、アプリ内広告のゲームチェンジャーとなり、ブランドの差別化を容易にするだろう。前にも述べたとおり、消費者は広告に表示されている自分の顔に意識的に目を向ける必要はない。自分の顔がそこにあるだけで、無意識に注意が向いてしまうのだ。

消費者本人の顔に「入れ替え」た広告動画：

顔データを扱う技術を使えば、動画に出てくる特定の人物の顔を完全にあなたのものに入れ替えた広告も作成できる。ナンシー・ペロシ下院議長などの政治家がフェイク動画の被害に遭ったことから、すでに厄介な倫理的な問題が持ち上がっている。だが、同じメッセージでも、他人から発されるのではなく、自分から発されるとなると、注意を引く力や説得力が大きく変わる。危険をはらむ顔入れ替え機能を提供する企業の技術を使えば、写真だけでなく動画上の顔まで、いとも簡単に置き換えることができるのだ。

世間で見受けられる顔入れ替え技術の使い方にはまったく無害なものもあり、そういうタイプの使われ方はインターネットで人気を博す。たとえば二〇一九年の夏ごろには、ドラマ「フルハウス」の登場人物の顔が、ニック・オファーマン（コメディドラマ「パークス・アンド・レクリエーション」でロン・スワンソンを演じたとき）の顔に置き換えられた[5]。その年には、中国のモモという企業が顔入れ替えアプリのザオを公開し、有名な映画の主要キャラクターを誰でも自分の顔に置き換えられるようにもなった[6]（アプリを紹介する広告では、映画『インセプション』のレオナルド・ディカプリオのキャラクターが別人の顔に入れ替わっているシーンが流れるが、それは驚くほどリアルだ）[7]。

一方で、顔入れ替え動画を作成できる技術には、既存のマーケティング戦略が持つ人を誘導する力を不快なまでに増幅させる可能性が多分にある。第6章で、人間は自然に損失を回避しようとするため、不安は行動を誘発する強力な動機になると述べた。顔入れ替えを特定の消費者に限定して使用し、仮に保険の広告に使うとどうなるか。大破した車からあなたの遺体が引きずり出される生々しい動画以上に、不安を煽るものがほかにあるだろうか？

こうした個人を狙い撃ちする新たな広告は、いまはまだ具体的な形をとっていない。ただ、はっきりしていることが一つある。顔を使って個々人に向けて行うマーケティングの未来はすぐそこにある。そしてそれに伴って、マーケターには新たな機会の広がりが、政治家には新たな頭痛の種が、倫理学者には新たな難題が生まれる。

消費主義2・0

データと心理学が次世代のマーケティングの決め手になるのはわかったが、消費者についてはどうか？　消費者は、自らの行動をバージョン２・０に更新する必要がある。警戒を怠らず、自分自身にとっての利益をつねに最適化するためには、たとえばソーセージの製造過程にもっと詳しくなり、さらには自己意識を高めたうえで消費の世界とかかわっていくことが求められるようになるだろう。

マーケティングの創始者として知られるフィリップ・コトラーは、この点をテーマにした本を実際に書いていて（彼が執筆した『マーケティング原理』は世界中の大学と大学院の両方で広く採用されている）、そのなかでマーケティングを「利益を生む関係を管理すること」であると定義している。もっとわかりやすく言うと、マーケティングは人間らしい営みであり、そこで行われるのは価値の交換だ。私たち消費者が未来に向かって上手に舵を切るには、どんな価値がどうやって交換されているかを理解する必要がある。

グラフィックデザインが誕生するはるか昔はもちろんのこと、ソーシャルメディア、製品管理の担当者、いや、ブランドロゴが生まれる前のマーケティングは実にシンプルだった。当事者は売り手と買い手だけ。売り手にあるのは製品で、買い手にあるのはその製品との交換に提供するお金（または別の製品）だ。これで商売が成立した。価値の交換はシンプルそのもので、ブランドのロゴにもっとも近いものは売り手の顔だった。

そしてしだいに競合が育ってくると、差別化の必要性が生じた。価格が同じなら、売り手は消費者から（支払いという形で）対価を獲得するために、製品そのものを超える付加価値を提供しないといけなくなった。顧客への挨拶の仕方、カタログの充実具合、店内の清潔さなどはすべて、製品以外の部分で付加価値を提供する手段となった。

そして現在に目を向けると、マーケティングはいまも価値の交換であり続けている。ただし、買い手は「消費者」と呼ばれるようになり、売り手という呼称は企業のみならず、非営利団体や政府系組織も網羅するようになった。価値を提供し何らかの対価を受け取る限り、どんな団体も「売り手」となったのだ。具体的に何が変わったかというと、買い手と売り手の価値の交換の仕方だ。

今日の買い手は、支払う対価以上の価値を生み出せる。たとえば、口コミで周囲に広める、友人にeメールで紹介コードを送る、フェイスブックに売り手について投稿する、イェルプで売り手を褒めるという具合だ。ユーザーが生み出すコンテンツが売り手にもたらす価値を思えば、いまや買い手は売り手のために無償で働いてくれる存在といっても過言ではないのではないか。厳密には、ユーザーではなく「買い手が生み出すコンテンツ」と呼ぶべきだろう。誰かがスポティファイでプレイリストを作成したり、アマゾンにレビューを書いたり、インスタグラムに写真を投稿したりするたびに、支払いとは別の莫大な価値が企業にもたらされる。アマゾンやスポティファイは買い手が生み出すコンテンツがなくても平気だが、インスタグラムのようにエンドユーザーと金銭のやりとりがないアプリ企業は、ユーザーがこの種の価値を提供しなくなれば生き残れない。この新たな価値の交換が行われている世界では、未知の巨大な力を買い手が手にする。

また今日では売り手の側も、新しいタイプの価値を提供するようになった。これもやはり、過去に安心して買い物できる清潔な環境を提供する必要性が生まれたときと同じで、ビジネス環境に変化が生じたからだ。いままでは、何かを購入するにあたって、消費者は自分が満たせるニーズよりもはるかに多くの選択肢に直面する。よって、売り手はこれまで以上に多くの価値を提供しないことには売上を手にできない。売り手と買い手が接触しうるポイントはすべて、売り手にとって価値を提供する機会となる。電話で顧客を待たせるときに流す音楽、商品を入れる袋のデザイン、商品パッケージ、高い評価を得るブログなどを通じて商品を宣伝し、他社と差別化を図り、顧客とつながる努力をすることが現代の売り手には必要だ。

企業が人の心理の盲点を利用していると本書で述べてきたが、消費者のために製品の価値を真摯に高めることがマーケターにはできるという点は強調したい。マーケティングが消費者の知覚する現実を変えたからといって、それだけをもって、そのマーケティングに対して感じるものがフェイクであるとか、上っ面だけのものであるということにはならない。クリスタルガラス製のグラスでふだん飲んでいるワインを飲めば、脳内レベルで本当にいつもより美味しく感じる。私たち人間が世界を直に体験することは絶対にないことを、もう一度思い出してほしい。私たちは、脳がつくりだしたモデルしか体験できない。希少で高価なワインだという情報を通じて得られる快は、舌に感じるワインの味わいから得られる快と同じく本物だと言っていい。

アップルストアに入るのと家電量販店のフライズに入るのとでは、前者のほうがいい気分になる。ナイキの新作のジョイライドを履いて走ると、ノーブランドのスニーカーで走るときとは違った高揚した気分を味わえる。ナイキがブランディングに費やした時間、お金、細心の注意を払った努力は、絶えず消費者に目に見える効果を生み出し続けるのだ。第1章で触れたように、そうしたブランディング行為には、それ自体にプラセボのような効果を通じて消費者の体験を直接強化する力がある。そしてこちらも第1章で触れたが、ものとしてはまったく同じドライバーを使っても、ナイキのドライバーだと告げられた状態でゴルフボールを打ったときのほうが遠くに飛ぶことが実験で実証されている。[8] この種のプラセボ効果はあらゆるところで見受けられ、これについてはマーケターに感謝すべきだ。

つまり、マーケティング戦略を冷ややかな目で見るべきではないとする道理はある、と基本的には言えるということだ。マーケティングは消費者の幸福度や充実度を真摯に高められるものであり、実際に高めているのだから、その点は評価に値する。朝のジョギング時にナイキを履いたときの感触を心から気に入っている人にとっては、マーケティングチームが懸命につくりあげた超人的なアスリートというアイデンティティを思い浮かべることには、ノーブランドのスニーカーより三〇ドル余計に払うだけの価値は十分にある。

買い手（消費者）と売り手（企業）との価値交換において、企業は消費者から得られる価値を最大にすることを目指す。であるならば、消費者の目標も同じく、企業から受け取る価値を最大にすることとなるべきだ。公正な交換ができれば、どちらも満足する。しかし、ほとんどの消費者は価値の交換の対象となる範囲を認識していない。先ほど述べたように、買い手と売り手の役割が変わったと漠然と気づいている人はいるだろう。だが、透明性の低い価値の交換が新たに登場し、それは売り手には見えるが買い手には見えない。これは不当に一方的な交換であり、企業の側に有利なものだ。そうした不当な価値の交換が行われると、倫理的な問題が生じる。

マーケティングの説得力

消費者と企業の関係において、カギとなるのが説得だ。マーケティング戦略（ブランディングや広告など）の成功は、説得する能力によって決まる。価値の交換を機能させるには説得が重要になるのだ。どんなマーケティング戦略も、説得の効果はオール・オア・ナッシングではない。効果の度合いにはある程度の幅がある。次頁の図にあるような0から10のシンプルな尺度を思い浮かべてほしい。0が未来の行動への効果が皆無で、10は効果が確実にあるという意味だ。広告の効果が尺度のいちばん右なら、企業が望む行動を消費者に確実にとらせる効果を広告が直接与え、いちばん左なら、望む行動を消費者がとるかとらないかに何の影響も及ぼさないことになる。

この尺度があると、不当な価値交換の倫理的な問題がわかりやすくなる。説得力の高さがこの尺度のどこにくると、消費者として不快に感じるだろうか？　ほとんどの人は、マーケティング戦略が自分の

効果ゼロ　　　　確実に効果がある

0　　　　10

行動に決定的な影響力を持つと思ったとたんに不快な気持ちになる。個人としての自主性が実質的に失われるからだ。では、尺度のどこに境界線を引くべきか。八〇パーセントを超えないところか？　それとも七〇パーセントか？　とはいえ、マーケターの仕事は少しでも右に近づけることである。左に寄りすぎている戦略を考えた人、つまりは消費者にほとんど影響を与えない戦略を考えた人は、定義上は無能なマーケターとなる。いったい、許容ラインはどこにすべきなのか？

マーケティングの様相はかつてないスピードで変わり続けている。それは、買い手と売り手の関係がかつてないスピードで成長しているせいだ。価値の交換にもとづくという関係性の中核は変わらないものの、交換する価値の種類や、企業が価値を手にする方法は昔と同じではなくなった。

こうした変化によって、先ほどの説得力の尺度に大きな転換が起きつつある。その原因は、マーケティングに起きた千年に一度の最大の変化と呼べる「個人データ」の登場にある。

いまはまだ、個々のテクノロジーの利用やデジタル習慣を通じて、消費者が生活のなかでネットにつながった機器を介して送るデータ量のほうが、それらを有効に処理できる人やＡＩの数を上回る。とはいえ、個人データの収集はまだ始まったばかりだ。これまでに集められた全データの九〇パーセントは、二〇一六年と二〇一七年に収集されたものになる。[9] 今後、そのデータを処理、理解、活用する技術や方法が日を追うごとに洗練されていき、消費者を説得する企業の力はますます高まるだろう。

あなたの知り合いのなかでいちばん口のうまい人を思い浮かべてみてほしい。その人が、あなたのデジタル化されている個人情報や過去の購入履歴、性格のタイプといった情報を手に入れたとする。それに加えて、私的なメールのやりとりや医療記録も手にしたとしたら、その人物の説得力はどうなると思う？　おそらくは、どんなことでもあなたは言いくるめられてしまうだろう。消費者に本当の意味で確実に影響を与える広告は実現できないかもしれないが、企業の説得する力は、その域に間違いなく近づいている。

説得力の尺度でもっとも「適切な」位置はどこなのか？　マーケターが消費者に訴える内容が「運動を増やす」や「健康に配慮した食事に切り替える」というように、最終的には消費者のためになることなら、その位置は変わってくるのだろうか？　マーケティングの倫理は複雑な問題で、これについては筆者も調査中だ。[10]　紙面の限られたこの章では、マーケティング倫理の最新の手本となるものに付随するはずの変数や要素にほとんど触れていないが、これだけは断言できる。マーケターが今後、仕事がやりにくくなることはなく、彼らの説得力は高まる一方である。

それを踏まえると、消費者としての私たちの前にはどんな道が開かれているのか？　この複雑に絡まり合う関係の片側として、自分の利益を追及するために何ができるのか？　そして何をすべきなのか？

カギを握るのは規制と消費者自身（ほとんどは消費者にかかっている）

ビジネスの世界における不当な価値交換はいまに始まったことではないし、そういう世界から消費者と市場を守る法律は昔から存在する。たとえば独占禁止法は、独占企業から消費者（と経済全体）を守るためのものである。企業が市場を独占すれば、競争は抑圧され、消費者の選択肢は奪われる。このように、市場を独占されることの危険性は何世紀も前から認知されているが、ビッグデータの時代となったいま、これまでにない懸念が生まれ、それに対する規制が必要だ。ケンブリッジ・アナリティカが起こした不祥事のような事例により、いまやデータプライバシーの問題は誰もが知っている。しかしながら、規制が敷かれるとしても、どんな規制になるかはまだ定かではない。選挙で選ばれた議員のＡＩなどの新たなテクノロジーに対する理解のほどは、せいぜいその言葉を正しく綴《つづ》れるくらいでしかないようだ。

ユーザーデータの収集と活用の未来を形づくるうえで、規制が重要な役割を担うことは疑う余地がない。とはいうものの、企業と消費者間の価値交換の釣り合いを取る責任の大部分は、消費者が担うことになる。何に価値を置き、その価値を何から（そしてどこから）得るかを変えることで、私たち消費者は、買い手と売り手の関係性を形づくるという素晴らしい力を手にする。そしてそれが、価値交換の釣り合いをとることにつながる。

規制に重要な役割があるのはたしかだが、責任の大部分は消費者にあることを忘れないでほしい。フェイスブックを指差して、「人を依存させる製品を生み出してデータを悪用している」と責めるのは簡単だが、消費者自身にも指三本は向けられる責任があるとの認識を持つ必要がある。フェイスブックなどのデータを扱う企業は非営利組織ではないので、お金を稼がないと生き残れない。二三億人近くのデジタル市民を抱えるデジタル国家を運営するにはお金がかかる。フェイスブックやインスタグラム、ワッツアップなどのプラットフォームの利用にユーザーがお金を払うつもりがないなら、こうした企業は生き残るため、ユーザーの注意を引いてデータを収集し、そのデータをマーケターに売るといった手段に手を出さざるをえなくなる。

古い格言にもあるように、「タダの昼食などない」。デジタルの世界では、昼食が「アプリ」に置き換わる。消費者はいいかげん、「タダ」にこだわり続けるのはやめるべきだ。金銭でなくても、注意やデータというあなたとマーケターの両方に価値があるものをどうせ払うことになる。この事実に気づくのが早くなるほど、消費の世界と消費者の関係は機能的な方向に向かい始める。

消費の世界における消費者は、受け身の立場ではない。消費の世界との関係を本質から変え、自分たちに適応させるだけの力を持つ。いますぐテクノロジーを断つと誓って、みなで一斉にスマートフォンを海に投げ捨てれば、消費の世界に巨大なうねりが起こるだろう。アップルは市場の資本化を世界的に牽引する存在かもしれないが、そんな彼らであっても、大々的に変わらない限りは利益を上げるどころか生き残ることもままならなくなる。顧客が企業を必要とする以上に、企業は顧客を必要としているのだ。

食品・飲料業界の例にならって、企業と消費者の価値交換を通じて企業が何を得ているのか、さらに消費者がそこで何をしているのかを明らかにするように迫ってみてはどうか。アルコールやタバコには、健康を損なう恐れを警告する文言が記載されている。映画やゲームには年齢制限が設けられている。それに対し、ソーシャルメディアのアプリは、小学生以下の子供でも大人の監視なしで自由にダウンロードして、配信したり、スワイプしたり、いいねをつけたりできる。企業は今後、ユーザーからどのように対価を得ているかを利用規約のなかに隠さずに堂々と提示し、それを企業が提供する価値の一つとするべきだ。

テクノロジー製品の場合はとくに、消費者が企業に価値という観点から何を提供しているかがわかりづらい。売り手と買い手の関係にあって、どちらか一方が交換の対象がわからないというのは明らかに倫理に反する。知らない言語で書かれた婚前契約書に署名する人はいない。だが、テクノロジー製品の利用規約に「同意する」をクリックするのは、その契約書に署名するのも同然だ。

好むと好まざるとにかかわらず、私たちは消費の世界と密接な関係にある。だがそうと認識することで、実は大きな力を得ることになる。その関係において、消費者はパートナーという立場だ。消費者が何に価値を置くかで関係性が決まる。価値があると思う対象や、自分が渡す価値の委ね方を消費者が変えれば、関係性も変わる。買い手という立場から、相互にメリットがある、より釣り合いの取れた関係を売り手に迫ることはできる。そうすれば、消費の世界がナマケモノたる消費者にとっての「藻」になることだってありうる。

ここまで読んだみなさんは、見えていなかったものを見る力を手に入れた。これからは、見えていなくても見えているかのような反応をとれるはずだ。目に見えない心理的な反応の癖を認識し、脳がブランドを前にしたときにどうなるかを予測できるようにもなった。また、人間の心理には、快と不快、論理と感情、知覚と現実という大いなる矛盾が潜み、人は危険と安心のどちらにも引きつけられる生き物だとわかった。さらには、神経科学の観点からの記憶、意思決定、共感、つながり、ストーリー、サブリミナル効果、注意、体験とはどういうものかを、消費主義という文脈から理解した。

ここで一つ、筆者からお願いがある。この本を同じ消費者であるあなたのまわりにいる人々に渡すことで、ここで得た知見をみなに伝えてほしい。その相手がマーケターであっても、いや、マーケターにこそ広めてほしい。そうすることで、彼らのキャンペーンによって消費者がどのような心理になるかをわかってもらいたいと思う。

本書を読んだあなたはもう、乗客ではなくパイロットだ。思いのままに消費の世界で舵を取っていける。おめでとう！　これからは、どこへ行くのもあなたしだいだ。

謝辞

運のいい人なら、これは天命だと感じずにはいられないことを人生に何度か経験するのではないか。筆者は、エージェントのリサ・ギャラガーに会ったときにそう感じた。メキシコでバカンスを楽しんでいる最中にふとeメールをチェックしたことから、本書を書くにいたった。リサには心の底から感謝している。私たち二人を信じ、二人のためにさまざまな準備を整えてくれたほか、二人が思い描いていることをクリアにしてくれた。本の出版はチームスポーツのようなものだが、私たちをドラフトで指名してくれたのは彼女だ。

リサがドラフトの担当者なら、編集者のリア・ウィルソンはコーチだ。素材を磨いて真に価値のあるものに仕上げるというのは、本当に大変な作業だ。リアはその達人で、彼女から修正版が送られてくるのがいつも待ち遠しかった。リアが手を入れたとたん、文章がレベルアップするとわかっていたからだ。初めて電話で話したときに、忌憚のない意見を伝えてほしいと頼んだところ、リアはその要望にしっかりと応え、何カ月もかけて修正を繰り返した。リアのおかげで、近づきすぎて木すら見えなくなっていた二人に森が見えるようになった。私たちの理性の声となり、客観的に最終判断を下す役割を担ってくれて本当にありがたかった。リアコーチ、あなたのそういうところが大好きだ！　二人でいつも「私たちのベイビー」と呼んでいたこの本を世に出すにあたって、これ以上ない人々の手を借りることができたと思っている。

グレン・イェフェス率いるベンベラ社のみんなには感謝してもしきれない。初の著書を書く二人の新人作家を、重鎮のように扱ってくれた。グレンは初めて会ったその日のうちに、二人が描くビジョンを理解してくれた。彼をはじめベンベラ社の献身的な仕事のおかげで、私たちのビジョンを現実にすることができたと思っている。本を書く予定がある人は、ベンベラ社ほど作家を気にかけてくれる出版社はそうそうないと覚えておくといい。

それから、リン・メルワニにもお礼を言いたい。ベスト・メンティー賞なるものがあるとしたら、それにリン賞と名づけようと思う。彼女の成長を求める気持ちに終わりはなく、執筆を通じて彼女のサポートを受けられて本当に助かった！

また、クリエイティブなエネルギーとひらめきを見せてくれたアラン・ジョンソンとカミラ・シルヴァにも感謝している。必要に応じて助け舟を出してくれた彼らの美的センスは本当に素晴らしい。そのセンスは彼らに備わっている強みであると、きっと彼らもわかっていることだろう。

そして最後になったが、一流の働きを見せてくれたインターンのヴァレリア・エスパルザ、パー・ステュビング、ジョゼフィーヌ・ガトゥス、キャロル・アレンカーに最大級の賛辞を送りたい。執筆という長旅に彼らが同行してくれて楽しかった。彼らもそう思ってくれているといいのだが。

ここからは、個別に感謝の意を伝えたい。

まずはマットから妻のマーリンへ。彼女の愛情、サポート、忍耐、ユーモアがなかったら、本書が完成することはなかった。それから息子のサンティアゴ。彼の明るさと好奇心のおかげで、いつもみなが笑顔になった。そんなサンティアゴの面倒を辛抱強くみつつ温かくサポートしてくれた、義父母のマグノリアとチェンチョにも感謝している。また、つねに励ましてくれた父スタンと母サンディ。それから、心理学やアートの話題をいつも提供してくれるうえに本書の装丁に素晴らしいアイデアを授けてくれた兄弟のアラン・ジョンソンにあらためてお礼を述べる。

プリンスからはヘザー・ハッチンソンに、執筆ではりつめているときにこの世のものとは思えない忍耐を発揮してくれたことへ感謝の意を伝える。それから、揺るぎないサポートを与えてくれた父サトナムと母ルビー、仕事も大事だが遊びも大事だと思い出させてくれて、何でも受け入れてくれる最高の姉妹のスウィーティーにもお礼を言いたい。また、私の「マイスペース・トップ8」に入る友人たちからの応援がなかったら、最後まで書き上げられなかったと思う。ファラス・イラヒーには、文章のトーンやユーモアで貴重なフィードバックをもらった。そして、私の膝の上から離れなかった子イヌのシュメックルが、執筆中の心の支えとなってくれたことも触れておく。最後になったが、レイカーズに加入して紫とゴールドのチームカラーに輝きをもたらしてくれた、レブロン・ジェームズに心からの感謝を捧げる。

訳者あとがき

本書の原題は「Blindsight」。これは「盲視」を意味します。盲視とは、実際には見えていないのにあたかも見えているかのような反応をとる現象のことで、本文冒頭では、盲人に類されるにもかかわらず障害物を避けて歩いた人の例があげられています。そして、この原題に「The (Mostly) Hidden Ways Marketing Reshapes Our Brains」という副題が続きます。つまり、私たち消費者の脳をつくりかえるマーケティングのテクニックは（ほとんどの場合は）目に見えないので、それが見えるようになる力を手に入れよう、というのが本書の趣旨です。

では、私たちの脳をつくりかえる、目に見えないマーケティングのテクニックとは何か。「マーケティング」を広辞苑で引くと、「商品を大量かつ効率的に売るために行う、市場調査・広告宣伝・販売促進などの企業の諸活動」とあります。その諸活動に神経科学や心理学を適用したものが「ニューロマーケティング」であり、これが私たち消費者の脳を密かにつくりかえようとしているのです。マーケティングの概念が誕生したのはいまから一〇〇年以上前ですが、ニューロマーケティングという言葉が使われるようになってからは、まだ二〇年ほどしかたっていません。

この比較的新しいマーケティング分野を紐解くにあたり、本書には著者が二人います。神経科学の専門家であるマット・ジョンソンと、マーケティングの専門家であるプリンス・ギューマンです。

ふたりはともにカリフォルニア大学サンディエゴ校を卒業後、別々の道を歩んでいました。マットはプリンストン大学の大学院に進学して認知心理学の博士号を取得し、一年半ほど上海でコンサルタントを務めました。プリンスは、急成長を遂げるフィンテック企業の初代マーケティング責任者に就任し、『サンフランシスコ・クロニクル』紙のコラムで「時代を動かす人」として紹介されるような活躍をしていました。

そうして卒業から一〇年がたってバーで再会したふたりは、人間の行動を理解し予測できるようになりたいとの思いが一致して意気投合します。それがきっかけとなり、大学と大学院に彼らが教えるニューロマーケティングのコースが誕生しました。そのコースを通じて、現代のマーケティングに対する倫理的な枠組みを考案し、消費者行動を研究し、神経科学を倫理的にビジネスに適用する手腕を伝えています。そんな彼らの四半世紀に及ぶ研究の集大成となるのが本書です。

マーケティングを行う側にはどんな能力があり、その力を使って何を成し遂げようとしているのか、さらには、そうした活動を通じて私たち消費者はどのような影響を受けるのか。本書では、マーケティングと神経科学両方の視点から、現時点で明らかになっている最新の事実が次々とつまびらかにされていきます。企業がすでにできるようになっていることや実際に行っていることは、想像をはるかに上回る内容ですし、それによって私たちの脳に及ぶ影響についても、正直言って驚きを禁じえません。自分の意思だと思っていたことが、実はマーケターにそう思うように仕向けられていたのかもしれないと思えてきて、少々怖くなります。

企業は消費者の欲求を満たそうと、ものの種類や量を増やし、入手方法の選択肢を増やし、手に入れやすさの向上に努めてきました。これだけものが増えたのですから、マーケターはみな、自社の商品に目を向けてもらおう、好きになってもらおうと必死です。だからこそ、私たち消費者も、本書で提示されているような知見を知っておく必要があります。相手の手の内を知らなかったら、対等な関係にはとうていなれません。私たちが享受している利便性は本当に素晴らしいものですが、その代償として奪われているもの、影響を受けているものがあります。手放したくないものが利便性の犠牲になっていないか、自分はそこまでの利便性を本当に望んでいるのかと、これを機にあらためて考えてみてほしいと思います。

現実的に考えて、マーケティングの影響から逃れることは不可能ですが、脳がどのように情報を処理し、その過程でどのような影響が生じるかを知っておくことは、大きな武器になります。本書を読んだ直後はきっと、表示される広告に敏感になり、何かを買うときには「本当に自分からこれを欲しいと思ったのか?」と立ち止まって考えるようになるでしょう。ですが、人間の適応力は良くも悪くも本当に高く、自分の検索したものが広告として表示されることを最初は怖いと感じても、注文した商品がその日のうちに届くことに最初は感動しても、すぐにそれが当たり前になってしまいます。情報過多の現代では、自分の判断力を過信せず、人は適応力と情報処理能力が高いからこそさまざまな影響を受けやすいのだという意識を忘れずに持っていたいものです。

どうせ買うなら、できるだけ安く買いたいし、できるだけ早く手に入れたい、と思うのが人の常です。本書で得た知見を活用して、納得のいく消費を満喫する人が増えますように。

最後になりましたが、本書の翻訳にあたり、井上大剛さん、白揚社の筧貴行さん、萩原修平さんに大変お世話になりました。この場を借りてお礼を申し上げます。

二〇二一年一一月

花塚　恵

Postprandial Satiety, Thermal Sensation, and Body Temperature in Young Women," *Appetite* 114 (2017): 209-16.

8. Angel Eduardo, "George Carlin - Where's the Blue Food?," video, 1:09, May 25, 2008. https://www.youtube.com/watch?v=l04dn8Msm-Y.
9. これは筆者のマットが中国に住んでいるときに実際に体験したことである。杭州に出張したマットは、出される料理がどれも素晴らしく感心していた。メインディッシュはとりわけ美味しそうに見えた。失礼があってはいけないと思い、彼は何の肉か尋ねずに口に入れた。すると同僚の一人から、それは馬の顔の肉だと言われ、そのとたん、メインディッシュの味はまったく違うものになった。
10. Wan-chen Lee, Jenny Mitsuru Shimizu, Kevin M. Kniffin, et al., "You Taste What You See: Do Organic Labels Bias Taste Perceptions?" *Food Quality and Preference* 29, no. 1 (2013): 33-39, doi:10.1016/j.foodqual.2013.01.010.
11. James C. Makens, "Effect of Brand Preference upon Consumers' Perceived Taste of Turkey Meat," *Journal of Applied Psychology* 49, no. 4 (1964): 261-63.
12. H. Plassmann, J. O'Doherty, B. Shiv, et al., "Marketing Actions Can Modulate Neural Representations of Experienced Pleasantness," *Proceedings of the National Academy of Sciences of the USA* 105 (2008): 1050.
13. Jeffrey R. Binder and Rutvik H. Desai, "The Neurobiology of Semantic Memory," *Trends in Cognitive Sciences* 15, no. 11 (2011): 527-36.
14. Karalyn Patterson, Peter J. Nestor, and Timothy T. Rogers, "Where Do You Know What You Know? The Representation of Semantic Knowledge in the Human Brain," *Nature Reviews Neuroscience* 8 (2007): 976-87.
15. R. Lambon and A. Matthew, "Neural Basis of Category-Specific Semantic Deficits for Living Things: Evidence from Semantic Dementia, HSVE and a Neural Network Model," *Brain* 130, no. 4 (2007): 1127-37.
16. J. R, Saffran, R. N. Aslin, and E. L. Newport, "Statistical Learning in 8-Month Olds," *Science* 274, no. 5294 (1996): 1926-28.
17. Interbrand, "Best Global Brands 2019 Ranking," accessed October 28, 2019, https://www.interbrand.com/best-brands/best-global-brands/2019/ranking/.〔リンク切れ〕
18. 2018年11月にサンフランシスコで筆者がS.I. リーに実施したインタビューより。
19. S. M. McClure, J. Li, D. Tomlin, et al., "Neural Correlates of Behavioral Preference for Culturally Familiar Drinks," *Neuron* 44 (2004): 379-87.
20. Yann Cornil, Pierre Chandon, and Aradhna Krishna, "Does Red Bull Give Wings to Vodka? Placebo Effects of Marketing Labels on Perceived

Intoxication and Risky Attitudes and Behaviors," *Journal of Consumer Psychology* 27, no. 4 (2017): 456-65.

21. Pascal Tétreault, Ali Mansour, Etienne Vachon-Presseau, et al., "Brain Connectivity Predicts Placebo Response across Chronic Pain Clinical Trials", *PLoS Biology*, October 27, 2016, https://doi.org/10.1371/journal.pbio.1002570.
22. T. D. Wager and L. Y. Atlas, "The Neuroscience of Placebo Effects: Connecting Context, Learning and Health," *Nature Reviews Neuroscience* 16, no. 7 (2015): 403-18.
23. Gary Greenberg, "What If the Placebo Effect Isn't a Trick?" New York Times, November 7, 2018, https://www.nytimes.com/2018/11/07/magazine/placebo-effect-medicine.html.
24. A. M. Garvey, F. Germann, and L. E. Bolton, "Performance Brand Placebos: How Brands Improve Performance and Consumers Take the Credit," *Journal of Consumer Research* 42, no. 6 (2016): 931-51.

第2章　アンカーを下ろす

1. C. Escera, K. Alho, I. Winkler, et al., "Neural Mechanisms of Involuntary Attention to Acoustic Novelty and Change," *Journal of Cognitive Neuroscience* 10 (1998): 590-604.
2. M. Banks and A. P. Ginsburg, "Early Visual Preferences: A Review and New Theoretical Treatment," in *Advances in Child Development and Behavior*, ed. H. W. Reese (New York: Academic Press, 1985), 19: 207-46.
3. L. B. Cohen, "Attention-Getting and Attention-Holding Processes of Infant Visual Preferences," *Child Development* 43 (1972): 869-79.
4. M. Milosavljevic, V. Navalpakkam, C. Koch, et al., "Relative Visual Saliency Differences Induce Sizable Bias in Consumer Choice," *Journal of Consumer Psychology* 22, no. 1 (2012): 67-74, https://doi.org/10.1016/j.jcps.2011.10.002.
5. Milosavljevic et al., "Relative Visual Saliency Differences."
6. Felicity Murray, "Special Report: Vodka Packaging Design," thedrinksreport, September 13, 2013, https://www.thedrinksreport.com/news/2013/15045-special-report-vodka-packaging-design.html.
7. 2019年2月28日に筆者が電話でKatie Calauttiに実施したインタビューより。

8. Macegrove, "Cadbury's Gorilla Advert," video, 1:30, Aug 31, 2017, https://www.youtube.com/watch?v=TnzFRV1LwIo.
9. Nikki Sandison, "Cadbury's Drumming Gorilla Spawns Facebook Group," Campaign, September 11, 2007, https://www.campaignlive.co.uk/article/cadburys-drumming-gorilla-spawns-facebook-group/737270.
10. "Cadbury's Ape Drummer Hits the Spot," Campaign Media Week, September 25, 2007, https://www.campaignlive.co.uk/article/brand-barometer-cadburys-ape-drummer-hits-spot/740054.
11. A. Gallagher, R. Beland, P. Vannasing, et al., "Dissociation of the N400 Component between Linguistic and Non-linguistic Processing: A Source Analysis Study," *World Journal of Neuroscience* 4 (2014): 25-39.
12. M. Kutas and K. D. Federmeier, "Thirty Years and Counting: Finding Meaning in the N400 Component of the Event-Related Brain Potential (ERP)," *Annual Review of Psychology* 62 (2011): 621-47.
13. Dan Hughes, "6 of the Most Memorable Digital Marketing Campaigns of 2018...So Far," Digital Marketing Institute, accessed November 28, 2019, https://digitalmarketinginstitute.com/en-us/the-insider/6-of-the-most-memorable-digital-marketing-campaigns-of-2018.
14. Daniel J. Simons and Daniel T. Levin, "Failure to Detect Changes to People during a Real-World Interaction," *Psychonomic Bulletin and Review* 5, no. 4 (1998): 644-49, https://msu.edu/course/psy/802/snapshot.afs/altmann/802/Ch2-4a-SimonsLevin98.pdf.〔リンク切れ〕
15. Daniel Simons, "The 'Door' Study," video, 1:36, March 13, 2010, https://www.youtube.com/watch?v=FWSxSQsspiQ.
16. Daniel J. Simons and Christopher F. Chabris, "Gorillas in our midst: sustained inattentional blindness for dynamic events," *Perception* 28 (1999): 1059-74, http://www.chabris.com/Simons1999.pdf.
17. Daniel Simons, "Selective Attention Test," video, 1:21, March 10, 2010, https://www.youtube.com/watch?v=vJG698U2Mvo.
18. William Poundstone, *Priceless: The Myth of Fair Value (and How to Take Advantage of It)* (New York: Hill and Wang, 2011), 15 (『プライスレス：必ず得する行動経済学の法則』松浦俊輔、小野木明恵訳、青土社、2010年); Brian Wansink, Robert J. Kent, and Stephen J. Hoch, "An Anchoring and Adjustment Model of Purchase Quantity Decisions," *Journal of Marketing Research* 35 (February 1998): 71-81.
19. Wansink, Kent, and Hoch, "Anchoring and Adjustment Model."

第3章　瞬間をつくる

1. D. I. Tamir, E. M. Templeton, A. F. Ward, et al., "Media usage diminishes Memory for Experiences," *Journal of Experimental Social Psychology* 76 (2018): 161-68.
2. L. A. Henkel, "Point-and-Shoot Memories: The Influence of Taking Photos on Memory for a Museum Tour," *Psychological Science* 25, no. 2 (2014): 396-402.
3. A. Barasch, G. Zauberman, and K. Diehl, "Capturing or Changing the Way We (Never) Were? How Taking Pictures Affects Experiences and Memories of Experiences," *European Advances in Consumer Research* 10 (2013): 294.
4. C. Diemand-Yauman, D. M. Oppenheimer, and E. B. Vaughan, "Fortune Favors the Bold (and the Italicized): Effects of Disfluency on Educational Outcomes," *Cognition* 118 (2011): 114-18.
5. RMIT University, "Sans Forgetica" (typeface download page), 2018, https://sansforgetica.rmit.edu.au.
6. "Sans Forgetica: New Typeface Designed to Help Students Study," press release, RMIT University, October 26, 2018, https://www.rmit.edu.au/news/all-news/2018/oct/sans-forgetica-news-story.
7. E. Fox, R. Russo, R. Bowles, et al., "Do Threatening Stimuli Draw or Hold Visual Attention in Subclinical Anxiety?" *Journal of Experimental Psychology: General* 130, no. 4 (2001): 681-700, doi:10.1037/0096-3445.130.4.681.
8. E. A. Kensinger and S. Corkin, "Memory Enhancement for Emotional Words: Are Emotional Words More Vividly Remembered Than Neutral Words?" *Memory and Cognition* 31 (2003):1169-80.
9. Paulo Ferreira, Paulo Rita, Diogo Morais, et al., "Grabbing Attention While Reading Website Pages: The Influence of Verbal Emotional Cues in Advertising," *Journal of Eye Tracking, Visual Cognition and Emotion* (June 2, 2011),https://revistas.ulusofona.pt/index.php/JETVCE/article/view/2057.
10. Jonathan R. Zadra and Gerald L. Clore, "Emotion and Perception: The Role of Affective Information," *Wiley Interdisciplinary Reviews: Cognitive Science* 2, no. 6 (2011): 676-85, https://www.ncbi.nlm.nih.gov/pmc/articles/PMC3203022/.
11. A. D. Vanstone and L. L. Cuddy, "Musical Memory in Alzheimer Disease," *Aging, Neuropsychology, and Cognition* 17 (1): 2010; 108-28.

12. A. Baird and S. Samson, "Memory for Music in Alzheimer's Disease: Unforgettable?" *Neuropsychology Review* 19, no. 1 (2009): 85-101.
13. D. J. Levitin, *This Is Your Brain on Music: The Science of a Human Obsession* (New York: Dutton/Penguin, 2006).(『新版 音楽好きな脳―人はなぜ音楽に夢中になるのか』西田美緒子訳、ヤマハミュージックエンタテイメントホールディングスなど、2021年)
14. T. L. Hubbard, "Auditory Imagery: Empirical Findings," *Psychological Bulletin* 136 (2010): 302-29.
15. Andrea R. Halpern and James C. Bartlett, "The Persistence of Musical Memories: A Descriptive Study of Earworms," *Music Perception: An Interdisciplinary Journal* 28, no. 4 (2011): 425-32.
16. Ronald McDonald House Charities, "Our Relationship with McDonald's," accessed October 28, 2019, https://www.rmhc.org/our-relationship-with-mcdonalds.〔リンク切れ〕
17. "Ronald McDonald School Show Request," n.d., accessed October 28, 2019, https://www.mcdonaldssocal.com/pdf/School_Show_Request_Form.pdf.〔リンク切れ〕
18. D. Kahneman, D. L. Fredrickson, C. A. Schreiber, et al., "When More Pain Is Preferred to Less: Adding a Better End," *Psychological Science* 4 (1993): 401-5.
19. Event Marketing Institute, EventTrack 2015: Event & Experiential Marketing Industry Forecast & Best Practices Study (Norwalk, CT: Event Marketing Institute, 2015), http://cdn.eventmarketer.com/wp-content/uploads/2016/01/EventTrack2015_Consumer.pdf.〔リンク切れ〕
20. Google.org, "Impact Challenge Bay Area 2015," accessed October 28, 2019, https://impactchallenge.withgoogle.com/bayarea2015.
21. Tony Chen, Ken Fenyo, Sylvia Yang, et al., "Thinking inside the Subscription Box: New Research on E-commerce Consumers," McKinsey, February 2018, https://www.mckinsey.com/industries/high-tech/our-insights/thinking-inside-the-subscription-box-new-research-on-ecommerce-consumers.
22. Gerken, Tom (Sep 2018), "Kevin Hart: Fans kicked out for using mobile phones at gigs," BBC News, accessed October 28, https://www.bbc.com/news/world-us-canada-45395186.
23. 2019年2月28日に筆者が電話でKatie Calauttiに実施したインタビューより。
24. Music Industry Research Association and Princeton University Survey Research Center, "Inaugural Music Industry Research Association (MIRA)

Survey of Musicians," June 22, 2018, https://img1.wsimg.com/blobby/go/53aaa2d4-793a-4400-b6c9-95d6618809f9/downloads/1cgjrbs3b_761615.pdf.〔リンク切れ〕

25. RIAA, "U.S. Sales Database," accessed October 28, 2019, https://www.riaa.com/u-s-sales-database/.
26. Statista, "Music Events Worldwide," accessed October 28, 2019, https://www.statista.com/outlook/273/100/music-events/worldwide.

第4章　記憶をリミックスする

1. Linda Rodriguez McRobbie, "Total Recall: The People Who Never Forget," The Guardian, February 8, 2017, https://www.theguardian.com/science/2017/feb/08/total-recall-the-people-who-never-forget.
2. Valerio Santangelo, Clarissa Cavallina, Paola Colucci, et al., "Enhanced Brain Activity Associated with Memory Access in Highly Superior Autobiographical Memory," *Proceedings of the National Academy of Sciences* 115, no. 30 (July 9, 2018), doi:10.1073/ pnas.1802730115.
3. Bart Vandever, "I Can Remember Every Day of My Life," BBC Reel, February 28, 2019, https://www.bbc.com/reel/video/p0722s3y/-i-can-remember-every-day-of-my-life-.
4. "Coca Cola Commercial - I'd Like to Teach the World to Sing (In Perfect Harmony) - 1971," YouTube video, 0:59, posted by "Shelly Kiss," December 29, 2008, https://www.youtube.com/watch?v=ib-Qiyklq-Q.
5. Shelly Kiss, "Coca Cola Commercial - I'd Like to Teach the World to Sing (In Perfect Harmony) - 1971," video, 0:59, December 29, 2008, https://www.youtube.com/watch?v=ib-Qiyklq-Q.
6. Accenture, "Who Are the Millenial Shoppers? And What Do They Really Want?", accessed December 2, 2019, https://www.accenture.com/us-en/insight-outlook-who-are-millennial-shoppers-what-do-they-really-want-retail.
7. Andrew Webster, "Nintendo NX: Everything We Know So Far," The Verge, September 23, 2016, https://www.theverge.com/2016/4/27/11516888/nintendo-nx-new-console-news-date-games.
8. InternetExplorer, "Microsoft's Child of the 90s Ad for Internet Explorer 2013," video, 1:40, Jan 23, 2013, https://www.youtube.com/watch?v=qkM6RJf15cg.
9. "Elizabeth Loftus: How Can Our Memories Be Manipulated?" NPR, TED

Radio Hour, October 13, 2017, https://www.npr.org/2017/10/13/557424726/elizabeth-lof-tus-how-can-our-memories-be-manipulated.

10. E. F. Loftus and J. E. Pickrell, "The Formation of False Memories," *Psychiatric Annals* 25, no. 12 (1995): 720-25.
11. Lawrence Patihis, Steven J. Frenda, Aurora K. R. LePort, et al., "False Memories in Superior Autobiographical Memory," *Proceedings of the National Academy of Sciences of the USA*, 110, no. 52 (December 24, 2013): 20947-952, doi:10.1073/pnas.1314373110.
12. Daniel M. Bernstein, Nicole L.M. Pernat, and Elizabeth F. Loftus, "The False Memory Diet: False Memories Alter Food Preferences," *Handbook of Behavior, Food and Nutrition* (January 31, 2011): 1645-63.
13. John Glassie, "The False Memory Diet," New York Times, December 11, 2005, https://www.nytimes.com/2005/12/11/magazine/falsememory-diet-the.html.
14. Kathryn Y. Segovia and Jeremy N. Bailenson, "Virtually True: Children's Acquisition of False Memories in Virtual Reality," *Media Psychology* 12 (2009): 371-93, https://vhil.stanford.edu/mm/2009/segovia-virtually-true.pdf.
15. D. R. Godden and A. D. Baddeley, "Context-Dependent Memory in Two Natural Environments: On Land and Underwater," *British Journal of Psychology*, 66 (1975): 325-331. doi:10.1111/j.2044-8295.1975.tb01468.x.
16. Hajo Adam and Adam D. Galinsky, "Enclothed Cognition," *Journal of Experimental Social Psychology* 48, no. 4 (July 2012): 918-25.
17. Jason Notte, "5 Champagne Beers for New Year's Toasting," The Street, December 21, 2011, https://www.thestreet.com/story/11350740/1/5-champagne-beers-for-new-years-toasting.html.
18. Alix Spiegel, "What Vietnam Taught Us about Breaking Bad Habits," NPR Shots, January 2, 2012, https://www.npr.org/sections/health-shots/2012/01/02/144431794/what-vietnam-taught-us-about-breaking-bad-habits.
19. "Drug Facts: Heroin," National Institute on Drug Abuse, June 2019, http://www.drugabuse.gov/publications/drugfacts/heroin.
20. B. P. Smyth, J. Barry, E. Keenan, et al., "Lapse and Relapse Following Inpatient Treatment of Opiate Dependence," *Irish Medical Journal* 103, no. 6 (2010): 176-79.
21. Wendy Wood and David T. Neal, "The Habitual Consumer," *Journal of Consumer Psychology* 19 (2009): 579-92, https://dornsife.usc.edu/assets/

sites/545/docs/Wendy_Wood_Research_Articles/Habits/wood.neal.2009._the_habitual_consumer.pdf.
22. P. B. Seetheraman, "Modeling Multiple Sources of State Dependence in Random Utility Models: A Distributed Lag Approach," *Journal of Marketing Science* 23, no. 2 (2004): 263-71.
23. Verena Vogel, Heiner Evanschitzky, and B. Ramaseshan, "Customer Equity Drivers and Future Sales," *Journal of Marketing* 72, no. 6 (2008): 98-108.
24. L. Festinger and J. M. Carlsmith, "Cognitive Consequences of Forced Compliance," *Journal of Abnormal and Social Psychology* 58 (1959): 203-10.
25. "Nissan Xterra Commercial (2002)," YouTube video, 0:29, posted by "Vhs Vcr," November 23, 2016, https://www.youtube.com/watch?v=SVmn_tlxpYU.
26. M. Moscovitch, "Confabulation," in *Memory Distortion*, ed. D. L. Schacter, J. T. Coyle, G. D. Fischbach et al. (Cambridge, MA: Harvard University Press, 1995), 226-51.
27. Sandra Blakeslee, "Discovering That Denial of Paralysis Is Not Just a Problem of the Mind," New York Times, August 2, 2019, https://www.nytimes.com/2005/08/02/science/discovering-that-denial-of-paralysis-is-not-just-a-problem-of-the.html.
28. T. Feinberg, A. Venneri, and A. M. Simone A.M. et al., "The Neuroanatomy of Asomatognosia and Somatoparaphrenia," *Journal of Neurology, Neurosurgery & Psychiatry* 81 (2010): 276-81.
29. Petter Johansson, Lars Hall, Sverker Sikström, et al., "Failure to Detect Mismatches between Intention and Outcome in a Simple Decision Task," *Science*, October 2005, 116-19.
30. L. Hall, P. Johansson, B. Tärning, et al., "Magic at the Marketplace: Choice Blindness for the Taste of Jam and the Smell of Tea," *Cognition* 117 (2010): 54-61, doi: 10.1016/j. cognition.2010.06.010.
31. Anat Keinan, Ran Kivetz, and Oded Netzer, "The Functional Alibi," *Journal of the Association for Consumer Research* 1, no. 4 (2016), 479-96.
32. Rory Sutherland, *Alchemy: The Dark Art and Curious Science of Creating Magic in Brands, Business, and Life* (New York: William Morrow), loc. 3645, Kindle.
33. Ruth Westheimer, "You've Decided to Break Up with Your Partner. Now What?," Time, January 4, 2018, http://time.com/5086205/dr-ruth-breakup-advice/.

第５章　二つの意識

1. Daniel Kahneman and Shane Frederick, "Representativeness Revisited: Attribute Substitution in Intuitive Judgment," in *Heuristics and Biases: The Psychology of Intuitive Judgment*, ed. Thomas Gilovich, Dale Griffin, and Daniel Kahneman (New York: Cambridge University Press), 49-81.
2. Kara Pernice, "F-Shaped Pattern of Reading on the Web: Misunderstood, But Still Relevant (Even on Mobile)," Nielsen Norman Group, November 12, 2017, https://www.nngroup.com/articles/f-shaped-pattern-reading-web-content/.
3. SimilarWeb, "Youtube.com Analytics - Market Share Stats & Traffic Ranking," accessed October 2019, SimilarWeb.com/website/youtube.com.
4. P. Covington, J. Adams, and E. Sargin, "Deep Neural Networks for YouTube Recommendations," in *Proceedings of the 10th ACM Conference on Recommender Systems* (New York: ACM, 2016), 191-98.
5. A. Alter, *Irresistible: The Rise of Addictive Technology and the Business of Keeping Us Hooked* (New York: Penguin, 2016).（『僕らはそれに抵抗できない：「依存症ビジネス」のつくられかた』上原裕美子訳、ダイヤモンド社、2019 年）
6. J. Koblin, "Netflix Studied Your Binge-Watching Habit. That Didn't Take Long," New York Times, June 9, 2016, https://www.nytimes.com/2016/06/09/business/media/netflix-studied-your-binge-watching-habit-it-didnt-take-long.html.
7. E. J. Johnson, J. Hershey, J. Meszaros, et al., "Framing, Probability Distortions, and Insurance Decisions," *Journal of Risk and Uncertainty* 7 (1993): 35-51, doi:10.1007/ BF01065313.
8. James C. Cox, Daniel Kreisman, and Susan Dynarski, "Designed to Fail: Effects of the Default Option and Information Complexity on Student Loan Repayment," National Bureau of Economic Research Working Paper No. 25258, November 2018, https://www.nber.org/papers/w25258.
9. S. Davidai, T. Gilovich, and L. Ross, "The Meaning of Default Options for Potential Organ Donors," *Proceedings of the National Academy of Sciences of the USA* 109, no. 38 (2012): 15201-205.
10. Jennifer Levitz, "You Want 20% for Handing Me a Muffin? The Awkward Etiquette of iPad Tipping," Wall Street Journal, October 17, 2018, https://

www.wsj.com/articles/you-want-20-for-handing-me-a-muffin-the-awkward-etiquette-of-ipad-tipping-1539790018?mod=e2fb.

11. Phil Barden, *Decoded: The Science Behind Why We Buy* (Hoboken, NJ: John Wiley & Sons), 150, Kindle.
12. Daniel Burstein, "Customer-First Marketing Chart: Why Customers Are Satisfied (and Unsatisfied) with Companies," Marketing Sherpa, February 21, 2017, https://www.marketingsherpa.com/article/chart/why-customers-are-satisfied.
13. NPR/Marist Poll results, April 25-May 2, 2018, accessed October 28, 2019, http://maristpoll.marist.edu/wp-content/misc/usapolls/us180423_NPR/NPR_Marist%20Poll_Tables%20of%20Questions_May%202018.pdf#page=2.
14. J. Clement, "Online shopping behavior in the United States - Statistics & Facts." Statista Report, August 30, 2019, https://www.statista.com/topics/2477/online-shopping-behavior/.
15. Sapna Maheshwari, "Marketing through Smart Speakers? Brands Don't Need to Be Asked Twice," New York Times, December 2, 2018, https://www.nytimes.com/2018/12/02/business/media/marketing-voice-speakers.html.
16. "Cavs Player Timofey Mozgov Accidentally Speaks Russian," YouTube video, 0:34, posted by FOX Sports, March 19, 2015, https://www.youtube.com/watch?v=mL2wnGbDQSs.
17. T. W. Watts and G. J. Duncan, "Controlling, Confounding, and Construct Clarity: A Response to Criticisms of 'Revisiting the Marshmallow Test'" (2019), https://doi.org/10.31234/osf.io/hj26z.
18. Aimee Picchi, "The American Habit of Impulse Buying," CBS News, January 25, 2016, https://www.cbsnews.com/news/the-american-habit-of-impulse-buying/.
19. Sienna Kossman, "Survey: 5 in 6 Americans admit to impulse buys," CreditCards.com, January 25, 2016, https://www.creditcards.com/credit-card-news/impulse-buy-survey.php.
20. Phillip Hunter, "Your Decisions Are What You Eat: Metabolic State Can Have a Serious Impact on Risk-Taking and Decision-Making in Humans and Animals," *European Molecular Biology Organization* 14, no. 6 (2013): 505-8.
21. S. Danziger, J. Levav, J., and L. Avnaim-Pesso, "Extraneous Factors in Judicial Decisions," *Proceedings of the National Academy of Sciences of the USA* 108, no. 17 (2011): 6889-94.
22. Though see for a critique Keren Weinshall-Margel and John Shapard,

"Overlooked Factors in the Analysis of Parole Decisions," *Proceedings of the National Academy of Sciences of the USA* 108 no. 42 (2011): E833, https://www.pnas.org/content/108/42/E833.long.
23. Malcolm Gladwell, "The Terrazzo Jungle," *The New Yorker*, March 15, 2004, https://www.newyorker.com/magazine/2004/03/15/the-terrazzo-jungle.
24. "The Gruen Effect," May 15, 2015, in 99% Invisible, produced by Avery Trufelman, MP3 audio, 20:10, https://99percentinvisible.org/episode/the-gruen-effect/.
25. David Derbyshire, "They Have Ways of Making You Spend," Telegraph, December 31, 2004, https://www.telegraph.co.uk/culture/3634141/They-have-ways-of-making-you-spend.html.
26. A. Selin Atalay, H. Onur Bodur, and Dina Rasolofoarison, "Shining in the Center: Central Gaze Cascade Effect on Product Choice," *Journal of Consumer Research* 39, no. 4 (December 2012): 848-66.
27. LivePerson, The Connecting with Customers Report: A Global Study of the Drivers of a Successful Online Experience," November 2013, https://docplayer.net/8484776-The-connecting-with-customers-report-a-global-study-of-the-drivers-of-a-successful-on-line-experience.html.
28. "Ebates Survey: More Than Half (51.8%) of Americans Engage in Retail Therapy—63.9% of Women and 39.8% of Men Shop to Improve Their Mood," Business Wire, April 2, 2013, http://www.businesswire.com/news/home/20130402005600/en/Ebates-Survey-51.8-Americans-Engage-Retail-Therapy%E2%80%94.
29. Selin Atalay and Margaret G. Meloy, "Retail Therapy: A Strategic Effort to Improve Mood," *Psychology & Marketing* 28, no. 6 (2011): 638-59.
30. Emma Hall, "IPA: Effective Ads Work on the Heart, Not on the Head," Ad Age, July 16, 2017, https://adage.com/article/print-edition/ipa-effective-ads-work-heart-head/119202/.
31. Francisco J. Gil-White, "Ultimatum Game with an Ethnicity Manipulation," in *Foundations of Human Sociality: Economic Experiments and Ethnographic Evidence from Fifteen Small-Scale Societies*, ed. Joseph Henrich, Robert Boyd, Samuel Bowles, et al. (New York: Oxford University Press, 2004), https://www.oxfordscholarship.com/view/10.1093/0199262055.001.0001/acprof-9780199262052-chapter-9.
32. Carey K. Morewedge, Tamar Krishnamurti, and Dan Ariely, "Focused on Fairness: Alcohol Intoxication Increases the Costly Rejection of Inequitable Rewards," *Journal of Experimental Social Psychology* 50 (2014): 15-20.

33. J. A. Neves, "Factors influencing impulse buying behaviour amongst Generation Y students," accessed December 2, 2019, https://pdfs.semanticscholar.org/4e37/7fc1680020a106de47f9996e8fea07a6f9e8.pdf/.
34. Brian Boyd, "Free Shipping & Free Returns," Clique (website), April 15, 2016, http://cliqueaffiliate.com/free-shipping-free-returns/.
35. Sarah Getz, "Cognitive Control and Intertemporal Choice: The Role of Cognitive Control in Impulsive Decision Making" (PhD diss., Princeton University, September 2013), http://arks.princeton.edu/ark:/88435/dsp019s161630w.
36. S. J. Katz and T. P. Hofer, "Socioeconomic Disparities in Preventive Care Persist Despite Universal Coverage: Breast and Cervical Cancer Screening in Ontario and the United States," *JAMA* 1994;272 (7):530-534.
37. Manju Ahuja, Babita Gupta, and Pushkala Raman, "An Empirical Investigation of Online Consumer Purchasing Behavior," *Communications of the ACM* 46, no. 12 (December 2003): 145-51. doi:https://doi.org/10.1145/953460.953494.
38. Anandi Mani, Sendhil Mullainathan, Eldar Shafir, et al., "Poverty Impedes Cognitive Function," *Science* 341, no. 6149 (2013): 976-80.
39. 2018年12月7日に筆者がスカイプでジャイン・ジャオに実施したインタビューより。
40. New York Stock Exchange, PGR stock pricing, January 1996-January 1997.
41. Emily Peck, Felix Salmon, and Anna Szymanski, "The Dissent Channel Edition," September 29, 2018, in The Slate Money Podcast, MP3 audio, 59:44, http://www.slate.com/articles/podcasts/slate_money/2018/09/slate_money_on_thinking_in_bets_why_elon_musk_should_get_some_sleep_and.html.
42. N. Mazar, D. Mochon, and D. Ariely, "If You Are Going to Pay within the Next 24 Hours, Press 1: Automatic Planning Prompt Reduces Credit Card Delinquency," *Journal of Consumer Psychology* 28, no. 3 (2018): https://doi.org/10.1002/jcpy.1031.

第6章　快－不快 ＝購入

1. Artangel, "Michael Landy: Break Down," February 10-24, 2001, https://www.artangel.org.uk/project/break-down/.

2. Alastair Sooke, "The Man Who Destroyed All His Belongings," BBC Culture, July 14, 2016, http://www.bbc.com/culture/story/20160713-michael-landy-the-man-who-destroyed-all-his-belongings.
3. A. Pertusa, R. O. Frost, M. A. Fullana, et al., "Refining the Boundaries of Compulsive Hoarding: A Review," *Clinical Psychology Review* 30, no. 4 (2010): 371-86, doi:10.1016/j.cpr.2010.01.007.
4. B. Knutson, S. Rick, G. E. Wimmer, et al., "Neural Predictors of Purchases," *Neuron* 53, no. 1 (2007): 147-56, http://doi.org/10.1016/j.neuron.2006.11.010.
5. Silvia Bellezza, Joshua M. Ackerman, and Francesca Gino, "Be Careless with That! Availability of Product Upgrades Increases Cavalier Behavior Toward Possessions," *Journal of Marketing Research* 54, no. 5 (2017): 768-84.
6. "EA SPORTS FIFA Is the World's Game," BusinessWire, press release, September 5, 2018, https://www.businesswire.com/news/home/20180905005646/en/.
7. Gregory S. Burns, Samuel M. McLure, Giuseppe Pagnoni, et al., "Predictability Modulates Human Brain Response to Reward," *Journal of Neuroscience* 21, no. 8 (2001): 2793-98.
8. Jerry M. Burger and David F. Caldwell, "When Opportunity Knocks: The Effect of a Perceived Unique Opportunity on Compliance," *Group Processes & Intergroup Relations* 14, no. 5 (2011): 671-80, http://gpi.sagepub.com/content/14/5/671.full.pdf+html.
9. Clive Schlee, "Random Acts of Kindness," Pret a Manger website, April 27, 2015, https://www.pret.com/en-us/random-acts-of-kindness. 〔リンク切れ〕
10. Ryan Spoon, "Zappos Marketing: Surprises & Delights," Business Insider, March 11, 2011, https://www.businessinsider.com/zappos-marketing-surprises-and-delights-2011-3.
11. Stan Phelps, "Zappos Goes Door to Door Surprising and Delighting an Entire Town for the Holidays," Forbes, December 9, 2015, https://www.forbes.com/sites/stanphelps/2015/12/09/zappos-goes-door-to-door-surprising-and-delighting-an-entire-town-for-the-holidays/#3058e0f4f6ca.
12. Mauro F. Guillén and Adrian E. Tschoegl, "Banking on Gambling: Banks and Lottery-Linked Deposit Accounts," *Journal of Financial Services Research* 21, no. 3 (2002): 219-231, http://www-management.wharton.upenn.edu/guillen/PDF-Documents/Gambling_JFSR-2002.pdf.
13. Shankar Vedantam, "'Save To Win' Makes Saving as Much Fun as Gambling," NPR Hidden Brain, January 6, 2014, https://www.npr.org/2014/01/06/260119038/save-to-win-makes-saving-as-much-fun-as-

gambling.

14. Barry Schwartz, "More Isn't Always Better," *Harvard Business Review*, June 2006, https://hbr.org/2006/06/more-isnt-always-better.
15. S. S. Iyengar and M. R. Lepper, "When Choice Is Demotivating: Can One Desire Too Much of a Good Thing?" *Journal of Personality and Social Psychology* 79, no. 6 (2000): 995-1006.
16. Alexander Chernev, U. Böckenholt, and J. K. Goodman, "Choice Overload: A Conceptual Review and Meta-analysis," *Journal of Consumer Psychology* 25 (2015): 333-58.
17. Sarah C. Whitley, Remi Trudel, and Didem Jurt, "The Influence of Purchase Motivation on Perceived Preference Uniqueness and Assortment Size Choice," *Journal of Consumer Research* 45, no. 4 (2018): 710-24, doi: 10.1093/jcr/ucy031.
18. Thomas T. Hills, Takao Noguchi, and Michael Gibbert, "Information Overload or Search-Amplified Risk? Set Size and Order Effects on Decisions from Experience," *Psychonomic Bulletin & Review* 20, no. 5 (October 2013) : 1023-1031, doi:10.3758/ s13423-013-0422-3.
19. Accenture, "Accenture Study Shows U.S. Consumers Want a Seamless Shopping Experience Across Store, Online and Mobile That Many Retailers Are Struggling to Deliver," press release, April 15, 2013, http://newsroom.accenture.com/news/accenture-study-shows-us-consumers-want-a-seamless-shopping-experience-across-store-online-and-mobile-that-many-retailers-are-struggling-to-deliver.htm.
20. Corporate Executive Board, "Consumers Crave Simplicity Not Engagement," press release, May 8, 2012, https://www.prnewswire.com/news-releases/consumers-crave-simplicity-not-engagement-150569095.html.
21. Flixable, "Netflix Museum," n.d., accessed October 29, 2019, https://flixable.com/netflix-museum/.
22. Yangjie Gu, Simona Botti, and David Faro, "Turning the Page: The Impact of Choice Closure on Satisfaction," *Journal of Consumer Research* 40, no. 2 (August 2013): 268-83.
23. Statistic Brain Research Institute, "Arranged/Forced Marriage Statistics," n.d., accessed October 29, 2019, https://www.statisticbrain.com/arranged-marriage-statistics/.
24. Divorcescience, "World Divorce Statistics—Comparisons Among Countries," n.d. accessed October 29, 2019, https://divorcescience.org/for-students/world-divorce-statistics-comparisons-among-countries/.

25. P. C. Regan, S. Lakhanpal, and C. Anguiano, "Relationship Outcomes in Indian-American Love-Based and Arranged Marriages," *Psychological Reports* 110, no. 3 (2012): 915-24, doi:10.2466/21.02.07.PR0.110.3.915-924.
26. Tor Wager, "Functional Neuroanatomy of Emotion: A Meta-Analysis of Emotion Activation Studies in PET and fMRI," *NeuroImage* 16, no. 2 (June 2002): 331-48, doi:10.1006/nimg.2002.1087.
27. D. Prelec and G. F. Loewenstein, "The Red and the Black: Mental Accounting of Savings and Debt," *Marketing Science* 17 (1998): :4-28 (reference list).
28. Visa, "Visa Inc. at a Glance," n.d., accessed October 29, 2019, https://usa.visa.com/dam/VCOM/download/corporate/media/visa-fact-sheet-Jun2015.pdf. 〔リンク切れ〕
29. BNP Paribas, "Diversification of Payment Methods—A Focus on Dematerialization," June 29, 2018, https://group.bnpparibas/en/news/diversification-payment-methods-a-focus-dematerialization.
30. George Loewenstein, "Emotions in Economic Theory and Economic Behavior," *American Economic Review* 90, no. 2 (2000): 426-32, doi:10.1257/aer.90.2.426.
31. Alberto Alesina and Francesco Passarelli, "Loss Aversion in Politics," National Bureau of Economic Research Working Paper No. 21077, April 2015, https://www.nber.org/papers/w21077.
32. F. Harinck, E. Van Dijk, I. Van Beest, et al., "When Gains Loom Larger Than Losses: Reversed Loss Aversion for Small Amounts Of Money," *Psychological Science* 18, no. 12 (2007): 1099-1105, doi:10.1111/j.1467-9280.2007.02031.x.
33. Lü Dongbin, The Secret of the Golden Flower, http://thesecretofthegolden-flower.com/index.html.
34. Daugirdas Jankus, Effects of cognitive biases and their visual execution on consumer behavior in e-commerce platforms. Master's Thesis (2016): ISM Vadybos ir ekonomikos universitetas.

第7章　依存 2.0

1. HRF, "25 Shocking Caffeine Addiction Statistics," accessed October 28, 2019, https://healthresearchfunding.org/shocking-caffeine-addiction-statistics/.

2. HealthReseachFunding.org, "7 Unbelievable Nicotine Addiction Statistics," n.d., accessed October 29, 2019, https://healthresearchfunding.org/7-unbelievable-nicotine-addiction-statistics/.
3. Statista, "Tobacco Products Report 2019—Cigarettes," n.d., accessed October 29, 2019, https://www.statista.com/study/48839/tobacco-products-report-cigarettes/.
4. Alexa, "Top Sites in the United States," https://www.alexa.com/topsites/countries/US.
5. Alex Hern, "Facebook should be 'regulated like the cigarette industry', says tech CEO," accessed December 2, 2019, https://www.theguardian.com/technology/2018/jan/24/facebook-regulated-cigarette-industry-salesforce-marc-benioff-social-media.
6. G. S. Berns and S. E. Moore, "A Neural Predictor of Cultural Popularity," *Journal of Consumer Psychology* 22 (2012): 154-60.
7. Daniel Z. Lieberman and Michael E. Long, *The Molecule of More: How a Single Chemical in Your Brain Drives Love, Sex, and Creativity—and Will Determine the Fate of the Human Race* (Dallas: BenBella, 2018), 6 (『もっと！：愛と創造、支配と進歩をもたらすドーパミンの最新脳科学』梅田智世訳、インターシフト、2020).
8. Áine Doris, "Attention Passengers: your Next Flight Will Likely Arrive Early. Here's Why," KelloggInsight, November 6, 2018, https://insight.kellogg.northwestern.edu/article/attention-passengers-your-next-flight-will-likely-arrive-early-heres-why.
9. 2019年3月6日に筆者が電話でDebi Lillyに実施したインタビューより。
10. "#4: Oprah Relives the Famous Car Giveaway | TV Guide's Top 25 | Oprah Winfrey Network," YouTube video, 5:01, posted by OWN, September 25, 2012, https://www.youtube.com/watch?v=WmCQ-V7c7Bc.
11. OWN, "#4: Oprah Relives the Famous Car Giveaway | TV Guide's Top 25 | Oprah Winfrey Network," video, 5:05, September, 25, 2012, https://www.youtube.com/watch?v=WmCQ-V7c7Bc.
12. Michael D. Zeiler, "Fixed and Variable Schedules of Response Independent Reinforcement," *Journal of the Experimental Analysis of Behavior* 11, no. 40 (1968): 405-14.
13. R. Schull, "The Sensitivity of Response Rate to the Rate of Variable-Interval Reinforcement for Pigeons and Rats: A Review," *Journal of the Experimental Analysis of Behavior* 84, no. 1 (2005): 99-110.
14. Olivia Solon, "Ex-Facebook President Sean Parker: Site Made to Exploit

Human 'Vulnerability,'" The Guardian, November 9, 2017, https://www.theguardian.com/technology/2017/nov/09/facebook-sean-parker-vulnerability-brain-psychology.
15. Ruchi Sanghvi, "Yesterday Mark reminded it was the 10 year anniversary of News Feed," Facebook, September 6, 2016, https://www.facebook.com/ruchi/posts/10101160244871819.
16. Shea Bennett, "Users Spend More Time on Pinterest Than Twitter, LinkedIn and Google+ Combined," Adweek, February 18, 2012, http://www.adweek.com/digital/usa-social-network-use/#/.
17. B. Zeigarnik, "On Finished and Unfinished Tasks," in *A Sourcebook of Gestalt Psychology*, ed. W. D. Ellis (New York: Humanities Press, 1967), 300-14.
18. The Numbers, "Box Office History for Marvel Cinematic Universe Movies," accessed December 2, 2019, https://www.the-numbers.com/movies/franchise/Marvel-Cinematic-Universe.
19. Michael Sebastian, "Time Inc. Locks in Outbrain's Headline Recommendations in $100 Million Deal," Ad Age, November 18, 2014, http://adage.com/article/media/time-deal-outbrain-worth-100-million/295889/.
20. Craig Smith, "38 Amazing BuzzFeed Statistics and Facts (2019)," DMR by the Numbers, September 6, 2019, https://expandedramblings.com/index.php/business-directory/25012/buzzfeed-stats-facts/.
21. Sam Kirkland, "Time.com's Bounce Rate Down 15 Percentage Points Since Adopting Continuous Scroll," Poynter, July 20, 2014, https://www.poynter.org/reporting-editing/2014/time-coms-bounce-rate-down-15-percentage-points-since-adopting-continuous-scroll/.
22. Bianca Bosker, "The Binge Breaker: Tristan Harris Believes Silicon Valley Is Addicting Us to Our Phones. He's Determined to Make It Stop," The Atlantic, November 2016, https://www.theatlantic.com/magazine/archive/2016/11/the-binge-breaker/501122/.
23. Tristan Harris, "A Call to Minimize Distraction & Respect Users' Attention, by a Concerned PM & Entrepreneur" (slide deck), February 2013, LinkedIn SlideShare, uploaded by Paul Mardsen, August 13, 2018, https://www.slideshare.net/paulsmarsden/google-deck-on-digital-wellbeing-a-call-to-minimize-distraction-and-respect-users-attention.
24. Brian Resnick, "What Smartphone Photography Is Doing to Our Memories," Vox, March 28, 2018, https://www.vox.com/science-and-

health/2018/3/28/17054848/smart-phones-photos-memory-research-psychology-attention.
25. Devin Coldewey, "Limiting Social Media Use Reduced Loneliness and Depression in New Experiment," TechCrunch, November 9, 2018, https://techcrunch.com/2018/11/09/limiting-social-media-use-reduced-loneliness-and-depression-in-new-experiment/.
26. Haley Sweetland Edwards, "You're Addicted to Your Smartphone. This Company Thinks It Can Change That," Time, April 12, 2018, updated April 13, 2018, http://amp.timeinc.net/time/5237434/youre-addicted-to-your-smartphone-this-company-thinks-it-can-change-that.〔リンク切れ〕
27. Digital Detox Retreats (website), accessed October 29, 2019, http://digitaldetox.org/retreats/.
28. Molly Young, "What an Internet Rehabilitation Program Is Really Like," Allure, January 21, 2018, https://www.allure.com/story/internet-addiction-rehab-program.
29. Adi Robertson, "Google's CEO Had to Remind Congress That Google Doesn't Make iPhones," The Verge, December 11, 2018, https://www.theverge.com/2018/12/11/18136377/google-sundar-pichai-steve-king-hearing-granddaughter-iphone-android-notification.
30. Nicolas Thompson, "Our Minds Have Been Hijacked by Our Phones. Tristan Harris Wants to Rescue Them," Wired (July 26, 2017), https://www.wired.com/story/our-minds-have-been-hijacked-by-our-phones-tristan-harris-wants-to-rescue-them/.
31. "Venture Investment in VR/AR Startups," PitchBook, n.d., accessed October 29, 2019, https://files.pitchbook.com/png/Venture_investment_in_VR_AR.png.
32. Bernard Yack, *The Problems of a Political Animal: Community, Justice, and Conflict in Aristotelian Political Thought* (Berkeley: University of California Press, 1993).

第８章　人はなぜ特定の何かを好きになるのか

1. Jennifer Thorpe, "Champions of Psychology: Robert Zajonc," *Association for Psychological Science*, January 2005, https://www.psychologicalscience.org/observer/champions-of-psychology-robert-zajonc.

2. Margalit Fox, "Robert Zajonc, Who Looked at Mind's Ties to Actions, Is Dead at 85," New York Times, December 6, 2008, https://www.nytimes.com/2008/12/07/education/07zajonc.html.
3. R. B. Zajonc, "Mere Exposure: A Gateway to the Subliminal," *Current Directions in Psychological Science* 10, no. 6 (2001): 224.
4. R. F. Bornstein, "Exposure and Affect: Overview and Meta-analysis of Research, 1968-1987," *Psychological Bulletin*, 106 (1989): 265-89.
5. Robert B. Zajonc "Attitudinal Effects Of Mere Exposure," *Journal of Personality and Social Psychology* 9, no. 2, Pt. 2 (1968): 1-27. doi:10.1037/h0025848.
6. Zajonc, "Mere Exposure."
7. Jan Conway, "Coca-Cola Co.: Ad Spend 2014-2018," Statista, August 9, 2019, https://www.statista.com/statistics/286526/coca-cola-advertising-spending-worldwide/.
8. Aleksandra, "63 Fascinating Google Search Statistics," SEO Tribunal, September 26, 2018, https://seotribunal.com/blog/google-stats-and-facts/.
9. Robert F. Bornstein and Paul R. D'Agostino, "Stimulus Recognition and the Mere Exposure Effect," *Journal of Personality and Social Psychology* 63, no. 4 (1992): 545-52, https://faculty.washington.edu/jdb/345/345%20Articles/Chapter%2006%20Bornstein%20&%20D%27Agostino%20 (1992).pdf.
10. Joseph E. Grush, "Attitude Formation and Mere Exposure Phenomena: A Nonartifactual Explanation of Empirical Findings," *Journal of Personality and Social Psychology* 33, no. 3 (1976): 281-90, http://psycnet.apa.org/record/1976-22288-001.
11. Sylvain Delplanque, Géraldine Coppin, Laurène Bloesch, et al., "The Mere Exposure Effect Depends on an Odor's Initial Pleasantness," *Frontiers in Psychology*, July 3, 2015, https://doi.org/10.3389/fpsyg.2015.00920.
12. A. L. Alter and D. M. Oppenheimer, "Predicting Short-Term Stock Fluctuations by Using Processing Fluency," *Proceedings of the National Academy of Sciences of the USA* 103, no. 24 (2006): 9369-72, doi:10.1073/pnas.0601071103.
13. Michael Bernard, Bonnie Lida, Shannon Riley, et al., "A Comparison of Popular Online Fonts: Which Size and Type Is Best?" Usability News 4, no. 1 (2018), https://pdfs.semanticscholar.org/21a3/2bc134881ef07726c0e45e3d01923418f14a.pdf?ga=2.217085078.1679975153.1572354996-1611920395.1572354996.
14. Christian Unkelbach, "Reversing the Truth Effect: Learning the Interpretation

of Processing Fluency in Judgments of Truth," *Journal of Experimental Psychology: Learning, Memory, and Cognition* 33, no. 1 (2007): 219-30, doi:10.1037/0278-7393.33.1.219.

15. Karen Riddle, "Always on My Mind: Exploring How Frequent, Recent, and Vivid Television Portrayals Are Used in the Formation of Social Reality Judgments," *Media Psychology* 13, no. 2 (2010): 155-79, doi:10.1080/15213261003800140.
16. Stephanie Clifford, "Video Prank at Domino's Taints Brand," New York Times, April 15, 2019, https://www.nytimes.com/2009/04/16/business/media/16dominos.html.
17. "Domino's President Responds to Prank Video," YouTube video, 2:01, posted by "swifttallon," April 18, 2009, https://www.youtube.com/watch?v=dem6eA7-A2I.
18. Cornelia Pechmann and David W. Stewart, "Advertising Repetition: A Critical Review of Wearin and Wearout," *Current Issues and Research in Advertising* 11, nos. 1-2 (1988): 285-329.
19. R. F. Bornstein, "Exposure and Affect: Overview and Meta-analysis of Research, 1968- 1987," *Psychological Bulletin* 106 (1989): 265-89, doi:10.1037/0033-2909.106.2.265.
20. R. Bornstein and P. D'Agostino, "Stimulus Recognition and Mere Exposure," *Journal of Personality and Social Psychology* 63 (1992):4;545-552.
21. Stewart A. Shapiro and Jesper H. Nielsen, "What the Blind Eye Sees: Incidental Change Detection as a Source of Perceptual Fluency," *Journal of Consumer Research* 39, no. 6 (April 2013): 1202-1218.
22. Bornstein and D'Agostino, "Stimulus Recognition and Mere Exposure."
23. Derek Thompson, "The four-letter code to selling just about anything," *The Atlantic*, January 2017.
24. https://nypost.com/2015/02/14/fifty-shades-of-grey-whips-sex-toy-sales-into-a-frenzy/.

第９章　共感と人間どうしのつながり

1. ハッソンの研究に述べられているように、これは左側頭葉、聴覚皮質、ブローカ野に広がる「言語の影響を受ける」脳の広範なネットワークを指す。この見解は以下の研究とも一致している。E. Fedorenko and N. Kanwisher, "Functionally Localizing

Language-Sensitive Regions in Individual Subjects with fMRI," *Language and Linguistics Compass* 5, no. 2 (2011): 78-94.

2. G. Stephens, L. Silbert, and U. Hasson, "Speaker-Listener Neural Coupling Underlies Successful Communication," *Proceedings of the National Association of Sciences of the USA* 107, no. 32 (2010): 14425-30.
3. M. Pickering and S. Garrod, "Toward a Mechanistic Psychology of Dialogue," *Behavioral and Brain Sciences* 27, no. 2 (2004): 169-90. http://www.psy.gla.ac.uk/~simon/CD8063.Pickering_1-58.pdf〔リンク切れ〕
4. Scott Neuman, "Company's Line of Rainbow Themed Swastika T-Shirts Backfires," NPR The Two-Way, August 7, 2017, http://www.npr.org/sections/the-two-way/2017/08/07/542068985/companys-line-of-rainbow-themed-swastika-t-shirts-backfires.
5. Libby Hill, "Pepsi Apologizes, Pulls Controversial Kendall Jenner Ad," Los Angeles Times, April 5, 2019, https://www.latimes.com/entertainment/la-et-entertainment-news-updates-april-2017-htmlstory.html#pepsi-apologizes-pulls-controversial-kendall-jenner-ad.
6. L. Steinberg and K. C. Monahan, "Age Differences in Resistance to Peer Influence," *Developmental Psychology* 43 (2007): 1531-43.
7. David Bainbridge, *Teenagers: A Natural History* (London: Portobello Books, 2009).
8. Nielsen, "Nielsen Unveils First Comprehensive Study on the Purchasing Power and Influence of the Multicultural Millennial," press release, January 18, 2017, http://www.nielsen.com/us/en/press-room/2017/nielsen-unveils-first-comprehensive-study-on-the-purchasing-power-of-multicultural-millennial.html.〔リンク切れ〕
9. Claire Suddath, "Harley-Davidson Needs a New Generation of Riders," Bloomberg Businessweek, August 23, 2018, https://www.bloomberg.com/news/features/2018-08-23/harley-davidson-needs-a-new-generation-of-riders.
10. Robert Ferris, "Harley-Davidson's electric motorcycle signals a big change for the legendary, but troubled, company," CNBC, November 11, 2018, https://www.cnbc.com/2018/11/09/harley-davidsons-electric-motorcycle-is-a-big-change-for-the-company.html.
11. L. Fogassi, P. F, Ferrari, B. Gesierich, et al., "Parietal Lobe: From Action Organization to Intention Understanding," *Science* 308, no. 5722 (2005): 662-67.
12. Pier Francesco Ferrari and Giacomo Rizolatti, "Mirror Neuron Research: The Past and The Future," *Philosophical Transactions of the Royal Society of*

London B: Biological Sciences 369, no. 1644 (2014): 20130169, https://doi.org/10.1098/rstb.2013.0169.

13. M. Iacoboni, "Imitation, Empathy, and Mirror Neurons," *Annual Review of Psychology* 60 (2009): 653-70.
14. S. Bekkali, G. J. Youssef, P. H. Donaldson, et al., "Is the Putative Mirror Neuron System Associated with Empathy? A Systematic Review and Meta-Analysis," PsyArXiv Pre-prints (March 20, 2019), https://doi.org/10.31234/osf.io/6bu4p.
15. "Taste the Feeling - Sam Tsui, Alyson Stoner, Josh Levi, Alex G. Diamond, & KHS," YouTube video, 3:11, posted by Kurt Hugo Schneider, August 13, 2016, https://www.youtube.com/watch?v=5-uXzOW6SLo.
16. Adobe Marketing Cloud, "8 Marketers Doing Big Data Right," Mashable, May 6, 2013, https://mashable.com/2013/05/06/cmo-data/#2rNcAJeGpPq5.
17. Binkley, Christina, "More Brands Want You to Model Their Clothes," The Wall Street Journal, May 15, 2013, https://www.wsj.com/articles/SB10001424127887324216004578483094260521704.
18. L. Budell L., et al "Mirroring Pain in the Brain: Emotional Expression Versus Motor Imitation," *PLoS One* 10, no. 2 (2015): e0107526.
19. P. Slovic, "'If I Look at the Mass I Will Never Act": Psychic Numbing and Genocide," *Judgment and Decision Making* 2 (2007): 79-95.
20. P. Slovic and D. Västfjäll, "The More Who Die, the Less We Care: Psychic Numbing and Genocide," in Imagining Human Rights, ed. S. Kaul & D. Kim (Berlin: De Gruyter, 2015), 55-68.
21. Wendy Koch, "Lives of Indelible Impact," *USA Today*, May 29, 2007.
22. M. Johnson, L. Detter, and P. Ghuman. "Individually Driven Narratives Facilitate Emotion and Consumer Demand," *The European Conference on Media, Communications & Film: Official Conference Proceedings*, 2018.
23. M. Fidelman, "5 of the Best Sports Marketing Campaigns That Went Viral in 2015," Forbes, June 9, 2015, https://www.forbes.com/sites/markfidelman/2015/06/09/here-are-5-of-the-best-sports-marketing-campaigns-that-went-viral-in-2015/#7d-c3a18a401d.
24. C. Nass, Y. Moon, B. Fogg, et al., "Can Computer Personalities Be Human Personalities?" *International Journal of Human-Computer Studies* 43 (1995): 223-39; C. Nass, Y. Moon, and P. Carney, "Are People Polite to Computers? Responses to Computer-Based Interviewing Systems," *Journal of Applied Social Psychology* 29, no. 5 (1999): 1093-1110; C. Nass and Y. Moon, "Machines and Mindlessness: Social Responses to Computers," *Journal of*

Social Issues 56, no. 1 (2000): 81-103.
25. P. Karr-Wisniewski and M. Prietula, "CASA, WASA, and the Dimensions of Us," *Computers in Human Behavior* 26 (2010): 1761-71.
26. R. Sager, "Do Celebrity Endorsements Work?" MarketWatch, March 11, 2011, https://web.archive.org/web/20191225100407/http://www.marketwatch.com/story/do-celebrity-endorsements-work-1300481444531.
27. Kit Yarrow, *Decoding the New Consumer Mind: How and Why We Shop and Buy* (Hoboken, NJ: John Wiley & Sons), 145, Kindle.
28. Johnny Green, "Under Armour - Misty Copeland - I Will What I Want," video, 1:40, March 15, 2016, https://www.youtube.com/watch?v=zWJ5_HiKhNg.

第10章　あらゆるものの本質

1. Mattha Busby, "Woman Who Bought Shredded Banksy Artwork Will Go Through with Purchase," The Guardian, October 11, 2018, https://www.theguardian.com/artanddesign/2018/oct/11/woman-who-bought-shredded-banksy-artwork-will-go-through-with-sale.
2. Elizabeth Chuck, "Purchaser of Banksy Painting That Shredded Itself Plans to Keep It," NBC News, October 12, 2018, https://www.nbcnews.com/news/world/purchaser-banksy-painting-shredded-itself-plans-keep-it-n919411.
3. B. M. Hood and P. Bloom, "Children Prefer Certain Individuals over Perfect Duplicates," *Cognition* 106, no. 1 (2008): 455-62, doi10.1016/j.cognition.2007.01.012.
4. Chris Dwyer, "How a 'Chef ' Can Sway Fine Diners into Preferring Inferior Food," August 20, 2015, http://www.cnn.com/travel/article/chef-fools-diners-taste-test/index.html.
5. Brian Wansink, Collin R. Payne, and Jill North, "Fine as North Dakota Wine: Sensory Expectations and the Intake of Companion Foods," *Physiology & Behavior* 90, no. 5 (2007): 712-16.
6. Eustacia Huen, "How Stories Can Impact Your Taste in Food," Forbes, September 29, 2018, https://www.forbes.com/sites/eustaciahuen/2018/09/29/story-food/#7c34f5393597.
7. Anna Bernasek and D. T. Morgan, *All You Can Pay: How Companies Use Our Data to Empty Our Wallets* (New York: Hachette Book Group, 2015).

8. "Perrier Orson Welles," YouTube video, 0:29, posted by Retronario, March 9, 2014, https://www.youtube.com/watch?v=2qHv4yh4R9c.
9. Bruce G. Posner, "Once Is Not Enough: Why the Marketing Genius Who Made Perrier a Household Word Has Fizzled as a Small-Business Consultant," *Inc.*, October 1, 1996, https://www.inc.com/magazine/19861001/7075.html.
10. Retrontario, "Perrier Orson Welles 1979," video, 0:29, March 9, 2014. https://www.youtube.com/watch?v=2qHv4yh4R9c.
11. Nestlé, "Perrier: Perrier Brand Focus," n.d., accessed November 1, 2019, https://www.nestle.com/investors/brand-focus/perrier-focus.〔リンク切れ〕
12. Dan Shapley, "Almost Half of All Bottled Water Comes from the Tap, but Costs You Much More," *Good Housekeeping*, August 12, 2010, https://www.goodhousekeeping.com/home/a17834/bottled-water-47091001/.
13. Posner, "Once Is Not Enough."
14. "Significant Objects," website, accessed November 1, 2019, http://significantobjects.com/.
15. "5 minutes with . . . a 1926 Bottle of The Macallan Whisky," Christie's, December 12, 2018, https://www.christies.com/features/5-minutes-with-a-1926-bottle-of-The-Macallan-whisky-9384-1.aspx.
16. "Lot 312: The Macallan 1926, 60 Year-Old, Michael Dillon" (auction listing), Christie's, accessed November 1, 2019, https://www.christies.com/lotfinder/wine/the-macallan-1926-60-year-old-michael-dillon-6180404-details.aspx?from=salesummary&intObjectID=6180404&lid=1.
17. 2019年2月13日に筆者が電話でDean Smallに実施したインタビューより。
18. "Bertha Benz: The Journey That Changed Everything," YouTube video, 4:02, posted by Mercedes-Benz, March 6, 2019, https://www.youtube.com/watch?v=vsGrFYD5Nfs.
19. "Mercedes Benz - Company History Commercial," YouTube video, 0:33, posted by "TheRealBigBlack," November 30, 2019, https://www.youtube.com/watch?v=ynzZxHy9jrs.
20. "Macy's 150 Years Commercial," YouTube video, 1:00, posted by "Frenite," https://www.youtube.com/watch?v=4oORxFJJc88.
21. Emily Glazer, "Wells Fargo to Pay $185 Million Fine over Account Openings," Wall Street Journal, September 8, 2016, https://www.wsj.com/articles/wells-fargo-to-pay-185-million-fine-over-account-openings-1473352548?mod=article_inline.
22. "Wells Fargo Re-established 2018," Vimeo video, 1:01, posted by "craigknelson," https://vimeo.com/270298076.

23. "The Fédération Internationale de l'Automobile (FIA)," FIA Heritage Museums website, accessed November 1, 2019, fiaheritagemuseums.com.
24. Evangeline Holland, "The Spirit of Ecstasy," Edwardian Prominence (blog), May 3, 2008, http://www.edwardianpromenade.com/love/the-spirit-of-ecstasy/.
25. Daniel Kahneman, Alan B. Krueger, David Schkade, et al., "A Survey Method for Characterizing Daily Life Experience: The Day Reconstruction Method," *Science* 306, no. 5702 (December 3, 2004): 1776-1780.
26. Amir Mandel, "Why Nobel Prize Winner Daniel Kahneman Gave Up on Happiness," Haaretz, October 7, 2018, https://www.haaretz.com/israel-news/.premium.MAGAZINE-why-nobel-prize-winner-daniel-kahneman-gave-up-on-happiness-1.6528513.

第11章　ミドリミナル

1. William M. O'Barr, "'Subliminal' Advertising," *Advertising & Society Review* 6, no. 4 (2005), doi:10.1353/asr.2006.0014.
2. J. A. Krosnick, A. L. Betz, L. J. Jussim, et al., "Subliminal Conditioning of Attitudes," *Personality and Social Psychology Bulletin* 18, no. 2 (1992): 152-62, doi:10.1177/0146167292182006.
3. Omri Gillath, Mario Mikulincer, Gurit E. Birnbaum, et al., "Does Subliminal Exposure to Sexual Stimuli Have the Same Effects on Men and Women?" *The Journal of Sex Research* 44, no. 2 (2007): 111-21, doi:10.1080/00224490701263579.
4. J. Karremans, W. Stroebe, and J. Claus, "Beyond Vicary's Fantasies: The Impact of Subliminal Priming and Brand Choice," *Journal of Experimental Social Psychology* 42, no. 6 (2006): 792-98. doi:10.1016/j.jesp.2005.12.002.
5. Federal Communications Commission, "Press Statement of Commissioner Gloria Tristani, Re: Enforcement Bureau Letter Dismissing a Request by Senators Ron Wyden and John Breaux for an Investigation Regarding Allegations of the Broadcast of Subliminal Advertising Provided by the Republican National Committee," press release, March 9, 2001, https://transition.fcc.gov/Speeches/Tristani/Statements/2001/stgt123.html.
6. Committee on Advertising Practice, BCAP Code: The UK Code of Broadcast Advertising, "03 Misleading Advertising," section 3.8, n.d., accessed November 1, 2019, https://www.asa.org.uk/type/broadcast/code_section/03.

html.

7. "Subliminal Message in KFC Snacker," YouTube Video, 0:12, posted by "defying11," May 18, 2008, https://www.youtube.com/watch?v=zrRDEjPoeGw.
8. A. A. Karim, B. Lützenkirchen, E. Khedr, et al., "Why Is 10 Past 10 the Default Setting for Clocks and Watches in Advertisements? A Psychological Experiment," *Frontiers in Psychology* 8 (2017): 1410, https://doi.org/10.3389/fpsyg.2017.01410.
9. R. B. Zajonc. "Mere Exposure: A Gateway to the Subliminal." *Current Directions in Psychological Science*, 10 (6) (2001): 224-228.
10. Associated Press, "'Transformers' a GM Ad in Disguise," NBC News, July 3, 2007, http://www.nbcnews.com/id/19562215/ns/business-autos/t/transformers-gm-ad-disguise/.
11. Michael L. Maynard and Megan Scale, "Unpaid Advertising: A Case of Wilson the Volleyball in Cast Away," *Journal of Popular Culture* 39, no. 4 (2006), https://onlinelibrary.wilcy.com/doi/abs/10.1111/j.1540-5931.2006.00282.x.
12. Sarah Whitten, "Starbucks Got an Estimated $2.3 Billion in Free Advertising from 'Game of Thrones' Gaffe, and It Wasn't Even Its Coffee Cup," CNBC, May 7, 2019, https://www.cnbc.com/2019/05/07/starbucks-got-2point3-billion-in-free-advertising-from-game-of-thrones-gaffe.html.
13. "U.S. Product Placement Market Grew 13.7% in 2017, Pacing for Faster Growth in 2018, Powered by Double-Digit Growth in Television, Digital Video and Music Integrations," PRWeb, press release, June 13, 2018, https://www.pqmedia.com/wp-content/uploads/2018/06/US-Product-Placement-18.pdf.
14. Nicolas Guéguen, "Color and Women Hitchhikers' Attractiveness: Gentlemen Drivers Prefer Red," *Color Research & Application* 37 (2012): 76-78, doi:10.1002/col.20651.
15. Nicolas Guéguen and Céline Jacob, "Clothing Color and Tipping: Gentlemen Patrons Give More Tips to Waitresses with Red Clothes," *Journal of Hospitality & Tourism Research*, April 18, 2012, http://jht.sagepub.com/content/early/2012/04/16/1096348012442546.
16. Elizabeth Paten, "Can Christian Louboutin Trademark Red Soles? An E.U. Court Says No," New York Times, February 6, 2018, https://www.nytimes.com/2018/02/06/business/christian-louboutin-shoes-red-trademark.html.
17. Stephen A. Stansfeld and Mark P. Matheson, "Noise Pollution: Non-auditory

Effects on Health," *British Medical Bulletin* 68, no. 1 (2003): 243-57, https://doi.org/10.1093/bmb/ldg033.
18. Torø Graven and Clea Desebrock, "Bouba or Kiki with and Without Vision: Shape-Audio Regularities and Mental Images," *Acta Psychologica* 188 (2018): 200-12.
19. Ronald E. Milliman, "Using Background Music to Affect the Behavior of Supermarket Shoppers," *Journal of Marketing* 46, no. 3 (1982): 86-91.
20. Adrian C. North, David J. Hargreaves, and Jennifer McKendrick, "The Influence of In-Store Music on Wine Selections Article," *Journal of Applied Psychology* 84, no. 2 (1999): 271-76.
21. Adrian C. North, Amber Shilcock, and David J. Hargreaves, "The Effect of Musical Style on Restaurant Customers' Spending," *Environment and Behavior* 35, no. 5 (2003): 712-18.
22. K. C. Colwell, "Faking It: Engine-Sound Enhancement Explained," Car and Driver, April 2012, https://www.caranddriver.com/features/faking-it-engine-sound-enhancement-explained-tech-dept.
23. M. Lynn, J. Le, and D. Sherwyn, "Reach Out and Touch Your Customers," *Cornell Hotel and Restaurant Administration Quarterly*, 39 (3) (1998): 60-65.
24. Christopher Bergland, "The Neuroscience of Smell Memories Linked to Place and Time," Psychology Today, July 31, 2018, https://www.psychologytoday.com/us/blog/the-athletes-way/201807/the-neuroscience-smell-memories-linked-place-and-time.
25. N. R. Keinfield, "The Smell of Money," New York Times, October 25, 1992, https://www.nytimes.com/1992/10/25/style/the-smell-of-money.html.
26. "The Smell of Commerce: How Companies Use Scents to Sell Their Products," The Independent, August 16, 2011 https://www.independent.co.uk/news/media/advertising/the-smell-of-commerce-how-companies-use-scents-to-sell-their-products-2338142.html.
27. Geke D. S. Ludden and Hendrik N. J. Schifferstein, "Should Mary smell like biscuit? Investigating scents in product design," *International Journal of Design* 3 (3) (2009): 1-12.
28. Hancock, G.D. (2009). The Efficacy of fragrance use for enhancing the slot machine gaming experience of casino patrons.
29. N. Gueguen and C. Petr, "Odors and consumer behavior in a restaurant," *International Journal of Hospitality Management* 25 (2) (2006): 335-339.
30. P. E. Murphy, "Research in Marketing Ethics: Continuing and Emerging

Themes," *Recherche et Applications En Marketing* (English edition) 32, no. 3 (2017): 84-89.

31. B. Milner, "The Medial Temporal-Lobe Amnesic Syndrome," *Psychiatric Clinics of North America* 28 (2005): 599-611.
32. A. J. Marcel, "Conscious and Unconscious Perception: Experiments on Visual Masking and Word Recognition," *Cognitive Psychology* 15 (1983): 197-237.
33. C. S. Soon, M. Brass, H.-J. Heinze, et al., "Unconscious Determinants of Free Decisions in the Human Brain," *Nature Neuroscience* 11, no. 5 (2008): 543-45, doi:10.1038/ nn.2112.
34. A. Tusche, S. Bode, and J. Haynes, "Neural Responses to Unattended Products Predict Later Consumer Choices," *The Journal of Neuroscience* 30, no. 23 (2000): 8024-31.
35. L. E. Williams and J. A. Bargh, "Experiencing Physical Warmth Promotes Interpersonal Warmth," *Science* 322 (2008): 606-7.

第12章　マーケティングの未来

1. Charles Duhigg, "How Companies Learn Your Secrets," New York Times, February 16, 2012, https://www.nytimes.com/2012/02/19/magazine/shopping-habits.html.
2. Associated Press and NBC News, "Facebook to send Cambridge Analytica Data-Use Notices to 87 Million Users Monday," NBC News, April 9, 2018, https://www.nbcnews.com/tech/social-media/facebook-send-cambridge-analytica-data-use-notices-monday-n863811.
3. M. Wojcik, M. Nowicka, M. Bola, and A. Nowicka, "Unconcious Detection of One's Own Image," *Psychological Science* 30:4 (2019): 471-480.
4. Joel Stein, "I Tried Hiding From Silicon Valley in a Pile of Privacy Gadgets," Bloomberg Businessweek, August 8, 2019, https://www.bloomberg.com/news/features/2019-08-08/i-tried-hiding-from-silicon-valley-in-a-pile-of-privacy-gadgets.
5. DrFakenstein, "Full House of Mustaches - Nick Offerman [deepfake]," video, 1:01, August 11, 2019, https://www.youtube.com/watch?v=aUphMqs1vFw.
6. Grace Shao and Evelyn Cheng, "The Chinese face-swapping app that went viral is taking the danger of 'deepfake' to the masses," CNBC, September 4,

2019, https://www.cnbc.com/2019/09/04/chinese-face-swapping-app-zao-takes-dangers-of-deepfake-to-the-masses.html.

7. NBC News Now "The Future Is Zao: How A Chinese Deepfake App Went Viral," video, 3:12, September 4, 2019, https://www.youtube.com/watch?v=dJYTMhKXCAc.
8. A. M. Garvey, F. Germann, and L. E. Bolton, "Performance Brand Placebos: How Brands Improve Performance and Consumers Take the Credit," *Journal of Consumer Research* 42, no. 6 (2016): 931-51.
9. Domo, "Data Never Sleeps 5.0," infographic, n.d., accessed November 1, 2019, https://www.domo.com/learn/data-never-sleeps-5.
10. M. Johnson, P. Ghuman, and R. Barlow, "Psychological Coordinates of Marketing Ethics for the Modern World" (forthcoming); see http://www.popneuro.com.

［原註］

※ 2021 年 10 月に URL のアクセス確認

目に見えないものを見る力

1. B. De Gelder, M. Tamietto, G. van Boxtel, R. Goebel, A. Sahraie, J. van den Stock, B.M.C. Steinen, L. Weiskrantz, A. Pegna, "Intact navigation skills after bilateral loss of striate cortex," *Current Biology* 18（2009）:R1128-R1129.

第 1 章　あなたが食べているのはメニュー

1. J. Bohannon, R. Goldstein, and A. Herschkowitsch, "Can People Distinguish Pâté From Dog Food?"（American Association of Wine Economists Working Paper No. 36, April 2009）, https://www.wine-economics.org/dt_catalog/working-paper-no-36/.〔リンク切れ〕
2. G. Morrot, F. Brochet, & D. Dubourdieu, "The Color of Odors." *Brain & Language* 79（2001）: 309-20.
3. H. McGurk and J. MacDonald J., "Hearing Lips and Seeing Voices," *Nature* 264, no. 5588（1976）: 746-48, doi:10.1038/264746a0.
4. Sixesfullofnines, "McGurk effect - Auditory Illusion - BBC Horizon Clip," video, 0:54, November 6, 2011, https://www.youtube.com/watch?v=2k8fHR9jKVM.
5. M. Nishizawa, W. Jiang, and K. Okajima, "Projective-AR System for Customizing the Appearance and Taste of Food," in *Proceedings of the 2016 Workshop on Multimodal Virtual and Augmented Reality*（*MVAR '16*）（New York: ACM, 2016）, 6, doi:10.1145/3001959.3001966.
6. G. Huisman, M. Bruijnes, and D. K. J. Heylen, "A Moving Feast: Effects of Color, Shape and Animation on Taste Associations and Taste Perceptions," in *Proceedings of the 13th International Conference on Advances in Computer Entertainment Technology*（*ACE 2016*）（New York: ACM, 2016）, 12, doi:10.1145/3001773.3001776.
7. M. Suzuki, R. Kimura, Y. Kido, et al., "Color of Hot Soup Modulates

おわりに

ひとりのマーケターとひとりの科学者がバーに入っていった。それはカリフォルニア大学サンディエゴ校でともに学んだ日々から10年たったある日のことだった。

大学を卒業したふたりはまったく違う道に進んでいた。科学者の彼はプリンストン大学で認知神経科学の博士号を取得し、マーケターの彼は上場フィンテック企業のOFXでグローバル・マーケティング責任者の任に就いていた。

ところがその日のバーでの会話から、ふたりの目指していることは根本的に同じであると判明する。それは、人間の行動を理解し、予測できるようになることだった。科学者の彼は、「人間の脳のいったい何が、『職人の手作り』とラベルに記されているだけの単なるサラダに20ドルを払おうと思わせるのか」と考え、マーケターの彼は、「こうすればこのサラダは30ドルでも売れるのに」と考えていたのだ。

このふたりというのが、本書の著者である神経科学者のマット・ジョンソンとマーケターのプリンス・ギューマンだ。私たちふたりが手を組んだことから、大学と大学院でニューロマーケティングのコースが誕生した。現代のマーケティングに対する倫理的な枠組みを考案し、消費者行動の探求を主な目的とするものだ。いまやふたりはサンフランシスコにあるハルト・インターナショナル・ビジネススクールの常勤教授となり、神経科学を倫理的にビジネスに適用するためのワークショップも主催する。

そんなふたりの集大成と呼べるのが本書で、私たちの25年以上に及ぶ経験が詰め込まれている。とはいえ、私たちの冒険はまだまだ終わらない。消費の世界はつねに変わり続けているし、神経科学の分野は脳の謎の解明を日々続けている。消費者の心理についてこの先も学びたい人は、ふたりが運営するブログ「ポップニューロ」(http://www.popneuro.com/) を覗いてみてほしい。一口サイズのコンテンツを楽しむことができる。

本書をご購入いただき、ありがとうございました。この本を通じてあなたの消費ライフが豊かになりますように。質問やコメントがあれば、気軽にhello@popneuro.com までご連絡を。

マット・ジョンソン（Matt A. Johnson）

ハルト・インターナショナル・ビジネススクール教授。作家、研究者、講演家としても活動する。プリンストン大学で認知心理学の博士号を取得。卒論のテーマは言語とコミュニケーションの神経科学。現在は、神経科学の視点から消費者体験や意思決定の理解を深めることを中心に研究を行っている。『フォーブス』『アントレプレナー』『ビジネス・インサイダー』をはじめとする大手ビジネス情報メディアへの寄稿を通じて、ビジネスの人間の部分に関連するさまざまなトピックに対して専門的な意見を定期的に発信し、新時代を切り開くリーダーシップをとる。生まれ育ったサンフランシスコ・ベイエリアで、スタートアップ、大手ブランドに分け隔てなくアドバイスを提供し、オレゴン州ポートランドにあるナイキ本社からは、客員専門家として招かれた。オークランドで妻と2歳の息子と暮らす。

プリンス・ギューマン（Prince Ghuman）

ハルト・インターナショナル・ビジネススクール教授。専門はニューロマーケティング。カリフォルニア大学サンディエゴ校在学中に起業し、その後BAP社のマーケティング部門の創設責任者に就く。同社は『インク』誌で「3年でもっとも急成長した企業」のひとつに選出されている。近年は、世界で1000億ドル以上を動かす上場フィンテック企業のOFXで、消費者マーケティングのアメリカ責任者、B2Bマーケティングのグローバル責任者を兼任した。マット・ジョンソンとともにウェブサイト「ポップニューロ」を創設し、科学にもとづく消費者の理解の周知やニューロマーケティングの倫理的な活用を推進している。

花塚　恵（はなつか・めぐみ）

翻訳家。福井県福井市生まれ。英国サリー大学卒業。英語講師、企業内翻訳者を経て現職。主な訳書に『LEADER’S LANGUAGE』（東洋経済新報社）、『天才科学者はこう考える』（ダイヤモンド社）、『これからの生き方と働き方』（かんき出版）、『苦手な人を思い通りに動かす』（日経BP）などがある。

BLINDSIGHT: The (Mostly) Hidden Ways Marketing Reshapes Our Brains
by **Matt A. Johnson, Ph.D.** and **Prince Ghuman**

This edition arranged with DeFiore and Company Literary Management, Inc., New York through Tuttle-Mori Agency, Inc., Tokyo

ISBN 978-4-8269-0234-2

「欲《ほ》しい！」はこうしてつくられる
脳科学者とマーケターが教える「買い物」の心理

二〇二二年一月二十六日　第一版第一刷発行

著　者　マット・ジョンソン／プリンス・ギューマン
訳　者　花塚《はなつか》　恵《めぐみ》
発行者　中村幸慈
発行所　株式会社　白揚社　
〒101-0062　東京都千代田区神田駿河台1-7
電話　03-5281-9772　振替　00130-1-25400
装　幀　藤塚尚子（e to kumi）
印刷・製本　モリモト印刷株式会社

ターリ・シャーロット著　上原直子訳

事実はなぜ人の意見を変えられないのか

説得力と影響力の科学

人はいかにして他者に影響を与え、影響を受けるのか？　客観的事実や数字は他人の考えを変えないという認知神経科学の驚くべき研究結果を示し、他人を説得するとき陥りがちな落とし穴を避ける方法を紹介。　四六判　２８８ページ　本体価格２５００円

ダニエル・ネトル著　竹内和世訳

パーソナリティを科学する

特性5因子であなたがわかる

簡単な質問表で特性5因子（外向性、神経質傾向、誠実性、調和性、開放性）を計り、パーソナリティを読み解くビッグファイブ理論。その画期的な新理論を科学的に検証する。パーソナリティ評定尺度表付。　四六判　２８２ページ　本体価格２８００円

ポール・ブルーム著　高橋洋訳

反共感論

社会はいかに判断を誤るか

無条件に肯定されている共感に基づく考え方が、実は公正を欠く政策から人種差別まで、様々な問題を生み出している。心理学・脳科学・哲学の視点からその危険な本性に迫る、全米で物議を醸した衝撃の論考。　四六判　３２０ページ　本体価格２６００円

デイヴィッド・デステノ著　寺町朋子訳

信頼はなぜ裏切られるのか

無意識の科学が明かす事実

〈信頼〉に関する私たちの常識は間違いだらけ。どうすれば裏切られないようになるのか？　信頼できるか否かを予測できるようになるのか？　誰もが頭を悩ますこれらの疑問に、信頼研究の第一人者が答える。　四六判　３０４ページ　本体価格２４００円

デイヴィッド・デステノ著　住友進訳

なぜ「やる気」は長続きしないのか

心理学が教える感情と成功の意外な関係

「成功者＝意志が強い人」は大ウソ⁉　個人や組織の目標達成、子育て、教育…自制心よりも感情を活用した方がうまくいく。最新の実験研究をもとに、気鋭の心理学者が「成功のルールブック」を刷新する。　四六判　２８８ページ　本体価格２４００円

経済情勢により、価格に多少の変更があることもありますのでご了承ください。
表示の価格に別途消費税がかかります。